유대인의 자녀교육 〈IQ는 아버지 EQ는 어머니 몫이다〉 총서 ②

현용수의 인성교육 노하우 ❷

유대인을 모델로 한

— 한국 · 미국 · 유대인 교육의 차이를 알면 교육의 지혜를 얻는다. —

제2권: 제2부 제3장~제3부

IQ·EQ 박사 **현용수** 지음
2008년

성공 집단 유대인의 자녀교육 분석,
한국인과 유대인 자녀의 인성교육 비교,
현대 교육의 근본 문제와 그 해결 방안 제시

IQ·EQ 박사 현용수의 인성교육 시리즈 ②

현용수의 인성교육 노하우 2

초판	1쇄 (동아일보, 2008년 11월 3일)
	6쇄 (동아일보, 2013년 12월 15일)
2판	1쇄 (도서출판 쉐마, 2015년 8월 6일)
	2쇄 (도서출판 쉐마, 2022년 1월 20일)
지은이	현용수
펴낸이	현용수
펴낸곳	도서출판 쉐마
등록	2004년 10월 27일
	제315-2006-000033호
주소	서울시 강서구 공항대로71길 54
	(염창동, 태진한솔아파트 상가동 3층)
전화	(02) 3662-6567
팩스	(02) 2659-6567
이메일	shemaiqeq@naver.com
홈페이지	http://www.shemaIQEQ.org
총판	한국출판협동조합(일반)
	생명의말씀사(기독교)

Copyright ⓒ 현용수(Yong Soo Hyun) 2022
본서에 실린 자료는 저자의 서면 허가 없이 복제를 금합니다.
Duplication of any forms can't be published without written permission.

ISBN 978-89-91663-67-1

값 22,000원

도서출판 쉐마 는 무너진 교육을 세우기 위한 대안으로
인성교육과 쉐마교육의 원리와 실제를 연구하여 보급합니다.

▲ 정통파 유대인은 인생의 뚜렷한 신앙과 철학을 갖고 있기 때문에 내면적 자신감이 높고 열심히 공부하여 외면적 자신감도 커진다.
사진은 학교에서 아침에 쉐마 경문을 이마와 팔에 매고 아침기도를 하며 성경을 읽는 정통파 유대인 학생들.

▲ 마음의 밭을 옥토로 가꾸는 종교성 토양교육(Pre-Evangelism)은 어려서부터 반드시 해야 한다. 성장한 뒤 박토가 된 마음의 밭을 옥토로 만들기는 거의 불가능하기 때문이다.
사진은 새벽기도를 마친 어린이들이 랍비와 함께 간식을 먹고 있는 모습.

▲ 유대인은 자신들의 전통과 문화 가치를 귀중하게 여긴다. 우수한 민족들은 자신의 부모, 전통, 민족을 귀중하게 여긴다. 한국인이 한국인의 것을 업신여긴다면 누가 이를 귀하게 여기겠는가?
사진은 유대인의 초막절에 저자와 함께 한 유대인 랍비와 아들.

▲ 절기의 전통을 지키는 것은 사상을 전수하는 인성교육에 꼭 필요하다. 또한 유대인의 식탁은 하나님 말씀을 전수하는 교육의 장이기도 하다.
사진은 정통파 유대인 가장이 유월절 절기에 식탁에서 가족에게 절기에 대해 설명하는 모습.

▲ 미국 교육은 학생 스스로 연구하는 방법을 가르치고 토론을 많이 시킨다. 반면 한국 교육은 대부분 교사가 학생에게 강의하는 주입식 교육이다. 또한 유대인은 교육의 내용은 집에서 공부해 오게 하고 학교에서는 주로 토론을 많이 시킨다.
쉐마교사대학 현장실습 시간에 유대인 학생 넷이 탈무드 논쟁법으로 격렬하게 토론하는 모습을 참관하는 사진이다.

▲ 미국의 사립학교는 인성교육의 내용인 수직문화나 종교교육을 시키며 IQ교육을 함께 시키기 때문에 열린 교육이 성공할 수 있다. 반면 공립학교는 IQ교육만 시키기 때문에 실패한다. 정통파 유대인 학교에서는 전체 수업의 70%를 인성교육(종교교육)에 할애한다.
사진은 정통파 유대인 학교에서 아침 수업 전에 기도하는 어린이들.

▲ 유대인은 학교 수업 시간의 70%를 인성교육(성경 공부)에 할애하지만, 그들은 세계에서 머리가 된다. 투철한 정신적 신본주의 사상이 있기 때문이다. 사상이 없는 민족은 일시적으로 흥할 수는 있으나 곧 망하게 된다.
사진은 정통파 유대인 중·고등학교 학생들이 기도 시간에 토라를 높이 들고 회중 사이를 한 바퀴 도는 모습.

▲ 유대인 학교에서는 새벽기도 시간에 부모도 함께 참여한다.
사진은 학교에서 아버지와 아들이 함께 기도하는 모습.

▲ 새벽기도 시간에 두루마리 성경(토라)을 읽는 정통파 유대인들. 1세와 2세 사이에 세대차이가 없다.

▲ 낮 시간에 아버지는 직장에서 일하고, 아들은 학교에서 공부한 뒤 늦은 밤 '미드라쉬의 집'에서 아버지가 아들에게 탈무드를 가르친다. 핫시딤 정통파 사람들은 수평문화를 멀리하기 위해 가정에 TV도 없다.

▲ 유대인은 항상 자기의 것을 귀중히 여겨 끊임없이 연구하여 자료를 축적한다. 이것이 그들의 정신적 재산이다.
사진은 유대인 지혜자들이 탈무드와 성경을 연구하는 모습.

▲ 유대인 아버지는 자녀의 선생님이다. 따라서 자녀들은 아버지의 신본주의 사상을 닮아간다. 사진은 평일 가정에서 자녀들에게 성경을 가르치는 정통파 유대인 아버지. (영어나 수학을 가르치는 것이 아니다.)
자녀들이 얼마나 아버지를 신뢰하고 따르는지 감탄할 정도다.

Modeling Orthodox Jews

The Essence and Principles of Character Development II

(Gain Educatioal Wisdom in Knowing the Difference between Korean, American, and Jewish Education.)

Vol. Two
Part 2 Chapter 3 ~ Part 3

By
Dr. Yong Soo Hyun (Ph. D.)

**Presenting
Modern Educational Problems
and Their Solution**
2008 Edition

Shema Books
Seoul, Korea

차례

개정판 서문 인성교육 노하우 수정 증보판을 내며 · 12

저자 서문 인성교육 노하우 시리즈를 펴내면서
— 무너진 교육을 세우는 혁명적 대안을 찾아서
- 잘못 가는 현대 교육: 왜 인성교육 없는 IQ교육은 독소인가 · 14
- 왜 수직문화는 인성교육의 본질과 원리인가 · 17
- 예수님 믿기 이전: 왜 인성교육은 Pre-Evangelism인가 · 18
- 왜 인성교육론이 'Know-Why'라면, 유대인 쉐마교육은 'Know-How'인가 · 23

추천의 말
- 이영덕(전 국무총리) · 28
- 김의환(전 총신대학교 총장) · 31
- 고용수(전 장로회신학대학교 총장) · 34
- 〈L.A. 타임스〉 현용수 교수 특집 보도 · 37
- 마빈 하이어(로스앤젤레스 예시바 대학교 학장) · 38

제2부 인성교육의 본질과 원리: 수직문화와 수평문화

제3장 대안 제시:
유대인이 수평문화를 차단하고 수직문화를 입력하는 방법

I. 유대인 가정은 백지와 같은 자녀의 두뇌에 무엇을 그리나
(유대인은 어떻게 자녀와 코드가 잘 맞나) · 41

1. 유대인은 백지와 같은 자녀의 두뇌에 자신의 종교와 전통을 그린다 · 41

2. 유대인이 영상교육을 피하는 이유 · 51
      A. 한국인과 유대인 가정의 거실 차이
         (왜 유대인은 영상교육을 피하고 책만 읽게 하는가) · 51
      B. 유대인이 영상교육을 피하는 심리학적 이유 · 52
      C. 유대인이 영상교육을 피하는 교육학적 이유 · 58
      D. 수직문화적 독서 습관: 읽는 것과 배우는 것의 차이 · 64

II. 인성교육 원리를 현실에 적용하기 · 68

   1. 인성교육 원리 적용 I – 현실 문제 풀기 · 68
   2. 인성교육의 원리 적용 II – 자녀의 인성지수 평가 방법 · 80

III. 왜 부모는 자녀에게 족보를 가르쳐야 하는가 · 89
   첫째 질문: 인간에게 왜 족보교육이 필요한가 (왜 한국인 기독교인도 자녀에게 족보교육을 해야 하는가) · 90
      A. 윤리학적 이유 · 90
      B. 종교심리학적 이유 · 91
      C. 신학적 이유 · 91
   둘째 질문: 유대인은 믿음의 조상 아브라함의 후손으로 선민의 족보를 잘 가르칠 수 있지만, 한국인은 기독교 역사가 짧아 조상들이 모두 우상 숭배자들이었는데 어떻게 그들의 족보를 가르칠 수 있는가 · 93
   셋째 질문: 자신의 족보가 다른 성씨보다 자랑스럽지 못해도 가르쳐야 하는가 · 94
   넷째 질문: 족보가 없는 사람은 어떻게 해야 하는가 · 95
   다섯째 질문: 바울은 자신의 자랑스러운 족보를 그리스도를 안 이후 배설물처럼 여겼다고 말했다. 그런데도 왜 족보교육이 필요한가 · 95

제4장 심리학적 측면에서 본 수직문화와 수평문화

Ⅰ. 수직문화와 수평문화가 자신감에 미치는 영향 · 99
  1. 수평문화 · 외면적 자신감(Self-Competence) · 열등감 · 99
  2. 수직문화 · 내면적 자신감(Self-Confidence) · 자긍심(Self-Esteem) · 104
    A. 수직문화는 자긍심을 키우고 자긍심은 내면적 자신감의 뿌리다 · 104
    B. 자긍심이 높은 사람과 낮은 사람의 차이 · 108
    C. 영어도 모르는 한국 할머니가 미국인과 대화하는 법 · 111
  3. 자긍심을 높이는 방법 – 열등의식 해소 방법 · 112
    A. 내면적 자신감을 높이는 방법 · 113
    B. 외면적 자신감을 높이는 방법 · 116
    C. 인성교육 원리–현실 적용 문제와 유대인의 외면적 자신감 성취도 통계 · 120
      1) 현실 문제 질문 · 120
      2) 유대인의 외면적 자신감 성취도 통계 · 121
      2) 왜 종교에 따라 외면적 자신감 성취도가 다른가 · 123
  4. 전인교육의 내용, 시기 및 교육량 · 127

Ⅱ. 수직문화와 수평문화가 인성(종교성)의 토양에 미치는 영향 · 133
  1. 수평문화가 인성(종교성)의 토양에 미치는 부정적 영향: 길가 · 돌밭 · 가시떨기의 종교성 토양 · 133
    A. 길가의 마음밭: 마음밭이 굳어져 말씀을 깨닫지 못하는 사람 · 137
    B. 돌밭의 마음밭: 뿌리가 없어 빨리 뜨거워지고 빨리 식는 사람 · 138
    C. 가시떨기의 마음밭: 마음은 착하나 세상 걱정과 재물과 현세의 쾌락에 약한 사람 · 139
    D. 옥토의 마음밭: 착하고 좋은 마음으로 인내하여 열매 맺는 사람 · 141

2. 기독교교육의 새로운 영역: 종교성 토양교육(Pre-Evangelism)의
   필요성 · 147
3. IQ와 EQ적 측면에서 본 이상적 종교성 토양(한국과 일본 교회의
   비교) · 153
4. 왜 한국인은 복음을 잘 받아들이고 하나님을 잘 섬겼는가 · 162
5. 인성교육과 종교성 토양과의 관계: EQ가 SQ에 미치는 영향 · 164
6. 마음의 옥토 만드는 데만 전념하는 아미쉬 사람들 · 170
   A. 현대 문명을 거부하는 농촌생활 · 170
   B. 저자의 메노나이트(아미쉬) 가정생활 체험기 · 174
   C. 저자의 메노나이트(아미쉬) 학교 체험기 · 177
7. 결론: 현재 교회 성장이 힘든 가장 큰 이유와 대안 · 182
   A. 척박한 종교성 토양 · 182
   B. 현대 기독교교육의 실패 원인과 대안 · 186

III. 인성교육 원리 적용 I – 현실 적용
    왜 수직문화가 개인과 민족에게 그리고 기독교인에게 필요한가
    (인성교육의 원리를 알면 성공이 보인다) · 189

IV. 인성교육 원리 적용 II – 한국인의 인성지수(CQ) 측정 도구 · 213
    1. 수직문화와 수평문화에 따른 4가지 모델 · 213
    2. 한국인의 인성지수 측정 도구: 수직문화와 수평문화 가치 측정 도
       구 · 217

제5장 수평문화를 이루는 4대 요소

Ⅰ. 개인주의(Individualism) · 224
Ⅱ. 물질주의(Materialism) · 226
Ⅲ. 과학만능주의(Scientism) · 229
Ⅳ. 쾌락주의(Epicureanism) · 234
Ⅴ. 결론 · 240

제6장 한국인은 왜 세대차이가 많이 나는가

Ⅰ. 전통적인 가치관 정립이 빈약하다 · 246
   1. 한국 전통문화 가치에 관한 자료, 얼마나 빈약한가 · 246
   2. 한국 전통문화 가치에 관한 자료, 왜 빈약한가 · 243

Ⅱ. 입시 위주(IQ 위주)의 교육 때문이다 · 253

Ⅲ. 전통문화 가치와 현대 교육에 혼동이 있었다 · 255

Ⅳ. 세대차이의 문제점: 한국인의 심각한 정체성 위기 · 258
   1. 한국 민요는 모르고 서양 민요에 심취한 자칭 엘리트들 · 258
   2. 자녀들은 정체성 없는 사상적 국제 고아로 전락 · 261
   3. 할아버지 세대의 문화를 싫어하는 민족은 한국 민족밖에 없다 · 264

Ⅴ. 세대차이를 극복하는 방안과 세계화의 원리
   (제7부 제2장Ⅰ'세계화의 원리Ⅰ: 지구촌 발전과 한국인의 세계화 원리와 방안' 참조) · 266

Ⅵ. 결론: 인성교육의 내용과 방법을 모르는 현실과 대책 · 266

제3부 인성을 해치는 현대 교육:
현대 교육과 유대인 자녀교육의 차이점

제1장 현대 교육과 유대인 자녀교육 무엇이 다른가
-인성교육 측면

Ⅰ. 현대 교육과 유대인 교육의 목적 차이 · 274
Ⅱ. 현대 교육과 유대인 교육의 강조점 차이 · 278
Ⅲ. 현대 교육과 유대인 교육의 내용 차이 · 280
Ⅳ. 현대 교육과 유대인 교육의 장소 차이 · 282
Ⅴ. 현대 교육과 유대인 교육의 교사의 차이 · 283
Ⅵ. 현대 교육과 유대인 교육의 결과 및 결론 · 286
Ⅶ. 잘못된 미국의 교육철학을 대변하는 시 · 291

제2장 인성교육과 공교육:
무너진 한국 공교육의 원인 분석과 대안 제시

Ⅰ. 문제 제기: 미국 사립학교에서 성공한 열린 교육이 왜 공립학교에서는 실패했는가 · 295

Ⅱ. 먼저 미국 교육을 바로 알자 · 297
  1. 미국의 열린 교육과 한국의 주입식 교육의 차이 · 297
    A. 미국 교육의 예 · 297
      1) 개요 · 297
      2) 교육 내용을 전달하는 방법 · 298

B. 한국 교육의 예 · 299
　　　　1) 개요 · 299
　　　　2) 교육 내용을 전달하는 방법 · 300
　　C. 미국 교육과 한국 교육의 장점 비교 · 300

　2. 위기를 넘긴 나의 자녀교육 체험기(1980년대 초반) · 304
　　A. 쌍둥이 엄마가 미국에서 열 받은 이유 · 304
　　B. 저자 가정의 사례에서 배울 점 · 306

　3. 한국 1세 부모와 미국 교육을 받은 아들의 의식 차이 · 310
　　A. 실화 1: 야구 못해도 즐기는 아들과 열 받은 아버지 · 310
　　B. 실화 2: 축구 못하는 남의 아들까지 응원하는 미국 부모들 · 311
　　C. 실화 3: 미국식 성공은 하고 싶은 일을 하는 것 · 314
　　D. 배울 점: 한국 교육을 받은 부모와 미국 교육을 받은 자녀의 의식은
　　　　어떻게 다른가 · 315

Ⅲ. 실패한 열린 교육 vs. 성공한 열린 교육: 원인과 대안 · 319

　1. 왜 미국에서 공립학교는 실패하고 사립학교는 성공했는가 · 319
　　첫째, 열린 교육도 학교에 따라 다르다 · 319
　　둘째, 학생에 따라 열린 교육형 아이, 주입식 교육형 아이 · 321
　　셋째, 열린 교육도 교사에 따라 다르다: 급진주의에 이용될 수 있다 · 324
　　넷째, 한국의 교사들은 학문하는 기본 방법이 미숙하여 열린 교육을 감
　　　　당하기 힘들다 · 329
　　다섯째, 한국은 한 반의 학생 수가 많아서 열린 교육을 하기가 힘들다 ·
　　　　329
　　여섯째, 한국에서는 학업 성취도에 따라 그룹을 편성하기 어렵다 · 329

　2. 그래도 미국 공립학교가 한국보다 나은 이유 · 330
　　A. 미국은 하향 평준화가 아니고 인재를 키울 줄 안다 · 330

B. 원래 평준화 개념은 공산주의에서 나왔다 · 336
　　C. 미국에서 가능한 인성교육 평가, 한국에서는 거의 불가능하다 · 339
　　D. 미국 학교는 엄격한 규칙을 적용한다 · 342

Ⅳ. 결론 및 최종 대안: 유대인 교육에서 배우는 지혜 · 345

Ⅴ. 인성교육과 IQ교육을 반석 위의 집에 비유 · 352

부록 1 쉐마교육 체험기 및 실천기 · 357
부록 2 국악 찬양 · 371
참고자료 · 373

현용수의 인성교육 노하우 1권의 내용

제1부 서론

　제1장 인성교육이란 무엇인가?
　제2장 한국 자녀교육의 문제점과 유대인식 자녀교육의 필요성
　제3장 유대인은 누구인가
　제4장 유대인의 선민교육

제2부 인성교육의 본질과 원리: 수직문화와 수평문화

　제1장 인성교육과 세대차이: 세대차이는 교육의 적이다
　제2장 인성교육의 본질과 원리: 수직문화와 수평문화

현용수의 인성교육 노하우 3권의 내용

제4부 인성교육과 EQ(감성지수):
IQ보다 EQ가 더 중요하다

제1장 EQ(감성지수)란 무엇인가
제2장 EQ의 양을 늘리는 4가지 방법
제3장 한국인 EQ의 장단점 분석
제4장 결론

제5부 온전한 인간교육의 순서

제1장 왜 인성교육에 종교교육이 필요한가
제2장 인성의 기본은 사상: 인간은 빵만으로 살 수 없다
제3장 결론: 한국인의 바람직한 자녀교육

제6부 인성교육과 예절교육
동양과 유대인 인성교육의 내용과 형식

제1장 인성교육에 예절이 필요한 이유:
      인성교육에는 내용과 형식이 있다

─ 현용수의 인성교육 노하우 4권의 내용 ─

제6부 인성교육과 예절교육
동양과 유대인 인성교육의 내용과 형식

제2장 추상적 언어와 구체적 언어의 차이
제3장 전인교육적 측면에서 본 바울 연구

제7부 한국인의 세계관: 다문화 속의 인성교육
(해외동포의 바른 자녀교육법)

제1장 문제 제기: 지구촌에서 더불어 살아야 하는 한국인
제2장 다문화 속의 인성교육:
    한국인의 세계화 원리와 다문화권에서 동화의 원리
제3장 코리안 디아스포라 2세의 인성교육
제4장 한국인 기독교인은 예수님을 안 믿는 동족보다
    예수님을 믿는 타인종을 더 사랑해야 하는가
제5장 대한민국 국민의 민족관과 국가관 그리고 세계화
제6장 결론

제8부 4권의 인성교육을 마치며

개정판 서문

인성교육 노하우
수정 증보판을 내며

　부족한 종이 '인성교육'이란 학문의 영역을 개척한다는 것은 꿈에도 생각하지 못했다. 그러나 하나님께서 주신 지혜로 박사학위 논문에서 '인성교육의 본질'에 관한 수직문화와 수평문화를 개발한 것이 그 단초가 되었다. 박사학위 논문은 이미 《문화와 종교교육》이라는 책으로 나왔다.
　이 연구 결과를 바탕으로 계속 인성교육을 연구하게 되었다. 처음 1996년 《IQ는 아버지 EQ는 어머니 몫이다》(전2권)(국민일보)라는 책 1~2부에 발표했을 때 독자들의 폭발적인 관심에 놀랐다. 당시 1년에 17쇄를 찍을 정도였다. 그 뒤 1999년 조선일보에서 3권으로 수정·증보한 책이 나왔다. 다시 2005년에 대폭 수정·증보하여 《유대인의 인성교육 노하우》(쉐마)라는 제목으로 3권 분량의 책이 나오게 되었다.
　'인성교육'이라는 제목으로 책이 나오자 더 많은 분들이 관심을 갖기 시작했다. 주로 교육계나 학계 및 목회자들이었다. 이때 한국이 얼마나 '인성교육'이라는 교육의 원리 그리고 인성교육의 내용과 방법에 목말라했는지 알게 되었다. 인성교육을 강조하지만 인성교육에 대한 학문적 논리가 빈곤했던 까닭이다.

저자는 이에 더욱 힘을 입어 각 학계의 질문들을 수집하고, 조언을 받아들여 이번에 드디어 다시 미진한 부분들을 대폭 수정·증보한 4권의 《현용수의 인성교육 노하우》를 집대성하게 되었다. 《문화와 종교교육》까지 합치면 총 5권이 된다.

부족한 종이 '인성교육'이란 새로운 학문적 영역을 개발하게 된 것은 결코 남보다 탁월해서가 아니라 온전히 하나님의 은혜로 된 것이다. 독자 여러분에게 도움이 된다면 온전히 살아계신 하나님 아버지에게 감사와 찬송과 영광을 돌린다.

또 늘 부족한 남편을 위해 쉼없이 기도하는 아내 현(황)복희와 승진, 재진, 상진, 호진 4형제에게도 감사한다. 아울러 이번에 특별히 이 책을 정성스럽게 일일이 읽고 조언과 함께 편집을 해 준 동아일보사 출판팀 여러분들께 감사를 드린다.

2008년 8월 18일 쉐마교육연구원에서
현용수

서문

인성교육 노하우 시리즈를 펴내면서
무너진 교육을 세우는 혁명적 대안을 찾아서

현용수의 인성교육 노하우(전 4권)

제1권 인성교육 노하우 I (부제: 인성의 원리를 알아야 교육의 성공이 보인다)
제2권 인성교육 노하우 II (부제: 한국·미국·유대인 교육의 차이를 알면 교육의 지혜를 얻는다)
제3권 인성교육 노하우 III (부제: EQ의 원리를 알아야 IQ교육을 살릴 수 있다)
제4권 인성교육 노하우 IV (부제: 세계화의 원리를 알아야 성공이 보인다)

잘못 가는 현대 교육: 왜 인성교육 없는 IQ교육은 독소인가

인성의 토양이 점점 더 황폐화되고 있습니다. 이런 토양 속에서는 훌륭한 민주 시민은 물론 훌륭한 학자도 경제인도 종교인도 기대하기 힘듭니다. 공교육이 무너진 지 오래입니다. 선생님이 더 이상 학생들을 지도하기 힘든 상태에 있습니다. 직업윤리를 생각하기보다는 돈이 되는 일이면 무엇이든지 하는 세상입니다. 여기에 주부들도 끼어들고 있습니다. 정말로 속수무책입니다. 더 이상 방관자일 수는 없습니다. 정말로 대안은 없을까요?

한국의 모 대학 인성교육 담당 주임 교수님의 초청으로 그 대학 강당에서 700여 명의 학생들에게 강연을 했습니다(2000년 5월). 강연이 끝나고 교수님이 식사를 하면서 제게 물었습니다.

"인성교육이 무엇입니까? 솔직히 저는 모르겠습니다."

"모르면서 어떻게 인성교육을 시킵니까?"

저자가 되물었습니다.

"그냥 이름 있는 분들을 초청하여 학생들에게 좋은 말씀을 듣게 해 주죠."

그의 답이었습니다. 그 교수님은 아예 솔직하기라도 하지만 대부분은 그냥 넘깁니다. 미국을 방문한 한 초등학교 교장 선생님은 인성교육이 무엇이냐고 묻는 말에 '회초리'라고 대답했습니다. 회초리가 없어지면서 인성이 파괴되었답니다. 어느 초등학교 정문에 '깊은 생각, 바른 행동'이란 큰 표어가 있었습니다. 그런데도 대부분 학생들은 '얕은 생각, 제멋대로 행동'입니다.

실제로 한국은 유치원에서 대학까지 인성을 앞세우지 않는 학교가 없습니다. 그런데도 왜 인성이 점점 더 엉망이 되어 갑니까? 가장 큰 이유는 인성교육에 대해 말은 많이 하지만 인성교육의 원리는 물론 그 내용이 무엇인지, 그것을 어디에서 누가 어떻게 가르쳐야 하는지 모르기 때문입니다.

막연히 《명심보감》이나 성경 혹은 효도나 예절을 가르치면 되는 줄 알고 있습니다. 물론 이것도 중요합니다. 그러나 인성의 본질과 원리에 대한 논리적인 체계를 모르기 때문에 인성교육을 위한 균형 잡힌 커리큘럼을 만들 수가 없습니다. 이는 한국이나 미국이나 전 세계가 동일하게 겪고 있는 문제입니다.

학교에서는 아이들의 환심을 끌기 위해 컴퓨터를 이용한 영상교육만 점점 더 고급화시키고 있습니다. 그것이 왜, 얼마나 큰 독소인지도 모른 채 서로 경쟁하고 있습니다.

정통파 유대인 교실에는 아예 영상 기구가 없습니다. 그런데도 그들의 교육은 성공합니다. 열린 교육이 실패라고만 얘기하지 왜 잘못되었고, 그 보완책이 무엇인지 제시하지 못하고 있습니다.

대학 주위가 온통 타락하고 있습니다. 맹모삼천지교(孟母三遷之敎)란 고어가 이제 적용이 안 됩니다. 왜냐하면 대학 주변으로 이사를 가면 온통 술집에다 모텔촌이어서 자녀들의 교육에 해롭기 때문입니다.

국제사회에서 어떻게 경쟁력을 갖추면서도 인성교육에 성공할 수 있겠습니까? 한국만큼 교육에 열심이면서도 문제가 많은 나라도 드뭅니다. 왜 현대 교육은 점점 더 발달하는데 인간은 더 타락합니까?

저자는 이 명제를 풀기 위해 박사학위 과정에서 현대 교육의 근본 문제를 연구하던 차에 현대 교육의 철학적, 교육학적, 문화인류학적 그리고 신학적인 문제점을 발견하고 그 해결 방안을 유대인의 성경적 자녀교육에서 발견하였습니다. 유대인의 성공적인 천재교육(IQ)과 감성교육(EQ)의 비밀은 가정에서 가르치는 특수한 전통적인 인성교육의 내용과 방법, 그리고 성경과 탈무드의 가치에 기초한 삶에 있었습니다.

세속 사람들이 무조건 의존하는 학교에서 가르치는 현대 교육이나 현대 과학에 있지 않았습니다. 그리고 한국이 인성교육 없는 현대 학교교육(IQ)에만 투자하는 현실을 보면서 한국의 장래를 심히 걱정하지 않을 수 없습니다. 그래서 이번에 새롭게 인성교육론을 쓰기로 마음먹었습니다.

논문이 발표된지 14년, 성경적 유대인의 자녀교육 《IQ는 아버지 EQ는 어머니 몫이다》(국민일보, 1996; 조선일보, 1999)라는 책을 펴낸 지 8년만의 결실입니다.

왜 수직문화는 인성교육의 본질과 원리인가

왜 자녀교육이 1970년대 이전보다 힘듭니까? 왜 자녀들의 행동양식이 거칠어지며 기성세대와 다릅니까? 왜 부모와 자녀 사이에 코드(code)가 맞지 않아 대화가 안 됩니까? 그 원인은 무엇이고 대안은 무엇입니까? 유대인은 어떻게 수천 년 동안 자녀와 코드를 맞추는 교육에 성공했습니까?

한 걸음 더 나아가, 왜 각 민족의 행동양식이 동일한 예수님을 믿은 이후에도 다르게 나타납니까? 영국인 기독교인과 한국인 기독교인은 각각 다른 음식을 먹고 예절 등 다른 행동양식을 보입니다. 아프리카 케냐에서 온 기독교인도 한국인 기독교인과 다릅니다. 성격도 다릅니다. 그 이유가 무엇일까요?

위와 같은 질문들에 이 책이 답을 줍니다. 인류학자 히버트(Hiebert)는 한 인간 혹은 한 민족의 행동을 가능케 하는 사고의 틀(Thinking System or Structure)이 다름을 발견했습니다(1985). 저자의 연구에 의하면 그것이 바로 13세 이전에 형성된 문화라는 것입니다.

저자는 이에 앞서 한국 교회가 서구 문화를 어떻게 해석하고 한국의 전통문화와 가치를 어떻게 해석할 것인가에 대한 물음에 답하기 위해 한국의 전통문화와 가치가 인간의 종교성과 영적 만족감에 어떠한 영향을 미치는지를 실험적으로 연구(Empirical Research)한 바 있습니다[기독교교육학 박사(Ph.D.) 학위 논문: Biola University, Talbot Graduate School of Theology, 1990].

이로써 "왜(Why) 한국인에게 한국 전통문화와 가치를 가르쳐야 하는가?"의 이유를 찾았고, 이를 토대로 《문화와 종교교육》(쿰란출판사, 1993; 쉐마, 2007)이란 책을 발간하여 '2세 종교교육의 방향'을 학문적으로 제시했습니다. 그리고 이 연구에서 한국인의 수직문화가 한국인 인성교육의 본질과 원리라는 확신을 얻었습니다.

이때 왜 한국의 자녀들이 서구화되어 가는지 원인을 발견했습니다. 우리 자녀들에게 서양의 가치관 교육과 서양 학문만 가르쳤기 때문입니다. 이 책은 한국인에게 맞는 인성교육의 논리와 방법을 제공해 줍니다.

예수님 믿기 이전: 왜 인성교육은 Pre-Evangelism인가

많은 기독교인들이 예수님만 믿으면 모든 인성교육이 잘 되는 줄 알고 있습니다. 그러나 반드시 그런 것은 아닙니다. 왜 유교교육을 받은 가정의 어린이들이 기독교교육을 받은 어린이들보다 더 예의 바르고 효자가 많습니까? 왜 예수님을 믿는다고 하면서 사람의 근본은 잘 변하지 않습니까? 예수님을 믿고 성령의 은사가 많았던 고린도 교회는 왜 데살로니가 교회보다 도덕적으로 문제가 더 많았습니까? 왜 성령 충만한 바울도 실라와 다투었습니까? 왜 현대(2000년대)에는 1970년대 이전보다 복음을 전하기가 더 힘듭니까? 아마 생각 있는 교육자라면 모두가 이런 고민을 안고 살았을 것입니다.

힌트를 드리겠습니다. 옛말에 "양반이 예수님을 믿으면 양반 기독

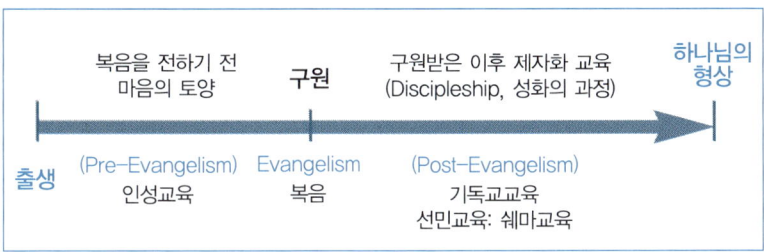

자세한 내용은 2권 2부 제4장 II. 2 기독교교육의 새로운 영역: 종교성 토양교육 151쪽 참조.

교인이 되고, 상놈이 예수님을 믿으면 상놈 기독교인이 된다."고 했습니다. 여기에서 저자는 오랜 연구 끝에 온전한 인간교육을 위해 크게 2가지가 필요하다는 사실을 깨달았습니다.

진정한 기독교적 자녀교육의 원리는 보편적인 인성교육을 바탕으로 성경적 기독교교육(쉐마교육)을 해야 한다는 것입니다.

따라서 기독교교육을 2가지 주제로 나누어 설명해야 합니다. 예수님을 믿기 이전에는 보편적 인성교육을, 예수님을 믿은 후에는 쉐마교육을 시켜야 합니다. 그래서 유대인 자녀교육 총서 'IQ는 아버지 EQ는 어머니 몫이다'는 인성교육편과 쉐마교육편으로 나누어 정리했습니다.

예수님 믿기 이전 인성교육의 필요성을 성경에서 발견했습니다. 예수님께서 '씨 뿌리는 자의 비유'에서 말씀하신 4가지 종교성 토양(길가, 돌밭, 가시떨기, 옥토)입니다(마 13:3-7, 18-23; 막 4:1-25; 눅 8:4-15).

현대인에게는 전도하기도 힘들거니와 기독교인이 된 후에도 헌신도가 매우 약하다는 것을 발견했습니다. 부모가 자녀에게 올바른 인성교육을 시키지 않고 수평문화에 물들게 방치하고 IQ교육만 시킨 결과입니다. 그래서 자녀들의 마음밭이 황폐화되어 돌밭이 되었기 때문입니다.

다른 말로 표현하면, 한 인간이 태어나 복음을 접하기 전에 사람다운 사람이 되는 인성교육을 잘 받아, 마음밭이 옥토가 되어야 복음을 영접하기도 쉽거니와 구원을 받은 후 예수님을 닮는 제자화도 쉽다는 말입니다.

이것은 어린 자녀들에게 예수님을 믿기 전에 인생의 의미를 깊이 생각하게 하고, 바른 행동을 할 수 있게 하는 인성교육을 시키는 것이 그만큼 중요하다는 뜻입니다. 13세 이전의 인성교육이 평생을 좌우합니다. 이를 'Pre-Evangelism'(예수님을 믿기 이전의 복음적 토양교육)이라 이름했습니다.

왜 수많은 한국 기독교인 중에서도 주기철 목사님, 손양원 목사님, 박윤선 박사님, 한경직 목사님, 안창호 선생님이 더 존경을 받았습니까? 물론 기독교의 영향도 있었겠지만 그들이 복음을 받아들이기 전에 한국의 양반 수직문화 교육, 즉 한국인다운 한국인의 인성교육을 잘 받았기 때문입니다.

그렇다면 현대에도 그들과 같은 지도자들을 배출할 수 있습니까? 물론 있습니다. 위의 분들이 받으셨던 20세기 초 한국의 양반 수직문화, 즉 한국인다운 한국인의 인성교육을 잘 시키고, 그 후에 복음을 전하면 '인격적인 한국인 기독교인'이 될 수 있습니다. 만약 미국식이나 인도식 수직문화 교육을 시킨 후 복음을 전하면 '인격적인 미국인 기독교인' 이나 '인격적인 인도인 기독교인' 이 될 것입니다.

그렇다면 인성교육의 본질은 무엇입니까? 인성의 원리와 실제는 무엇입니까? 더 나아가 보편적 인성교육과 한국인의 인성교육의 차이는 무엇입니까? 어떻게 이상적인 한국인의 인성교육을 잘 시킬 수 있겠습니까? 그리고 어떻게 인격적인 한국인 기독교인을 배출할 수 있겠습니까? 다문화권에서 한국인 2세에게는 어떻게 인성교육과 세계화 교육을 시켜야 합니까? 이 책에 답이 있습니다.

객관적 학문에 근거한 인성교육의 본질과 원리를 연구하다 보니 양질의 인성교육은 특별히 기독교교육에만 적용되는 것이 아님을 발견했습니다. 비록 복음이 없어 구원은 받지 못한다 해도 다른 종교인의 종교교육에도 적용될 수 있습니다. 또한 엔지니어, 의사, 변호사, 경영인 및 농부 등과 같은 직업인에게도 동일하게 적용됩니다. 즉, 그들이 평생 도덕적으로 타락하지 않고 꾸준히 남에게 유익을 주며 성공적인 삶을 사는 데도 적용된다는 의미입니다.

히버트가 먼저 '한 민족의 행동을 가능케 하는 사고의 구조(Thinking System or Structure)가 있음' 을 발견했다면, 저는 '그 사고의 구조를 어떻게 형성해야 하는가?' 를 인성교육의 측면에서 연구했습니다. 그것이 바로 수직문화입니다. 특히 유대인을 모델로 인격적인 한국인 기독교인을 어떻게 배출할 수 있을까에 초점을 맞추었지만 이 원리는 각 개인이나 민족에게 모두 적용될 수 있습니다. 조직적이고도 반복적인 수직문화 교육 없이는 육(肉)을 따라 제멋대로 사는 수평문화를 막을 길이 없습니다.

결론적으로 인성교육 노하우 전 4권은 다음 18가지 질문에 대한 대안을 제시합니다.

교육학적 측면

첫째, 왜 현대 교육은 점점 더 발달하는데 인간은 점점 더 타락하나요?

둘째, 왜 자녀들이 부모나 어른들에게 예절이 없나요?

셋째, 왜 한국인은 한국인에게 맞는 인성교육을 시켜야 하나요? 그 방법은?

넷째, 왜 미주 한인 2세가 일류대학을 졸업하고도 대부분 미국 주류사회 진출에 실패하나요?

다섯째, 똑똑한 우리 자녀, 어떻게 국제적인 인물로 키울 수 있을까요?

여섯째, 한국인은 자녀를 그렇게 공부에 혹사시키는데 왜 영재는 잘 안 나오나요?

일곱째, 유대인은 어떻게 아브라함 때부터 현재까지 4200년 동안 성결교육을 시키는 데 성공했나요?

여덟째, 유대인은 IQ교육의 성공을 위해 어떤 인성교육을 시키나요?

아홉째, 무너진 공교육을 세우는 최상의 대안은 무엇인가요?

열 번째, 왜 한국에는 진보와 좌파세력이 늘어나나요? (올바른 한국인의 국가관은?)

교회 성장학적 측면

첫째, 왜 교회의 성장이 멈추고 새롭게 전도하기가 힘든가요?

둘째, 왜 기독교인에게 (다른 종교도 동일함) Pre-Evangelism(예수님을 믿기 이전 복음적 토양 교육) 교육이 필요한가요?

셋째, 왜 현대인은 복음을 받아들인 이후에도 제자화 하기가 힘든

가요? (왜 헌신도가 약한가요?)

넷째, 왜 한국과 미국에서 2세들이 대학을 졸업하면 90% 이상 교회를 떠나나요? 즉, 왜 교회학교 교육이 천문학적 투자에도 불구하고 90% 이상 실패하나요?

다섯째, 미주 한인 2세 기독교인이 10% 정도 남는다고 해도, 왜 그들은 1세 교회를 떠나나요?

여섯째, 왜 신약 교회들은 2천 년간 다른 나라에 선교하는 데는 성공했는데 자손 대대로 하나님의 말씀을 전수하는 데는 실패했나요? 그런데 유대인은 어떻게 아브라함 때부터 현재까지 4200년간 말씀을 전수하는 데 성공했나요?

일곱째, 왜 한국의 선교사들이 해외에서 50% 이상 실패하나요? (문화인류학적 측면)

여덟째, 왜 선교지의 원주민에게 복음을 전할 수는 있어도 그들을 성화하기가 힘드나요?

왜 인성교육론이 'Know-Why'라면,
유대인의 쉐마교육은 'Know-How'인가

유대인 자녀교육의 우수성은 이미 역사를 거듭하면서 증명되었습니다. 그러나 2가지 의문이 아직까지 남아 있습니다. 첫째, 그것이 왜 우수한지에 대한 교육학적, 심리학적 및 철학적 이유를 설명하지는 못했습니다. 둘째, 왜 유대인 자녀교육이 기독교교육에 필요한지 그 이유를 설명할 수 있는 확실한 교육신학적 해답을 제공하는 데 미흡했습니다. 따라서 비기독교인이든 기독교인이든 그들의 교육이 좋다는 것은 알면서도 그 교육을 자신에게 적용하는 데에는 문제가 많았습니다.

이 문제를 해결하기 위한 전자의 답이 '인성교육 노하우'라면, 후자의 답은 '성경적 유대인의 쉐마교육' 입니다. 왜 유대인 자녀교육이 한국인에게 필요한지를 교육학적, 심리학적 및 철학적으로 분석하고 그 이유를 설명한 책, '인성교육 노하우'가 'Know-Why'라고 한다면, 성경적 유대인 자녀교육(쉐마교육)은 'Know-How'가 될 것입니다.

원인을 밝히고 당위성을 설명하는 'Know-Why'가 있기에 성경적 유대인 자녀교육인 'Know-How'가 더 파워풀합니다. 그리고 확신을 갖고 자신과 자신의 가정 그리고 교회에서 적용할 수 있습니다.

물론 성경적 유대인 자녀교육 속에도 2가지, 성경적 자녀교육의 원리와 방법이 소개되어 있습니다. 그러나 그것은 기독교교육학적 측면에서 예수님을 믿은 후, 즉 하나님의 선민이 된 후의 교육입니다. 따라서 자녀교육의 원리에는 2가지가 있습니다. 예수님을 믿기 이전에는 보편적 인성교육을, 예수님을 믿은 후에는 성경적 기독교교육을 시켜야 한다는 사실입니다.

물론 예수님을 믿은 후에도 성령님의 능력으로 13세 이전에 형성된 잘못된 인성, 즉 기질을 어느 정도 다스릴 수 있습니다. 완전히 없앨 수는 없지만(Impossible to remove bad personality or character) 상대적으로나마 바른 길로 훈련(Discipline)을 시킬 수는 있습니다. 그러나 그 결과는 본인의 의지와 훈련의 정도에 따라 변화의 양이 달라집니다. 즉 하나님의 말씀과 성령님은 인성의 교정에 크게 도움이 될 수 있다는 뜻입니다. 하지만 그럴지라도 먼저 좋은 마음의 옥토를 가꿀 수 있는 13세 이전의 인성교육도 무엇보다 중요합니다.

이번에 IQ-EQ시리즈로 출간되는 책들은 일반 학문과 성경 신학으로 구분될 수 있습니다. 저자의 '인성교육 노하우'는 교육학적, 심리학적, 철학적 및 문화인류학적 인성교육에 관한 원리라면, '성경적 유대인 자녀교육론(쉐마교육)'은 성경에 기초한 가정교육의 원리라고 요약할 수 있습니다. 물론 전자와 후자 모두에는 원리뿐 아니라 방법도 포함되어 있습니다.

현재까지 천문학적 헌금을 교육에 투자하고도 교육의 열매가 바람직하지 못한 것은 교육의 참 원리를 발견하지 못했기 때문입니다. 원리를 알아야 참 자녀교육이 보이는 법입니다. 모쪼록 이 책을 읽고 더 이상 자녀교육을 위한 시간과 물질의 낭비가 없기를 간절히 소원합니다.

이 책을 집필하는 데 많은 정통파 유대인 학자들의 특별한 도움을 받았습니다. 정통파 탈무드 학교인 예시바 대학(Yeshiva University)의 학장이시며 사이먼 위센탈 센터(Simon Wiesenthal Center) 국제본부장이신 랍비 마빈 하이어(Marvin Hier)와 랍비 쿠퍼(Cooper) 부학장님, 그리고 특별히 저자에게 탈무드를 가르쳐 주고 절기 때마다 자신의 집에 초대하여 탈무드의 삶을 연구하게 도와 준 예시바 대학의 탈무드 교수이며 로욜라 대학 법대 교수인 랍비 애들러스테인(Adlerstein) 부부와 그 가정, 서기관 랍비 그래프트(Kraft) 씨 부부와 그 가정에 심심한 사의를 표합니다. 에이쉬 하 토라(Aish Ha Torah) 회당의 랍비 코헨(Cohen) 씨 가정과 그외 많은 정통파, 핫시딤파 랍비들, 보수파, 개혁파 랍비들 및 유대인 친구들에게 감사드립니다.

이들의 특별한 도움이 없었으면 저자의 연구는 완성될 수 없었습니다. 정통파 유대인의 생활 모습을 카메라에 담을 수도 없었습니다. 그리고 계속적인 쉐마교사대학의 현장실습도 할 수 없었을 것입니다.

저의 논문 지도교수이셨던 바이올라(Biola) 대학교 탈봇(Talbot) 신학대학원의 기독교교육학 윌슨 박사님과 이제 고인이 되신 저자의 선교학(Ph.D.) 지도교수이셨던 풀러(Fuller) 선교신학대학원의 유대교(Judaism) 교수이신 글래서(Glasser) 박사님에게 특별히 감사드립니다. 그리고 저자를 물심양면으로 도와 주신 이영덕 전 총리님, 김의환 총장님과 고용수 전 총장님 및 국내외 많은 교계 어른들과 쉐마교육 동역자님들께 감사드립니다.

저를 키워 주신 어머님과 형님 내외분께 감사드립니다. 지금도 내조를 아끼지 않는 아내 황(현)복희, 그리고 원고 정리 작업을 도와 준 내일의 희망인 네 아들들 승진(Stephen), 재진(Phillip), 상진(Peter), 호진(Andrew)에게 감사드립니다.

이 책은 방향 없이 혼란스런 교육의 시대에 참교육을 갈구하는 독자들에게 뚜렷하고 확실한 대안을 제시할 수 있다고 확신합니다. 이 연구는 분명히 하나님의 지혜로 하나님이 하셨습니다. 세세토록 영광 받으실 오직 우리 주 예수님께만 감사와 찬송과 영광을 드립니다.

2003년 10월 3~13일
로쉬 하샤나와 욤키퍼(유대인의 신년과 대속죄일) 절기에
미국 웨스트 L.A. 쉐마교육연구실에서
저자 현용수

> 중국의 고전에 다음과 같은 말이 있습니다.
>
> "일년지계(一年之計·한 해의 계획)로는 농사를 짓고, 십년지계(十年之計)로는 나무를 심으며, 종신지계(終身之計) 또는 백년대계(百年大計)로는 사람을 키운다."
>
> 사람을 키우는 일이 그만큼 가정이나 국가에 중요하다는 뜻입니다.

무너진 교육을 바로 세우는 최선의 대안

　한국처럼 인성교육을 강조하면서 인성 발달이 잘 되지 않는 나라도 드물 것이다. 공교육이 무너진 지 오래다. 특히 인성교육에 관한 심증은 있었으나 뚜렷한 이론이 없었다. 그런데 이번에 현용수 교수가 성공집단 유대인을 모델로 이렇게 논리 정연한 인성교육의 본질과 원리는 물론 그 방법까지 제시했으니 그 노고를 치하하지 않을 수 없다. 제4권에서는 국제사회에서 인간관계와 경쟁에 취약한 한국인의 인성을 어떻게 양육해야 할지를 유대인을 모델로 이론과 실제를 정립했다. 그야말로 무너진 교육을 바로 세울 수 있는 최상의 교육 대안이다.

　뿐만 아니라 현용수 교수가 성경적 유대인 자녀교육에 관한 《IQ는 아버지 EQ는 어머니 몫이다》란 책을 펴낸 지 8년 만에 유대인의 쉐마교육을 집대성한다니 기뻐하지 않을 수 없다. 쉐마교육은 성경적 유대인 자녀교육을 한민족 자녀교육의 방법으로 접목시킨 새로운 교육의 패러다임이다. 될 수 있는 한 많은 사람들이 꼭 읽고 연구하여 실제 자녀교육에 적용해 보도록 추천하는 바이다.

　현용수 교수의 저서를 이와 같이 추천하는 데에는 몇 가지 이유가 있다.

첫째, 내가 한때 총장으로 있었던 대학에서 화학공학을 전공하고 미국에 가서 여유 있는 삶의 터전을 잡았던 그가, 신학을 공부하고 이어서 기독교교육을 연구했다는 점에서 그의 튼튼한 학문적 기초에 대해서 신뢰감을 갖는다.

둘째, 문헌 연구나 탐문에서 얻은 지식의 전달이기보다는 유대인들의 교육 현장인 탈무드 학교와 정통파 유대인 가정에서 그들과 같이 생활하면서 그들의 교육을 탐구해 얻은 지식을 토대로 한 책을 만들어 냈다는 점에서 존경이 간다.

셋째, 현대 교육이 발전했다고는 하지만 참으로 인간다운 인간을 길러내는 데는 계속 실패하고 있다는 것은 현대 교육이 대표하는 세속 교육의 한계를 드러내는 것이다. 그러한 효능 없는 세속 교육을 보완해 주거나 혹은 대체할 수 있는 새로운 교육의 대안을 찾고 있던 차에 강력한 시사점을 내포하는 유대인의 가정교육을 종합적으로 정리해서 우리들에게 제시해 준 점에서 현 교수의 저서를 높이 평가하는 바이다.

넷째, 부모를 공경하고 자녀를 노엽게 하지 말아야 하는 가정이 하나님의 법과 축복에서 멀어져만 가고 있는 오늘날, 우리에게 도움을 주는 성공 사례들이 애타게 요구되고 있는데, 현 교수께서 근거를 갖춘 많은 사례들을 제시해 주고 있으니 이 어찌 반갑지 않겠는가?

끝으로 인격 형성을 위한 교육은 학교에서보다는 가정에서, 그리고 사회의 모든 삶의 현장 속에서 이루어진다는 사실을 학교교육에만 매달리다시피 하는 한국의 부모들에게 이해시키고, 그들의 자녀교육에 대한 시야를 넓히는 기회가 된다는 믿음으로 이 책을 모든 부모와 교사들에게 권하고 싶다.

전 국무총리
이영덕

기독교 2천 년 만에 발견한
개혁주의 교육의 획기적 쾌거

한 민족의 역사는 교육에 의하여 흥하고 망한다. 신약 시대 교회사의 흐름도 기독교교육의 방향과 그 교육의 내용에 따라 흥하기도 하고 쇠하기도 했다. 유대인의 성공적인 삶 역시 그들의 교육에 있음은 주지의 사실이다. 그러나 구약 성경과 탈무드에 의한 유대인의 생존과 천재교육의 비밀은 아직도 우리에게 충분히 알려지지 않았다. 그러던 차에 수년 전 현용수 교수의 《IQ는 아버지 EQ는 어머니 몫이다(부제: 성경적 유대인 자녀교육)》을 접하게 되었다.

그리고 이번에 새로 출간된 《현용수의 인성교육 노하우》는 한국인과 유대인의 자녀교육을 비교 분석하면서 '현재 우리가 당면하고 있는 인간교육의 문제는 무엇이고, 그 해결책은 무엇이며, 그 교육의 방법은 무엇인가'란 질문에 명쾌한 답을 주고 있다.

예수님을 믿기 이전에 받은 인성교육이 마음을 옥토로 가꾸게 하므로 예수님을 믿은 후에 기독교교육을 시키는 데 지대한 영향을 미친다는 새 발견은 대단히 중요하다. 현 박사는 그것을 '복음적 마음의 토양교육(Pre-Evangelism)'이라고 명명했다. 이것은 그동안 복음(Evangelism)과 제자화 교육(Post Evangelism)만 강조해 왔던 2천 년간 기독교의 약점을 보완하는 개혁주의 교육의 획기적 쾌거다. 이로써 그간의 의문점들, 왜 예수님을 믿는데도 근본 인간은 변하지 않는가, 왜 지구촌은 점점 현대화되는데 복음을 전하기는 점점 더 힘들어지는가에 대한 이유를 알고 그 대안을 찾게 됐다.

본인이 가까이서 아끼던 현용수 교수는 신학교를 졸업하고 기독교교육학을 전공한 후 랍비 신학교에서 수학하면서 유대인 자녀교육을 학문적으로 폭넓고 깊게 연구했을 뿐만 아니라 정통파 유대인의 탈무드 학교와 정통파 유대인 가정에서 그들과 함께 생활하면서 그들 교육의 비밀을 캐는 데 오랜 세월을 투자했다. 그리고 교육학적인 측면에서 새롭게 '유대인의 자녀교육'이란 주제를 학문적으로 정리했다. 따라서 이 저서는 이론과 실제를 겸한 기독교교육학의 새로운 패러다임을 구축한 방대한 연구의 결실이다.

뿐만 아니라 현 박사는 연구를 거듭한 결과 성경적 유대인 자녀교육도 해를 거듭할수록 완성도가 높아지고 있다. 천재적인 유대인 자녀교육 자체가 바로 토라 말씀이고, 말씀 속에 그들의 생존 비밀이 있음을 확인시켜 주고 있다. 저자는 개혁주의 신학이 '오직 성경(Sola

Scriptura)'인 것처럼 기독교교육도 "성경으로 돌아가라."고 외친다. 따라서 이 저서는 자유주의 신학이 승하는 이때에 개혁주의 교육에 크게 공헌하리라 믿는다.

나는 개인적으로도 미국 '나성 한인교회'를 섬길 때 현용수 교수를 초청하여 교육 세미나를 개최해 크게 도전받은 바 있다. 목회자 및 신학생들에게는 물론 일반 평신도들에게도 이 저서를 꼭 권하고 싶다.

전 총신대학교 총장
김의환

기독교교육의 블라인드 스팟(Blind Spot)을 발견한 역사적 쾌거

　오늘 우리 사회가 겪고 있는 가치관의 혼돈과 도덕적 무질서는 사회의 기본 단위인 가정의 뿌리가 크게 흔들리는 데서 비롯된다. 전래의 대가족 제도가 무너진 자리에 핵가족화가 박차를 가하면서 가정의 기본 체제가 혼란을 겪고 있다. 이러한 시대적 요청과 때를 같이 해서 미국에서 2세 교육에 깊은 관심을 갖고 연구해 오신 현용수 박사가 성경적 유대인 자녀교육에 관한 책을 출판하게 된 것을 매우 환영한다. '자녀교육을 어떻게 할 것인가'를 생각하면서 성경적 모델을 찾을 때, 우리는 구약의 쉐마(신 6:4-9)에 기초한 이스라엘 가정의 자녀교육에 주목하게 된다.

　특히 이번에는 현 박사가 계속 연구해 오던 수직문화와 수평문화를 더 연구 개발하여 인성교육의 원리와 실제를 4권(《문화와 종교교육》 포함 인성교육 시리즈 전 5권)으로 정리했다. 이 책은 기독교 2천 년 동안 예수님을 믿은 이후의 기독교교육에만 관심을 가졌던 학계에 예수님을 믿기 이전의 인성교육(Pre-Evangelism)도 대단히 중요하다는 새로운 영역을 발견하고 이에 대한 이론을 개발했다.

　현 박사에 의하면, 예수님께서 말씀하신 어려서부터 양육한 마음의 옥토가 복음을 받아들이는 것은 물론 그 이후 예수님의 제자화에도 지대한 영향을 준다는 논리다. 따라서 예수님을 믿기 이전에 인격적인 한국인 기독교인이 되기 위한 교육을 시켜야 한다는 것이다. 그리고 이에 대한 인성교육의 내용과 방법을 제시했다.

이것은 기독교교육의 블라인드 스팟(Blind Spot)을 발견한 역사적 쾌거다. 인성교육의 중요성은 강조했지만 인성교육의 원리를 몰라 인성이 파괴되는 현대 교육에 너무나 절실한 대안이다.

유대인들이 세계 역사상 최악의 조건에도 불구하고 가장 우수한 민족으로 생존해 온 그 배후에는 유대인 부모들의 헌신과 열정이 자리하고 있음을 우리는 본다. 그들은 토라와 탈무드에 기초한 신본주의의 절대 가치를 그들 문화의 중심에 두고 자녀들에게 철저한 사상교육을 행했다.

이 책의 저자 현용수 박사는 미국 동포 자녀들의 2세 교육에 특별한 관심을 가지고 유대인의 자녀교육에 관한 연구를 위해 랍비 신학교와 탈무드 학교에서 다년간 수학했다. 그리고 정통 유대인의 가정에서 생활하면서 얻은 경험과 함께 방대한 자료를 수집해서 신학대학교와 교회들을 순방하면서 유대인의 자녀교육을 강의한 적도 있고,

지상에 많은 글을 연재하기도 했다.

저자의 확신은 신앙(사상)이 없는 민족은 일시적으로는 흥할 수 있지만 곧 망하고 만다는 역사적 교훈을 바탕으로 한 것이며, 유대인의 교육철학 속에 자리한 성경적 자녀교육 원리가 오늘의 흔들리는 기독교 가정의 자녀교육의 실제 지침이 될 수 있다는 것이다. 따라서 이 저서의 내용은 한국 교육의 근본 문제를 정확히 지적하고 그 해결 방법을 제시한 책이다.

부모 되기는 쉬우나 부모 노릇 하기는 참으로 어려운 시대에 살면서 자녀교육을 어떻게 할까 고민하는 기독교 가정의 부모들에게 이 책은 좋은 지침서가 될 수 있다고 믿고 이에 적극 추천한다.

전 장로회신학대학교 총장
고용수

Los Angeles Times

SATURDAY, JULY 13, 2002 — Religion

'We have to learn the secrets of the Jews.'
The Rev. Yong-Soo Hyun

The Rev. Yong-Soo Hyun, left, who has immersed himself in the study of Orthodox Judaism, meets with Rabbi Yitzchok Adlerstein at a Shabbat meal.

Taking a Cue From Jews' Survival

Culture: Minister studies Orthodox Judaism to teach Korean Americans how to educate children, help churches thrive.

By TERESA WATANABE
TIMES STAFF WRITER

The Rev. Yong-Soo Hyun says God called him to abandon a well-paying engineering career 20 years ago in favor of Christian ministry.

So what is he doing shepherding a group of Korean visitors around Southern California to attend a Shabbat dinner, an Orthodox Jewish temple and a lecture by a Jewish rabbi on how to keep children holy?

Hyun, 53, may be the biggest booster of traditional Jewish education in all of Korean America.

It is, he tells you, the antidote to the loss of cultural identity and religious grounding he sees in successive generations of Koreans here.

So the minister now writes books, conducts tours and has even opened the Shema Education Institute to teach Koreans the Jewish "secrets of survival."

"For Korean churches to survive in America, we have to successfully pass down the word of God from generation to generation, just as Jews have done since the time of Moses," said Hyun, a short, dynamic man with an easy grin. "We have to learn the secrets of the Jews."

Hyun, who immigrated to the United States in 1975 at age 26, says he sees several parallels between Korea and Israel.

Both, he says, are small nations surrounded by large and sometimes menacing neighbors.

Both, he says, prospered when their people honored God and became imperiled when they did not. The Israeli captivity in Babylonia, he says, mirrors the Korean colonization by Japan.

His fascination with traditional Judaism was sparked 12 years ago, when he was a doctoral student at Biola University. He was studying the philosophy of Christian education and wrote a term paper comparing secular education with traditional Jewish education.

What struck him, he says, was the way Jewish education seemed to produce children who were intellectually excellent, honed through hours of Torah training and Socratic-style questioning, as well as religiously pious and morally grounded.

Traditional Jews also seemed to keep family ties strong, with fewer generation gaps than he says he found in his own community, and low divorce rates.

Persistence Pays Off

Trying to learn more about Jewish religious education, however, wasn't easy. He called the Orthodox Yeshiva University in Los Angeles but says he was told it was not open to non-Jews. He called again and was told the same thing. The third time, he said he began to argue with the rabbi on the other end:

"Why do you want to hide? God gave the Torah not just for you but also to shine for all nations. If you teach me the secrets of survival, how to keep your children holy, I will teach this to the Koreans. This will be good for you and good for God!" Hyun said he told the rabbi.

There was a pause. Then the rabbi gave him the name and number of Rabbi Yitzchok Adlerstein, a professor of Jewish law at Loyola University and prominent member of the Orthodox community known for reaching out to non-Jews.

Hyun called Adlerstein, who immediately invited him to his home for Shabbat dinner. Even better, Hyun said, Adlerstein agreed to guide his research into Jewish education.

"He allowed me to attend his Talmudic teachings," Hyun said. "He invited me to all of the ritual meals—the Passover Seder, Sukkot, Rosh Hashana. I asked so many questions and he answered them all."

The Shabbat meal, in particular, left a lasting impression, Hyun says. He was moved by the way the family sang a ritual song of praise to Adlerstein's wife—a contrast, he says, with an old Korean saying that the "three dumb things" a man must not do are praise his wife, his children or himself. He was touched by the way Adlerstein blessed each of his children.

And he was impressed at the way Adlerstein taught his children the Torah, quizzing them on passages, never spoon-feeding answers but asking more questions to stimulate their critical thinking skills and creative intellects.

For his part, Adlerstein said he initially thought the idea of a Korean Christian minister wanting to learn about Orthodox Judaism seemed "a little odd."

Although traditional Jews don't believe Judaism was meant for the world—they do not proselytize and often discourage would-be converts—Adlerstein was willing to guide Hyun.

"Our attitude generally as a community is that when you're enthusiastic about God and his teachings, you have a gift that you want to share with any well-intentioned person," he said.

Armed with his experiences, Hyun was ready to try the techniques on his four sons at home. He announced that, like Adlerstein, he would no longer allow them to watch TV. Instead, three evenings a week he would teach them the Bible.

The reaction? "They rejected it all," Hyun said, laughing.

After too many nights of arguments, Hyun got them interested in Bible studies by asking them to take turns preaching. But more than the intellectual training, Hyun said, it was his mimicry of Jewish expressions of family love that seemed to bring the most dramatic results.

Praise for His Wife

For the first time, Hyun says, he began praising his wife as he had seen his Jewish mentor do. He took her to Malibu at night, and strolled around the waterfront. He began washing the dishes and taking his wife on his travels. Before, he said, their marriage was characterized by "no romance—just orders" to her from him.

For the first time, he gathered his sons around to bless them. He asked God to bless them with wisdom, prosperity, leadership and the light of the gospel. "I cried, and they cried," he said.

From then on, he says, his family life dramatically improved. "Judaism showed me patience and how to lead children by wisdom and not authoritarianism. Now our family friendship has recovered."

Eager to share his experiences with other Koreans, Hyun has written a book on Jewish religious education that has sold more than 120,000 copies.

Hyun writes that Jewish fathers develop a child's IQ through Talmudic teachings, while mothers nurture their "EQ," or emotional quotient, with their maternal love—a thesis Adlerstein himself rejects in favor of viewing both parents as responsible for nurturing both aspects.

Experiencing Judaism

Hyun also figures he's reached 300,000 other Koreans in lectures on Jewish education at various seminars and conferences around the world.

And he says he has brought at least 150 people to Los Angeles to experience traditional Judaism firsthand in visits to synagogues and Friday night Shabbat dinners.

During one recent tour, Hyun led a group into the Beth Jacob congregation on Olympic Boulevard, wearing a traditional Korean jacket and a Jewish yarmulke.

After Sabbath prayers, Rabbi Shimon Kraft fielded a stream of lively questions: Why do you wear a beard? Why kiss the door? Why do men shake when they pray? Why do you have two pulpits? Do you evangelize?

Finally, someone asked: "We've learned about Jews, but what do you think about Koreans?"

Kraft gave the crowd a broad smile.

"They are bright, hard-working, studious—just like Jewish people," he said. "We seem to share a lot of the same values."

유대인 생존의 비밀을 밝히다

　많은 학자들이 유대인 생존의 비밀에 관해 관심을 가져왔습니다. 수천 년의 박해와 유랑에도 불구하고 살아난 유대인의 생존에 관한 학설들은 수없이 많습니다. 현용수 박사가 비유대인으로 유대인의 생존의 비밀을 정확히 지적한 사실은 의외이며, 이를 축하합니다. 현 박사는 유대인에게는 토라-그들의 가장 신성한 율법서-에 대한 충성심이 생존의 도구였고, 죄악이 만연하는 바다를 표류하는 동안 성결을 지키게 한 결정체란 것을 확신하고 있습니다. 그는 3천 년 이상 유대인을 다른 민족과 구별되게 한 교육의 기법, 부모가 자녀에게 자자손손 끊어지지 않는 연결 고리로 유대주의의 메시지를 전한 구전의 방법에 주목하고 있습니다. 그는 이러한 방법의 핵심을 빌려 그가 속한 한국 민족이 그들의 전통과 가치를 보존할 수 있는 힘을 찾으려 합니다.

　현 박사는 수년간 정통파 유대인 공동체에서 열심히 연구했습니다. 그는 유대인의 교육이론을 연구해 왔고, 철저한 관찰을 통해 실제적인 유대인의 생활방식을 조사했습니다. 우리는 그가 우리의 로스앤젤레스 예시바의 학자들과 접촉하고 특별히 그의 연구를 지도하기 위해 탈무드와 유대학 교수인 랍비 애들러스테인과 만나게 된 것을 기쁘게 생각합니다.

　우리는 그가 지구촌의 많은 사람에게 2가지, 도덕과 관용을 전파하려는 노력에 성공하기를 기원합니다.

　　　　　　　　　　　　로스앤젤레스 예시바 대학교 학장
　　　　　　　　　　　　진실한 랍비　마빈 하이어

ב"ה

Rabbi Marvin Hier
Dean
Rabbi Sholom Tendler
*Rosh Hayeshiva
Director, Academic Programs*
Rabbi Meyer H. May
Executive Director
Rabbi Nachum Sauer
Rosh Kollel
Mr. Paul S. Glasser
Director
Rabbi Yitzchok Adlerstein
*Director,
Jewish Studies Institute*
Rabbi Harry Greenspan
*Coordinator,
Beit Midrash Programs*

April 2, 1996

To whom it may concern:

Many scholars have been intrigued by the longevity of the Jewish people. Theories concerning the survival of the Jews despite millennia of persecution and exile fill volumes.

Dr. Yong-Soo Hyun should be congratulated for pointing to a factor that is unusual for a non-Jew to note. Dr. Hyun believes that the faithfulness of the Jews to the Torah - their corpus of Divine Law - conferred upon them the tools for survival, and the resolve to keep holiness afloat in a sea of unholy influences. He is intrigued with the educational technique that has distinguished the Jewish people for over three millennia - the method of oral transmission that passes on the message of Judaism from parent to child, from one generation to the next in an unbroken chain. He is attempting to distill some of these tools in a way that may help his own Korean people find the strength to preserve elements of their tradition and values.

Dr. Hyun has spent a few years of hard research studying the Orthodox Jewish community from the inside. He has studied Jewish educational theory, and investigated practical Jewish lifestyle by thorough observation. We are pleased that he has turned to the scholars associated with our own Yeshiva of Los Angeles, particularly Rabbi Yitzchok Adlerstein, a member of our Talmud and Jewish Studies faculty, for guidance in his research.

We wish him success in his endeavors to spread both morality and tolerance to large populations of the globe.

Sincerely,

Rabbi Marvin Hier
Dean

9760 West Pico Boulevard, Los Angeles, CA 90035/(310) 553-4478

제3장

대안 제시:
유대인이 수평문화를
차단하고 수직문화를
입력하는 방법

I. 유대인 가정은 백지와 같은 자녀의 두뇌에 무엇을 그리나
    −유대인은 어떻게 자녀와 코드가 잘 맞나
II. 인성교육 원리를 현실에 적용하기: 자녀의 인성지수 평가 방법
III. 왜 부모는 자녀에게 족보를 가르쳐야 하는가

I. 유대인 가정은 백지와 같은 자녀의 두뇌에 무엇을 그리나
– 유대인은 어떻게 자녀와 코드가 잘 맞나

1. 유대인은 백지와 같은 자녀의 두뇌에 자신의 종교와 전통을 그린다

현대 문명이 발전할수록 자녀들은 어른의 훈계를 듣고 싶어 하지 않는다. 교회의 성장도 둔화된다. 교인들이 은혜를 받기도 힘들다. 왜 그런가? 가장 큰 이유 중 하나는 교인들 스스로 수평문화에 물든 황폐한 종교성 토양을 가지고 있기 때문이다.

현대 학문이나 과학 위주의 문명이 발달할수록 인성은 점점 퇴화하는 법이다. 그리고 지식은 많아져도 지혜는 부족해진다. 부모와 자녀의 코드가 맞지 않는다.

정통파 유대인은 어떻게 자녀들의 마음을 옥토로 만드는가? 유대인은 어떻게 자녀와 코드가 잘 맞도록 교육시키는가? 유대인은 아이가 태어나면서부터 신본주의 문화에 흠뻑 젖도록 교육환경을 조성하고 성경을 가르친다. 그들은 백지와 같은 자녀들의 두뇌에 신본주의 문화의 이미지(Image)를 집중적으로 심어 주어 기억으로 남게 한다.

특히 유대인은 가정이나 회당에 자녀들의 종교교육을 위한 상징물을 많이 만들어 사용한다. 여호와의 말씀과 눈에 보이는 쉐마의 경문,

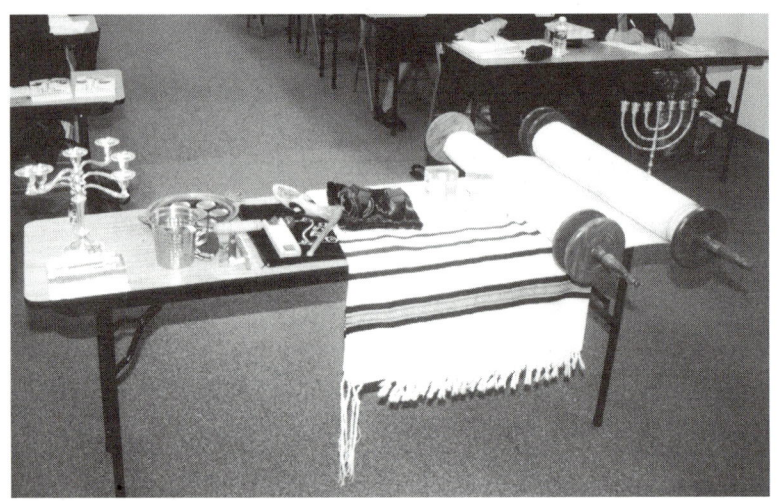

신본주의 사상 이미지를 자녀에게 입력시키기 위해 유대인은 시청각 자료를 많이 사용한다. 사진은 쉐마교사대학에서 사용하는 교육자료들. 촛대, 공문, 기도복, 나팔 등이 보인다.

문설주의 메주사, 613개의 율법을 상징하는 옷 찌찌, 다윗의 별, 촛대, 안식일 절기 예식과 음식 등이다.

물론 정통파 유대인 가정에는 TV도 없다. 세상 돌아가는 정보는 신문과 라디오로 얻는다. 가정에서나 회당에서나 학교에서나 시각적인 영상문화는 피하고 최대한 좋은 독서와 토론 환경을 만들어 준다. (68쪽 '인성교육 원리를 현실에 적용하기: 자녀의 인성지수 평가 방법' 참조. 매우 중요함)

유대인은 13세 이전에 수직문화를 입력하며 이때 인간의 오감(五感)을 모두 동원한다.

첫째, 음악을 들으며(청각: 귀로 듣기),

둘째, 절기 옷을 입거나 촛대 및 다윗의 별 등을 반복하여 보거나 춤을 추어 서로 보며(시각: 눈으로 보기),

셋째, 절기 음식을 먹으며(미각: 입맛),

넷째, 온몸을 흔들며 기도하거나 토라를 손으로 만지며(촉각: 피부로 느끼기),

다섯째, 안식일 마지막에 향기로운 향을 피워 냄새를 맡으며(후각: 코로 냄새를 맡으며) 그 문화를 익히게 한다.

유대인은 3세부터 지각을 통해 기도서를 암기하게 하고 토라를 가르쳐 선과 악을 구별하고 깨닫게 하는 교육을 시킨다.

따라서 유대인의 아이는 태어나면서부터 초등학교는 물론 중·고등학교까지 이러한 수직문화에 대한 이미지가 두뇌에 뚜렷한 영상으로 각인되기 때문에 그들의 종교성 토양은 자연스럽게 옥토가 된다. 그리고 선악을 구별하는 성경적 가치관과 인격이 뚜렷하게 형성된다.

두뇌에 형성된 영상은 지각을 통한 깨달음뿐 아니라 오감을 통해 입력된 수직문화 전체를 말한다. 즉 눈이나 귀, 코나 입 및 촉각을 통하여 모두 조상들이 해 오던 종교적인 상징들, 종교음악, 냄새 및 촉감이 그대로 대뇌에 각인된다.

특히 매일의 삶에서 자녀에게 하나님의 율례와 법도를 실천하게 하는 어머니의 반복 교육이 절대적인 영향을 준다. 매일 아침 자녀가 일어나면서부터 취침 전까지 어머니의 반복적인 가르침은 습관을 만든다. 이렇게 13세 이전에 대뇌에 기억된 이미지나 몸에 젖은 습관은 나이가 들어서도 변하지 않는 법이다.

유대인은 이러한 어머니의 반복적인 습관 교육으로 정통파의 성경적인 가치관에 대한 세대차이를 막을 수 있다. 자녀가 어릴 때 마땅히 행할 길을 가르치면 늙어도 그 길을 떠나지 않는 법이다(잠 22:26). 중·

고등학교 때는 이미 교육의 시기가 늦다. 왜냐하면 그 이전에 이미 수평문화의 형상이 대뇌에 각인되기 때문이다.

유대인 자녀는 어떠한 상황에 직면했을 때 그것이 수평문화인지 아닌지 분별할 수 있고 옳고 그름을 판단할 수 있는 능력을 소유한다. 그리고 수평문화의 유혹을 이길 수 있는 자신감이 있다.

유대인들이 모세 시대부터 현재까지 세대차이 없이 말씀(율법)을 전수한 것은 그들이 선천적으로 우수한 민족이기 때문이 아니라 신본주의 문화의 교육환경에다 부모가 끊임없이 성경 교육을 하기 때문이다. 그래서 그들은 아직도 부모와 자녀 사이에 모세의 때처럼 코드가 잘 맞는다.

우리는 자자손손 세대차이 없이 자녀에게 복음을 전하기 위해 자녀들을 수평문화로부터 차단하여 수직문화의 사람, 즉 옥토의 종교성 토양을 가진 사람으로 키워야 한다. 그리고 마땅히 행할 길을 개발하여 아이에게 가르쳐야 한다.

**유대인은 13세 이전에 수직문화를 입력할 때
인간의 오감(五感) 모두를 철저히 사용하게 한다.**

토막 상식

저자 주 건전한 민주주의에 왜 전통이 필요한가? 랍비 토카이어의 견해를 들어보자.

유대인의 전통과 민주주의 (타협 조건)

Tokayer

최초의 민주주의를 시작한 나라들의 공통점은 오랜 전통을 중시한다는 것이다. 영국(검은 곰 털의 모자를 쓴 친위대로부터 런던탑의 감옥까지), 네덜란드, 벨기에, 스웨덴, 노르웨이, 덴마크는 왕실을 존중하고 있으며 스위스, 미국, 캐나다, 이스라엘에서도 역사를 중요시하여 역사적 전통을 자랑으로 삼고 있다.

민주주의 국가에서 특별히 전통을 중요시하는 것은 어째서일까? 나는 일본에서 사는 동안 와세다 대학에서 강의를 한 적이 있는데, 그때 학생들로부터 오래된 것과 민주주의는 용납할 수 없는 것이라는 말을 들었다. 민주주의는 새로운 것이며, 또 날마다 새롭게 변해 가기 때문에 오랜 전통이 도리어 민주적 발전을 저해하는 것이 아닌가 하고 생각하는 것 같았다.

얼마 전 나는 골다 메이어의 자서전 《나의 생애》(원제: 마이 라이프, 1979)를 읽었다. 골다 메이어라고 하면 이스라엘의 여성 총리로 동양에서도 알려져 있다. 그는 젊은 시절을 미국에서 보냈는데, 노동운동의 투사였다. 골다는 러시아에서 태어났지만 유대인 부모를 따라 미국으로 이민을 갔고, 1979년에 밀워키에서 모리스 메이야손과 결혼했다(이스라엘로 옮겨 히브리 식인 메이어로 개명했다). 이 책에서 골다는 젊은 시절을 다음과 같이 회상하고 있다.

결혼하기 전에 나는 어머니와 오랜 시간에 걸쳐 상의를 해야만 했다. 어머니나 나나 의견이 맞지 않아 감정적으로 골이 깊었다.
모리스와 나는 우리의 결혼을 시청에 가서 결혼신고만으로 끝내면 손님을 초청해서 피로연을 할 필요도 없고, 또 다른 귀찮은 일도 없을 것이라 생각하고 있었다. 모리스와 나는 사회주의자였다.
전통에 대해서는 관용의 마음을 가지고 있지만 어떤 것도 우리의 행동을 속박할 수는 없다고 믿고 있었다. 그러나 어머니는 만약 내가 시청에서 신고만 하는 것으로 결혼식을 끝낸다면 유대인 거리에 얼굴을 내놓고 나설 면목이 없으며, 가족의 수치이므로 더이상 밀워키에 머물 수가 없게 된다고 완고하게 버티셨다.
전통적인 의식에 따라 결혼을 해야 한다는 주장이었다. 그리고 "그것이 너희들에게 무슨 해가 되느냐?"라고 어머니가 물으셨을 때, 모리스와 나는 15분 동안 훗파(유대식 결혼식에서 신부를 위해 만들어진 천막) 아래 선다 할지라도 아무런 손해가 될 것이 없다고 타협했다. 우리는 양쪽 친구들도 초대했다. 그리고 밀워키의 유명한 랍비 중 한 사람인 숀펠트 씨가 주례를 맡아 주었다.
어머니는 돌아가시기 전까지, 랍비 숀펠트가 나의 결혼을 위해 집까지 와 주었고 게다가 어머니가 만드신 케이크를 맛있다고 말해 준 것을 자랑으로 여기며 즐거운 듯이 이야기하시곤 했다. 지금에 와서 생각해 보면, 그날 어머니를 얼마나 기쁘게 해 드렸던가! 그리고 시청으로 그냥 결혼신고를 하러 가지 않은 것이 얼마나 잘 되었는가를 생각해 보면 흐뭇하기만 하다.

 동양에는 이와 비슷한 오랜 전통과 관습을 가진 나라들이 많다. 멋있는 고옥과 가족주의, 독특한 경어의 사용과 같은 다양한 전통적인 관습들이 있다. 이러한 관습을 지키는 것은 아무런 해가 되지 않는다. 도리어 민주주의를 확고한 것으로 만드는 데 도움이 되는 것이다.

 민주주의 사회에서는 일원적인 전체주의 사회와 달리 사람들이 제각기 자기 나름대로 주장을 할 수 있는 다양성이 존재한다. 동양의 자유 진영 국가에서 흔히 있는 텔레비전 토론 프로그램에서 여섯 사람의 참석자가 있으면 여섯 사람이 제각기 독자적인 다른 의견을 가지고 있다. 즉 다원적인 것이다.

 이와 같은 민주주의 사회를 정착시키는 것은, 전통이라는 공통의 자산이 있기 때문이다. 하물며 전통을 중요시한다 하더라도 손해 볼 일이야 없지 않는가!

 사람들이 전통을 공유하여 중요하게 여김으로써 사회가 공동 의식을 가지게 되고 공통의 분모 위에 서서 다양한 가치를 추구할 수 있는 것이다. 그러므로 참 민주주의 국가에서는 전통을 특별히 강조하고 존중하는 것이다. 과거의 유산과 전통을 중요시하는 나라가 민주주의 국가로 되고 있다는 점에 주목해야 할 것이다.

유대인은 전통을 아주 중요하게 여긴다. 그렇게 함으로써 민족성을 유지해 왔다. 그러나 오른쪽 눈으로 전통을 들여다보면서 왼쪽 눈으로는 전통을 신랄하게 응시하는 것이다. 탈무드는 이렇게 말한다.

"자신의 머리로 전통의 의미를 생각하지 않는 자는 다른 사람의 손에 이끌려 다니는 시각장애인과 같다."

_탈무드 3(부제: 탈무드의 처세술) 동아일보, 2008

자신의 머리로 전통의 의미를 생각하지 않는 자는
다른 사람의 손에 이끌려 다니는 시각장애인과 같다.

선행과 쾌락

Tokayer

어떤 배가 항해를 계속하고 있었다. 갑자기 높은 파도가 일고 심한 폭풍우가 몰아쳐 뱃길을 잃고 말았다. 아침이 되자 바다는 다시 고요해졌고, 배는 아름다운 항구가 있는 섬에 닿아 있었다. 배는 항구에 닻을 내리고 잠시 쉬어 가기로 했다. 그 섬에는 가지각색의 아름다운 꽃들이 만발해 있었다. 맛있는 과일들이 주렁주렁 달린 나무들이 신선한 녹음을 드리우고 있었다. 또한 온갖 새들은 즐겁게 지저귀고 있었다. 배를 탄 사람들은 다섯 그룹으로 나뉘었다.

첫째 그룹은, 자기들이 섬에 상륙해 있는 동안에 순풍이 불어와 배가 떠나 버릴지도 모른다는 두려움 때문에, 아무리 섬이 아름다워도 빨리 자기들의 목적지로 갈 생각에 아예 상륙조차 하지 않고 배에 남아 있었다.

둘째 그룹은, 서둘러 섬에 올라가 향기로운 꽃향기를 맡고 나무 그늘 아래에서 맛있는 과일을 따 먹고는 기운을 되찾아 곧 배로 돌아왔다.

셋째 그룹은, 섬에 올라가 너무 오래 머물러 있다가 순풍이 불어오자 배가 떠나는 줄 알고 당황하여 돌아왔기 때문에 소지품을 잃어버렸고 자기들이 앉아 있던 배 안의 좋은 자리마저 빼앗겼다.

넷째 그룹은, 순풍이 불어 선원들이 닻을 올리는 것을 보았지만, 돛을 달려면 아직 시간이 있으며 선장이 자기들을 남겨 두고는 떠나지 않으리라는 등의 생각으로 그대로 남아 있었다. 그러다가 정말로 배가 항구를 떠나가자 허겁지겁 헤엄을 쳐서 배에 올라 탈 수 있었다. 그때 바위와 뱃전에 부딪혀 입은 상처는 항해가 끝날 때까지도 아물지 않았다.

다섯째 그룹은, 너무 많이 먹고 아름다운 경치에 도취되어, 배의 출항을 알리는 소리조차 듣지 못했다. 그래서 숲 속 맹수들의 밥이 되거나 독이 있는 열매를 먹고 병이 들어 마침내 모두 죽고 말았다.

여러분이라면 이 다섯 그룹 중 어디에 속하겠는가? 이 이야기에서 배는 인생에서의 '선행(善行)'을 상징하며, 섬은 쾌락을 상징한다.

첫째 그룹은, 인생에서 쾌락을 전혀 맛보려고 하지 않았다.

둘째 그룹은, 쾌락을 조금 맛보았으나, 배를 타고 목적지에 가야 하는 의무감을 잊어버리지 않은 가장 현명한 그룹이다.

셋째 그룹은, 쾌락에 지나치게 빠지지 않고 돌아왔으나, 역시 고생을 좀 했다.

넷째 그룹은, 결국 선행으로 돌아오기는 했으나 너무 늦어 목적지에 다다를 때까지 상처가 아물지 않았다.

그러나 다섯째 그룹은, 인간이 빠지기 쉬운 것으로 일생 동안 허영을 위해 살거나 앞날의 일을 잊어버린 채 살고, 달콤한 과일 속에 들어 있는 독을 먹고 죽어간 것이다.

탈무드의 지혜, 동아일보, 2007

2. 유대인이 영상교육을 피하는 이유

A. 한국인과 유대인 가정의 거실 차이
왜 유대인은 영상교육을 피하고 책만 읽게 하는가

최근 한국 교실에서 우려되는 교육방법 중의 하나가 초등학교에서부터 칠판은 거의 사용하지 않고 영상을 통한 교육을 강조하는 것이다. 대부분 교육의 내용을 영상에 담아 프로젝터로 쏘아 보여 주며 가르친다. 집중력이 낮은 산만한 어린이들의 주의를 끌기 위해서다. 이제 영상이 아니면 교육을 할 수 없을 정도로 어린 학생들이 영상에 '중독' 되어 있다.

유대인 학교에서는 상상조차 할 수 없는 일이다. 유대인 학교의 교실에는 칠판이 있어도 잘 사용하지 않는다. 그 흔한 오버헤드 프로젝터(OHP)도 없다. 눈으로 보이는 것은 기껏해야 유치원이나 초등학교 1, 2학년 학생들이 손으로 그린 그림이나 사물 정도다.

한국인 가정과 유대인 가정의 거실에도 큰 차이가 있다. 한국인 집은 예외 없이 거실에 큰 TV가 있다. 마치 극장과 같다. 그런데 유대인 집의 거실은 예외 없이 도서관 같이 꾸며져 있다. 서가가 이곳 저곳에 놓여 있고, TV는 아예 눈에 띄지 않는다. 유대인은 가정이나 학교에서 학습 방법으로 최첨단 TV 영상 대신에 책을 많이 읽게 하고 토론을 많이 시키기 때문이다. 세상 돌아가는 소식은 어떻게 알까? 꼭 알아야 할 시사 내용은 신문이나 라디오를 통해 접한다. 그런데도 유대인 교육의 우수성은 역사적으로 검증되었다.

가정이나 학교에서 자녀를 가르칠 때 여러 가지 학습 방법을 사용할 수 있다. 그 중 시청각을 통한 교육 방법은 교육의 내용을 가장 효과적으로 전달할 수 있다. 특히 어린아이일수록 시각의 체험은 강한 충격과 자극을 준다. 더구나 요즘 한국의 최첨단 TV영상은 가장 강렬한 자극을 주는 전달매체이기 때문에 교실에서 이를 사용하면 최첨단 교육을 시키는 것으로 착각하기 쉽다.

그러나 이것은 큰 오해다. 자녀들이 이런 영상문화에 오염되면 장래를 망치기 쉽다. 왜 어린이에게 최첨단 영상교육이 해로운가?* 심리학적인 이유와 교육학적인 이유를 살펴보자.

한국인 가정의 거실은 마치 극장 같이 큰 TV가 있다.
반면 유대인 가정의 거실은 책이 가득한 도서관처럼 꾸며 놓았다.
이것이 우수한 민족의 특성이다.

B. 유대인이 영상교육을 피하는 심리학적 이유

첫째, 유대인은 왜 가정에 TV를 놓지 않는가? 가장 중요한 것은 시각을 통해 들어오는 강렬한 세속적인 수평문화의 내용을 차단하기 위해서다. 자녀를 성결하게 키우려면 어린 나이에 보지 말아야 할 것은 보이지 말아야 한다. 그래야 순수한 마음으로 학업에 정진할 수 있다.

---

* 청소년의 TV나 인터넷 피해 사례는 이미 알려졌기 때문에 여기서는 언급하지 않는다.

유대인 어머니는 〈뉴스위크〉 같은 건전한 시사 잡지라도 자녀들이 보기 전에 먼저 살펴보고 혹시 여성의 벌거벗은 사진이 있으면 뜯어낸 후에 보도록 한다. 여자 아이는 긴팔 옷을 입게 하여 노출이 되지 않도록 하며, 남녀는 구별하여 행동하도록 가르친다.

심지어 탈무드는 남녀의 성결교육을 위해 이런 것까지 가르친다. "남녀가 개울을 건널 때 남자가 여자의 뒤쪽에 서서는 안 된다. 왜냐하면 여성은 스커트를 걷어 올리지 않으면 안 되며, 그렇게 되면 뒤에 서는 남자가 부정한 생각을 갖기 때문이다."*

둘째, 내용이 어떻든 간에 왜 영상교육이 어린이에게 해로운가? 어려서부터 최첨단 영상에 익숙한 아이들은 더 강하고 더 선명하고 세련된 화상을 계속 요구한다. 그리고 그 욕구가 채워지지 않으면 실증을 느껴 교육의 내용이 잘 전달되지 않는다.

인간의 욕구는 한이 없다. 라디오도 귀로만 들으니 금세 시시해진다. 전달 효과가 적고 덜 재미있고 깊고 오래 생각하게 만드는 책 읽기는 더욱 싫어한다. 일단 두꺼운 책을 꺼내는 것조차도 귀찮아 한다. 그러니 점점 더 강렬한 영상교육을 할 수밖에……

반면, 유대인 어린이들은 어려서부터 깨알처럼 쓰인 까다롭고 복잡하고 어려운 탈무드를 끊임없이 읽고 토론한다. 유대인 중에는 어려서부터 너무 작은 글씨를 많이 읽고 눈이 나빠져서 안경 쓴 이들이 많다. 그들의 말에 의하면 어려운 내용을 분석하고 해석하다 보면 일반 학교교육의 내용은 너무나 쉬워서 몇 시간 공부하지 않고도 쉽게 따

---

* 토카이어, 《탈무드 3》, 동아일보, 2008, '토라와 탈무드' 참조.

라갈 수 있다고 한다.

　어린 나이부터 작은 글씨에 까다롭고 복잡하며 어려운 내용으로 훈련을 받으면 성장한 뒤 보게 되는 영상의 내용은 너무나 쉽게 따라갈 수 있다. 반면, 쉽고 편하게 보는 영상에 물든 아이들은 작은 글씨로 쓰인 어려운 내용에 적응하기가 거의 불가능하다. 이것은 마치 가난한 집 아이가 부잣집 음식을 먹기는 쉽지만, 부잣집 아이가 가난한 집 음식을 먹기는 어려운 것과 같다.

　따라서 자녀를 위한 참된 교육은 어려서부터 넓은 길보다는 좁은 길을 걷게 하고, 풍요한 생활보다는 고난의 생활을 체험하게 하는 것이다.

　셋째, 영상을 보는 일은 책을 읽거나 글쓰기보다 훨씬 쉽고 편하다. 게으른 사람은 누워서도 볼 수 있기 때문이다. 그래서 자녀들이 영상물에 길들여지면 게을러지기 쉽다. 이런 습관을 가진 사람이 책상에 앉아 문자로 된 책을 읽거나 머리로 생각을 해 가면서 글을 쓴다는 것은 여간 힘든 일이 아닐 것이다.

　넷째, TV 화면은 1~2초 간격으로 내용이 바뀐다. 점점 더 빨리 바뀐다. 어린이들이 TV 화면에 심취해 있으면 그들의 생각도 TV 화면이 움직이는 대로 빨리 움직인다.

　따라서 어려서부터 TV를 많이 시청하면 스스로 오랫동안 깊고 넓게 생각할 수 있는 능력을 상실할 가능성이 높다. 자녀들 스스로 인생을 깊고 넓게 생각할 수 있는 마음의 여유도 없어진다. 오늘의 교육환경은 점점 더 아이들이 스스로 오랫동안 생각할 수 없도록 방해하고

유대인의 가정이나 교실에는 영상기기가 없다. 대신 둘씩 짝을 지어 탈무드 책을 펴놓고 읽어 가며 '철이 철을 날카롭게 하는 것'처럼 상대방의 설명을 사정없이 공격하는 탈무드식 논쟁법으로 토론을 한다. 유대인의 영재교육 방법 중 하나이다. 사진은 유대인 소년들이 탈무드식 논쟁을 하는 모습.

있는 데 문제가 있다.

그 결과 현대의 자녀들이 잠시도 가만히 앉아 있지 못하고 부산하며, 더 빨리 변하는 것을 추구하며, 사물에 대하여 깊고 넓게 그리고 많이 생각하지를 못하고 오래 참지를 못하게 된다. 빨리빨리 문화에 길든 탓이다. 얼마나 큰 비극인가?

부모는 무엇보다 자녀를 깊이 생각하는 인간으로 키워야 한다. 깊고 넓은 그리고 오래 생각하게 하는 것은 고전 같은 양서를 읽을 때 더 효과적이다. 여기에서 유대인이 왜 가정에서 TV를 안 보고 자연과 더불어 학습하고 정신적인 토라교육을 시키는지 그 이유를 알 수 있다.

다섯째, 최첨단 영상에 익숙한 아이들은 모니터 앞에 앉아 혼자 놀기를 좋아한다. 인간과의 대화를 멀리하며 자연과의 친밀감은 더욱 없어진다. 따라서 인간관계 교육과 EQ교육에 매우 좋지 않다.

여섯째, TV를 오래 보게 되면, 집중력과 창의력도 떨어진다. 왜냐하면 자신이 열정을 갖고 능동적으로 일을 주관할 때 집중력이 생기며 창의력도 높아지는데, TV 시청은 주관자가 아니라 수동적인 방관자의 입장에서 이뤄지기 때문이다.

한국 학교의 교실은 왜 산만한가? 어려서부터 TV에 노출된 아이들이 모여 있기 때문이다. 가장 효과적인 교육방법은 유대인처럼 자녀들에게 최첨단 영상문화를 차단하고 책을 많이 읽게 하고 토론을 하게 하는 것이다. 이것이 자녀의 IQ를 계발하고 깊이 생각하게 하는 인성교육에 옳은 방법이다.

책을 선정할 때도 인생을 깊게 생각하게 하는 주제(IQ보다는 EQ나 지혜의 내용)를 택하되 쉬운 내용에서 깊은 내용으로 수준을 높여 나가야 한다.*

일곱째, TV 영상에 빠지면 절제가 힘들다. 계속 재미있는 프로그램의 유혹을 이기기가 너무 힘들다. 즉 시간의 낭비가 너무나 크다. 더구나 TV의 내용이 삶의 의미를 담은 수직문화가 아니고 대부분 인간의 말초신경을 자극하는 재미 위주의 수평문화이기 때문에 자녀들이 스스로 절제하기가 힘들다. 어른들도 절제하기 힘든데 자녀들에게는 얼마나 더 힘들겠는가?

반면, 유대인 가정에는 아예 TV가 없기 때문에 여가 시간이 너무나 많다. 그들은 그 시간에 놀고 있는가? 아니다. 자신들의 신본주의 정신 세계를 키우는 데 필요한 성경 공부와 고전을 읽고 토론하며 시간 가는 줄을 모르게 지낸다.

---

* 더 자세한 내용은 저자의 《유대인 아버지의 4차원 영재교육》 동아일보, 2006 참조.

토막 뉴스

신문과 책을 많이 읽는 학생이 공부도 잘한다
일본 문부과학성 220만 명 조사, 국어 평균점수 14점이나 높아

일본 문부과학성이 전국 초등학생(6년)과 중학생(3년) 220만 명을 대상으로 43년 만에 대규모 학력평가와 생활습관을 조사한 결과 이같은 사실이 밝혀졌다고 〈아사히신문〉 등 언론들이 2007년 7월 25일 보도했다.

설문조사에서 '신문과 TV 뉴스에 관심이 있다'고 대답한 중학생들은 국어시험에서 평균 75.2점, '관심이 전혀 없다'고 응답한 경우 14.2점 낮은 61점에 그쳤다. '독서를 좋아한다'는 중학생들은 국어 평균점수가 78.1점, '전혀 그렇지 않다'라고 답한 경우는 61.1점이었다. 책을 많이 읽는 학생은 국어뿐만 아니라 수학도 기초지식과 응용력이 뛰어난 것으로 조사됐다. 또 TV시청, 게임, 인터넷을 하루 4시간 이상 하는 학생의 정답률은 그렇지 않은 학생에 비해 점수가 10% 가량 떨어졌다.

일본 정부는 2002년부터 펴온 '여유 교육'의 성과를 재기 위해 학습평가를 실시했다. 여유 교육이란 학생의 자율성과 인성 함양을 중시한다는 목적으로 시작됐으나, 최근에는 교육 현장의 수업시간이 현저히 줄어들어 학생들의 학습능력 부진을 가져왔다는 비판도 받아왔다.

_조선일보, 2007년 7월 26일

C. 유대인이 영상교육을 피하는 교육학적 이유

이제 유대인 가정에서 TV를 없애고 책을 가까이 해서 얻는 교육학적 유익이 무엇인가를 알아보자.

첫째, 인간이 자신의 생각을 표현하는 가장 중요한 2가지 수단은 언어와 글쓰기다. 어릴 때일수록 언어로 표현하다가 조금 성장하면서부터 글로 표현하기 시작한다. 글은 문자로 표현하기 때문에 인간의 기억의 한계를 극복할 수 있는 도구다. 자신의 생각을 글로 표현해 오랫동안 보관할 수 있기 때문이다. 글로 자신의 생각을 정리하려면 문자로 표기된 책을 접하는 것이 무엇보다 중요하다. 반면, 영상의 내용은 감동을 줄 수 있을지는 몰라도 글쓰기에는 도움을 주지 못한다.

둘째, 언어와 글은 부모와 자녀 사이 그리고 교사와 학생 사이에 가르침과 배움의 수단이다. 뿐만 아니라 말하기와 글쓰기는 인간 사회에서 지도자가 갖추어야 할 필수 덕목이다. 어떤 이는 말은 잘하나 글재주는 없고, 어떤 이는 글재주는 있으나 말을 잘 못하기도 하다. 그러나 존경받는 지도자는 둘 다 잘해야 한다. 그런데 TV 같은 영상을 볼 때는 듣기만 하고 말할 기회가 없다. 제작자의 내용을 일방적으로 들을 뿐이다. 가정에서도 식사 시간에 드라마를 볼 경우 가족끼리 오순도순 대화할 시간이 없다. 현대인의 비극이다.

셋째, 뿐만 아니라 TV 시청은 어린이의 독해력도 방해한다. 카이저 가족재단과 어린이디지털미디어센터가 2002년 4~6월간 생후 6개월

> **토막 뉴스**

신문 많이 읽는 대학생, 학점도 높아
한국언론학회 추계학술대회 논문

평소에 신문을 열심히 읽는 대학생은 사회지식도 많고 공부도 잘하는 것으로 밝혀졌다. 2007년 10월 5일 전북대학교에서 열린 한국언론학회(회장 한균태 경희대 교수) 추계학술대회에서 최영재 한림대 교수 등 4명의 교수팀은 '대학생 신문 열독 패턴 서베이, 열독 효과 실험 연구'란 논문을 발표했다.

논문에서는 "연구 결과 종이신문 읽기는 지식 습득과 민주주의 의식 향상 효과가 동시에 나타났다."면서 "종이 신문은 인터넷 등 어떤 뉴미디어 매체로도 채워질 수 없는 문화적 자산가치를 가지고 있기 때문에 신문 읽기 운동이 필요하다."고 지적했다.

최 교수팀이 서울·대구·강원·전북의 대학생 1200명을 상대로 조사한 결과, 종이신문을 하루 평균 30분 이상 읽는 중(重)이용자는 16%, 6~29분 읽는 경(輕)이용자는 22%, 5분 이하 읽는 비(非)이용자는 62%인 것으로 나타났다. 이들의 지난 2년간 평균학점을 비교하면 4.5점 만점에 중 이용자 3.69점, 경이용자 3.57점, 비이용자 3.55점 순이었다. '현 국무총리가 누구인가'란 시사상식 질문에 신문 중(重)이용자는 58.5%가 '한덕수'란 정답을 말했고, '한명숙(전 총리)'이 18.9%, '이해찬'(전 총리)이 17.6%였다. 반면 비(非)이용자는 '이해찬'이라고 잘못 응답한 경우가 37.5%로 가장 많았고, '한덕수'라고 제대로 답한 경우는 33%였다. 최영재 교수는 "신문을 읽음으로써 공부를 잘하게 만들 수도 있기 때문에 신문은 지식과 지성을 가르치는 대학의 학습교재"라고 했다.

_조선일보, 2007년 10월 6일

부터 6세까지 자녀를 둔 부모 1065명을 대상으로 아이들의 미디어 이용습관에 대해 전화로 무작위 조사한 결과, 하루 중 많은 시간 TV를 켜놓고 있는 가정의 6세 미만 아이들은 그렇지 않은 아이들보다 글 읽는 방법을 배우는데 훨씬 많은 어려움을 겪을 가능성이 있다는 새로운 조사 보고서가 공개됐다. "중증의 TV 시청 가정"에서는 4~6세 어린이들 중 34%가 글을 읽을 수 있는 반면, 이보다 훨씬 짧은 시간 TV를 켜 놓은 가정에서는 그 비율이 56%에 달하는 것으로 나타났다 (중앙일보 미주판, *TV 어린이 독해력에 방해*, 2003년 10월 29일).

넷째, 미국 대학 입학시험에서 에세이가 중요한 역할을 하는 이유는 지원자의 의견이 얼마나 가치가 있고, 독특하며 이를 얼마나 논리적으로 잘 표현했느냐를 테스트하기 위해서다. 좋은 에세이를 쓴다는 것은 많은 훈련이 필요하다. 자녀들이 왜 책을 많이 읽으면 좋은 글들을 쓸 수 있는가?

1) 글로 표현할 내용, 즉 소재가 풍부해진다.
2) 글로 표현할 풍부한 어휘력이 향상된다.
3) 잘 표현된 좋은 글들을 많이 접하면서 좋은 글 쓰는 법을 배운다.

자녀들은 태어날 때 백지와 같은 두뇌를 가지고 태어나는데 그 두뇌에 연령에 맞는 수많은 단어와 문장이 입력되도록 해야 한다. 이것이 영재교육의 첫걸음이다. 한 인간이 어떤 것을 창조한다는 것은 기존에 자신이 가지고 있는 지식(Data)을 활용하여 만드는 것이지, 아무런 기본 지식도 없는데 만들어지는 것이 아니라는 점을 명심해야 한다. 따라서 어릴 때 기초학습 과정이 중요하다.

그런데 어린 자녀들에게 TV 같은 영상을 많이 보여 주면 글자로 된 단어들이 두뇌에 입력되기 어렵다. 설사 입력될 기회가 있다 해도 강렬한 시각적인 영상 이미지에 밀려 잘 박힌 못처럼 입력될 수가 없다.

다섯째, 지도자의 자질 중 하나는 논리의 전개다. 영상은 줄거리의 소개는 가능할지 모르나 까다롭고 복잡한 학문적인 논리의 전개에는 한계가 있다. 반면, 글쓰기는 아무리 복잡한 논리라도 끊임없이 표현할 수 있다. 어느 분야이든 깊이 있는 연구를 위해서는 논리가 필요하다. 더구나 학문은 고도의 복잡한 논리(logic)를 요구한다. 글쓰기는 모든 학문을 하는 데 필수다. 논리적인 글은 어디에서 나오는가? 논리적인 사고에서 나온다.

유대인 가정에서는 아버지가 자녀들과 까다롭고 복잡한 613개의 율법과 수천 개의 율례와 법도를 토론하면서 고도의 논리를 가르치며 배우고 이를 글로 정리하면서 학문의 기초를 다진다. 세상에서 지도자가 갖추어야 할 논리적인 언어 사용과 글쓰기를 가정에서 어려서부터 훈련하는 셈이다. 그리고 세상에서도 법대 출신이 논리에 밝은 것처럼 유대인은 논리에 밝다. 유대인이 미국의 학계와 법조계를 석권하는 이유가 여기에 있다. 설사 자신의 생각을 말이나 글로 표현하지 않는 예술가라 하더라도 유대인 예술가 중에는 말을 잘하고 글을 잘 쓰는 이들이 많다. 그들의 독특한 가정교육 때문이다

여섯째, 인간은 성장하면서 누구나 간접 경험과 직접 경험으로 지식을 습득한다. 그러나 인간이 일생을 통해 직접 경험하는 데는 한계

가 있다. 그 한계를 극복할 수 있는 방법이 무엇인가? 다른 사람들이 수천 년 동안 경험한 것이거나 창조한 내용들을 담고 있는 책을 많이 읽어 그들이 쌓아 놓은 지식을 습득하는 것이다. 그러나 영상은 책에 비해 습득할 수 있는 지식의 양이나 질에서 한계가 있다.

일곱째, 고전을 많이 읽으면 깊이 있는 수직문화의 사람이 되어 정신 세계의 인프라인 철학이나 사상을 갖게 된다. 존경받는 지도자는 어떤 사람인가? 자기 분야에 실력도 있어야 하지만 삶의 올바른 가치관을 가지고 성숙한 자신의 정신 세계를 갖고 있는 사람이다. 반면, TV 같은 영상문화에 빠지면 가볍고 육을 자극하는 수평문화에 물들어 타락하기 쉽다. 오늘날 학생들이 부모나 교사를 존경하지 않는 풍조나 폭력 서클이 점점 더 늘어나는 이유가 여기에 있다.

여덟째, 우리가 분명히 알아야 할 것은 영상으로 만든 작품이라 해도 대부분 글로 쓰인 것을 다시 카메라로 찍어 편집한 내용이라는 사실이다. 설사 영상을 한다 해도 어려서부터 책읽기와 글쓰기는 기본적으로 갖추고 그 이후에 영상 취미를 가져야 한다.

그럼에도 불구하고 한국은 IT산업의 일꾼을 양성한다는 명목 아래 가정이나 학교에서 영상교육만을 부추기고 있다. 정신 세계가 튼튼하지 못한 IT산업이 얼마나 오래 가겠는가? 유대인은 그렇게 하지 않아도 IT산업계에서도 첨단을 달리고 있다. 그리고 IT산업만 잘 되면 국가가 잘 살 수 있는가? 아니다. 인문계, 법조계, 문학계, 과학계, 경제계 및 문화계 등이 고루 발전해야 경쟁력 있는 건전한 나라가 될 수 있다. 유대인은 모든 분야에 첨단을 달리면서도 어떻게 IT산업계도 첨단을 달리고 있는가? 그들은 옷을 팔아 책을 사는 민족이기 때문이다. 한국은 현재 책을 팔아 옷을 사는 세태로 변해 가고 있지 않은가?

한국은 점점 신문이나 책을 읽는 독서 인구가 줄고 있다. 책의 활자도 커지고 두께는 점점 더 얇아진다. 독자들이 작은 글씨로 된 책이나 두꺼운 책에 부담을 느끼기 때문이란다. 그나마 있었던 독자들의 사고도 점점 영상에 영향을 받아 얄팍해져 간다는 증거다.

한국은 현재 영유아 때부터 TV 영상에 노출시키고 초등학교부터 교사가 영상으로 교육시키는 망국적인 교육 풍토를 보고만 있다. 오히려 언론에서도 영상교육을 앞서가는 교육인양 부추기고 있는 느낌이다. 이제 한국은 책을 멀리하고 영상에 중독된 세대가 어른이 될 경우 어떤 상황이 올까를 걱정해야 한다. 깊이 있는 수직문화 대신에 얄팍한 수평문화에 오염된 혼돈의 세상이 되지 않을까? 심히 염려되는 부분이다.

노벨상 30%를 독식한 유대 민족은 왜 가정이나 학교에 TV나 영상물을 없애고 책을 읽히고 토론을 많이 할까를 곰곰이 생각해 보아야 한다. 더 늦기 전에 가정에서는 TV를 치우고 학교에서는 영상교육을 중단해야 한다. 그리고 문자로 된 책과 신문을 많이 읽혀야 한다.

**대안은
유대인처럼 자녀들의 두뇌에 수평문화를 차단하고
수직문화를 입력하라!**

D. 수직문화적 독서 습관: 읽는 것과 배우는 것의 차이

저자가 가끔 청소년 독서클럽에 초청을 받아 가 보면, 마치 누가 더 많은 양서를 읽느냐 경쟁하는 것처럼 보인다. 물론 책을 안 읽는 것보다 많은 책을 읽는 것이 좋지만, 더 중요한 것은 그것을 읽고 내가 얼마나 정신적으로 성숙해질 수 있느냐이다.

책을 읽는 목적이, 시험에 날 확률이 높기 때문에 그 책을 읽고 내용을 정리하는 것과, 나의 삶과 비교하며 앞으로 어떻게 살아야 할까를 고민하는 것과는 차원이 다르다. 전자는 IQ적 정보 수집이지만, 후자는 수직문화적 그리고 EQ적 독서법이다.

전자는 상식 퀴즈대회에 나가는 데는 도움이 되지만, 후자는 올바른 인생을 사는 데 도움을 준다. 전자는 진리냐 비(非)진리냐를 구별하는 것이 아니라 그냥 맡은 임무를 열심히 잘 수행하는 것이고, 후자는 그것이 진리냐 아니냐, 또는 선이냐 악이냐를 구별한다. 그래서 유대인의 격언에 이런 것이 있다.

"사람에 따라서는 학문에만 너무 시간을 소비하는 탓에 진실을 알 여유가 없다."

물론 둘 다 겸하면 금상첨화라 하겠지만 "둘 중 어느 것이 더 중요한가?"라고 묻는다면 후자가 정답이다.

책에도 수직문화적 책과 수평문화적 책이 있다. 수직문화적 책은 고전이나 역사서 및 성경이나 불경 같은 책들이지만 수평문화적 책은 현대 학문이나 과학에 관한 책들이나 신문이나 잡지 또는 육체적 재미를 위한 책들이다. 수평문화적 책은 정보만 얻으면 되지만, 수직문화적 책은 읽은 후 깊은 인생의 의미, 즉 진리를 찾으려고 노력해야 한다.

이것은 무엇을 뜻하는가? 다음 책을 잡기 전에 읽은 책의 내용에 대한 깊은 사색이 필요하다. 그 책의 주제에 대해 스스로 고민하는 습관이 필요하다는 의미다. 이것이 뿌리 깊은 마음의 토양을 풍성하게 키우는 수직문화적 독서 습관이다. 그리고 그것을 마음에 새기고 생활에서 실천에 옮겨야 한다.

이런 훈련을 습관적으로 많이 하면 스스로 뿌리 깊은 사고를 할 수 있는 능력을 갖게 된다. 그리고 그 뿌리 깊은 마음의 토양에서 새로운 창의적인 다른 논리(학설)들이 움트고 나올 수 있다.

한번 생각해 보자. 대부분 한국인 학자들은 왜 대학에서 서양의 학자들이 개발해 놓은 학설들만 소개하는가? 왜 자신의 창의적인 논리(학설)가 빈약한가?

그 이유는 한국인은 어려서부터 어떤 주제에 대해 깊이 생각하고 여럿이서 토론하는 교육을 받지 않았기 때문이다. 단지 그 내용을 빨리 이해하고 암기하는 교육을 많이 받았다.

특히 현대인의 문제점은 책을 읽어도 그 내용을 스스로 생각하려 들지 않는다는 데 있다. 그리고 수평문화에 물든 젊은이들은 아예 스스로 오랫동안 사색하기를 싫어한다. 점점 '고독'의 유익을 모르는 세대로 변하고 있다. 그래서 탈무드에는 이런 말이 있다.

"책을 읽고 생각하지 않는다면, 제 아무리 많은 책을 읽는다 해도 마치 나귀가 책을 싣고 돌아다니는 것과 다를 바 없다."

그뿐만이 아니다. 책의 민족이라 불리는 유대인의 책 사랑은 대단하다. 그들은 습관적으로 책을 읽는다. 하지만 무작정 다른 사람들을 따라 생각 없이 책만 읽는 사람들에게 경고하기 위해 탈무드에는 이런 속담도 만들어 놓았다.

"많은 사람들은 생각하기 싫어 도망가기 위해 책을 읽는다."

단순히 책을 읽는 것과 책을 통해 배우는 것은 차이가 있다. 우리는 '성경'이란 읽는 것이 아니라 배우는 것이라는 사실을 알아야 한다.*

유대인 중에 창의적인 학설을 발표한 인물들이 많이 나온 것도, 그들이 수직문화적 책을 많이 읽고 깊이 생각하며 서로 질문하고 토론을 많이 했기 때문이다. 서양의 이마누엘 칸트를 비롯한 많은 창의적인 저술가들도 습관적으로 사색을 많이 했다.

부모들이여, 자녀를 뿌리 깊은 인간으로 키우기를 원하는가? 수직문화적 책을 많이 읽게 하고, 깊이 사색하게 하라! 그리고 질문하며 토론하게 하라!

"책을 읽고 생각하지 않는다면,
제 아무리 많은 책을 읽는다 해도
마치 나귀가 책을 싣고 돌아다니는 것과 다를 바 없다."
- 탈무드 -

---

* Tokayer, 《탈무드 잠언집》 (동아일보, 2009) 참조.

토막 상식

담배 피우는 시간만큼도 책을 안 읽는 나라

한국인들의 독서 시간이 '세계 꼴찌'라고 한다. 여론조사기관 NOP월드가 세계 30개국 13세 이상 3만여 명을 면접한 결과 한국인의 독서 시간은 일주일에 3.1시간으로 조사 대상 30개국 중 최하위였다. 세계 평균인 6.5시간의 절반에도 못 미쳤다. 세계 최고의 '책벌레'는 주당 10.7시간, 매일 1시간 30분 가량을 독서하는 인도 국민이었다. 인도 학생들이 외국 대학에서 두각을 나타내는 데는 독서의 힘이 크다고 봐야 한다.

출판업계가 비명을 지를 정도로 우리 국민은 책과 담을 쌓고 있다. 지난해 국민의 평일 독서 시간은 평균 8분, 하루 10분 이상 책을 읽는 사람은 12.7%에 그쳤다. 2003년 유엔 조사에서도 한국인의 한 달 독서량은 0.8권으로 세계 166위. 한국인의 독서 시간은 흡연자의 하루 흡연 시간(20분)보다도 짧다.

_국민일보 2005년 6월 29일

II. 인성교육 원리를 현실에 적용하기
-자녀의 인성지수 평가 방법

1. 인성교육 원리 적용 I - 현실 문제 풀기

들어가며 구세대와 신세대 사이에 점점 더 코드가 안 맞는다. 한 가지 예로 미국의 동성애 결혼 합법화에 대한 의견에서도 세대차이가 극명하게 나타난다. 갤럽 여론조사기관에서 2003년 5월에 1005명과 6월에 1003명을 조사한 결과 18세에서 29세까지의 젊은 층은 61%가, 30~49세의 성인은 37%만, 50~64세 성인은 40%, 65세 이상은 22%만이 동성애 결혼 합법화에 찬성한다고 답했다. 18~29세와 65세 이상 세대는 무려 약 40%나 차이가 난다.

뿐만 아니라 미국은 점점 보수에서 진보로 이동하는 현상을 보여 준다. 1996년 미국 성인 68%가 동성애 결혼을 반대한다고 답했고, 1999년에는 62%로 떨어졌다가 이번 2003년에는 전체 성인 55%가 동성애 결혼 합법화를 반대한다고 답했다. 7년 사이 무려 13%의 차이를 보였다(크리스천 뉴스위크, 2003년 7월 29일, USA). 보수 진영에서 자녀를 제대로 가르치지 못한 결과다.

현실 문제 1: 왜 오늘날 부모와 자녀 사이에 서로 대화가 잘 되지 않는가? 그 이유는 부모와 자녀 사이에 서로 이해할 수 없는 부분들이 많기 때문이다. 왜 서로 이해할 수 없는 부분들이 많은가? 위의 내용을 읽고 그 이유를 설명하시오.

답 1: 그 이유는 부모와 자녀 간에 서로 코드가 맞지 않아 세대차이가 나기 때문이다. 왜 코드가 맞지 않는가? 부모 세대와 자녀 세대 간에 13세 이전에 두뇌에 입력된 데이터가 서로 다르기 때문이다. 13세 이전에 두뇌에 입력된 데이터의 차이란 13세 이전의 교육 환경과 교육의 내용을 말한다. 즉, 농촌과 도시의 삶의 방법, 절기 지키는 법, 놀이문화 및 장난감, 그리고 농경사회와 도시의 컴퓨터 문화 등이다. 따라서 입력된 데이터가 각기 다른 부모 세대는 자녀들의 행동이 이해가 안 되고, 자녀들은 부모들의 행동이 이해가 안 되어 서로 답답해 할 수밖에 없다.

> **알아두기** 왜 자녀들의 행동과 어른들의 행동이 서로 다른가? 한 인간이나 민족은 13세 이전에 두뇌에 시청각, 미각, 후각 및 촉각을 통해 입력된 데이터에 의해 사고의 틀(thinking system)이 형성되고 그 사고의 틀, 즉 세계관에 따라 그의 행동이 나타나기 때문이다.

현실문제 2: 왜 유대인은 현대에도 부모와 자녀 사이에 서로 대화가 잘 되는가? 그 이유는 부모와 자녀 사이에 서로 이해할 수 있는 부분들이 많기 때문이다. 왜 유대인은 서로 이해할 수 있는 부분들이 많은가? 위의 내용을 읽고 그 이유를 설명하시오.

답 2: 유대인은 부모와 자녀 간에 서로 코드가 맞아 세대차이가 나지 않기 때문이다. 왜 코드가 잘 맞는가? 부모 세대와 자녀 세대에 13세 이전에 두뇌에 입력된 데이터가 서로 같기 때문이다. 13세 이전에 두뇌에 입력된 데이터란 13세 이전의 교육환경과 교육의 내용을 말한다. 특히 강한 수직문화를 말한다. 즉, 농촌이든 도시든 삶의 방법, 절기 지키는 법, 신본주의 놀이문화 및 장난감, 그리고 하나님 말씀에 따른 율례와 법도 등이다.

현실 문제 3: 왜 한국에서 고향이 같은 사람을 만나거나 학교 동창을 만나면 반갑고 서로 대화가 편안하고 잘 통하는가?

답 3 : 고향이 같은 사람이나 학교 동창끼리는 13세 이전에 두뇌에 입력한 오감의 데이터가 동일하기 때문에 코드가 맞는다. 따라서 만나면 반갑고 편안하고 서로 대화가 잘 통한다. 그리고 평생 친구가 될 수 있는 확률이 높다.

현실 문제 4: 한국은 모든 것들이 너무나 쉽게 변한다. 물론 변하는 것이 모두 나쁜 것은 아니지만 나쁜 것도 있다. 그 중의 하나가 사람을 평가하는 방법도 변했다는 것이다. 어느 연예인이나 대선 후보가 말 한 마디 잘하면 지지율이 갑자기 올라 영웅이 되었다가, 어쩌다 말 한 마디 실수를 하면 갑자기 추락하여 매장당하기 일쑤다. 한국은 이런 현상이 점점 더 강하게 나타나고 있다. 그 이유가 무엇인가? 특히 이런 현상이 젊은이들에게 두드러지게 나타나는 이유는 무엇인가?

답 4 : 국민들이 수평문화에 물들었기 때문이다. 특히 젊은이들에게 더 많이 나타나는 이유는 그들이 수평문화에 더 강하게 물들어 있기 때문이다. 좀 더 설명해 보자.

수직문화에 물든 사람과 수평문화에 물든 사람은 인물을 평가할 때 어떻게 다른가? 수직문화에 물든 사람은 주로 한 인물의 내면적인 가치들과 외면적 업적, 즉 정신적 사상, 성실성, 신용도, 성취욕 그리고 일생을 통해 이룬 업적 등을 보고 평가한다. 일부의 실수는 참고하겠지만 보통 도덕적으로 큰 허물이 아니면 지나간다. 그리고 한 후보를 마음에 두면 설사 그가 웬만한 말실수를 해도 쉽게 다른 후보로 바꾸지 않는다. 그리고 각 후보들의 장단점을 따져 평균치를 산정하여 결정한다. 이성적이다. 지지도의 곡선이 쉽게 올라가거나 내려가지 않는다.

반면 수평문화에 물든 사람은 주로 한 인간의 내면적인 가치들이나 외면적 업적보다는 외면에 보이는 부분만 보고 평가하기 쉽다(예: 외형적 인물, 말솜씨, 뜨는 말, 현재 유행에 민감한 춤이나 노래 솜씨 등). 그리고 자신이 좋아하거나 싫어하면 다른 사람들에게 알려 대중화(포퓰러리즘, popularism)시킨다. 그리고 싫으면 곧 다른 후보로 옮기는 결정도 쉽게 한다. 이것이 소위 포퓰러리즘의 위험성이다.

전자는 중용을 잘 지켜 한쪽으로 쏠리는 현상이 좀처럼 일어나지 않지만, 후자는 극단으로 쏠리는 현상이 자주 반복하여 일어난다. 전자는 각 후보의 장단점을 분석한 뒤 평점을 내어 결정하지만, 후자는 자신의 감정에 따라 이분법 논리에 의해 좋으면 아주 좋고, 싫으면 아주 싫어한다. 전자는 그 인물의 전체 큰 그림을 보며 신중하게 결정하는 편이지만, 후자는 눈에 띄는 일부만을 보고 즉흥적으로 결정하기 쉽다. (이런 원리는 대규모 축구 응원단이나 촛불집회 등에도 적용할 수 있다.)

수평문화에 물든 사람들이 인간을 평가하는 구체적인 예를 들어보자.

첫째 예: 이 책에서 한국인 중에 수직문화의 세례를 강하게 받은 경제계의 대표적인 인물로 정주영 씨를 소개했다. 그의 불굴의 뚝심, 기발한 창의력, 강한 추진력과 리더십을 바탕으로 이룩한 경제계의 업적은 세계적이었다. 보통 사람들이 도저히 상상할 수 없는, 몇백 년 만에 한 사람 나올 만한 비범한 인물이었다.

그런데 출판하기 전 이 원고를 본 30대 초반 여성(초등학교 교사 출신)이 저자에게 자신의 의중을 털어놓았다. 정주영 씨 사례를 빼자고 했다. 대부분 젊은 여성들은 그를 좋아하지 않는다고 했다. 매우 의아해 물어 보았다. 그녀의 답은 의외였다. 그의 여자관계가 좋지 않다는 것이 이유였다.

이것은 무엇을 뜻하나? 정주영 씨가 온갖 역경을 이기고 이루어 낸 태산 같은 99%의 업적을 보기보다는, 이에 비해 단 1%도 안 되는 사생활의 허물을 더 크게 보는 것이다. 즉 1% 정도의 흠 때문에 99%의 업적을 보지 못하는 정신적 시각장애인이다. 큰 그림을 보지 못하는 것이다. 이런 사람들이 하나둘인가? 전체 내용을 보지 못하고 실수한 말 한 마디에 흠을 잡고 늘어지는 이들이 여기에 속한다.

　대개의 젊은 인터넷 누리꾼들의 인간 평가방식이 그런 식이다. 말 한 마디로 큰 인물들을 매도한다. 존경심이라고는 조금도 찾아볼 수 없다. 그리고 자신의 의견을 관철시키기 위해 최선을 다한다. 그렇게 해야 자신들이 '뜨는' 줄 안다. 나라가 나아가야 할 큰 그림은 보지 못하고 함부로 눈앞의 것에만 집착한다. 이것이 나라를 망하게 하는 지름길이다.

　TV 토론에 나와 큰 인물들을 비판하는 사람들은 국가 경제 발전에 공헌하기는커녕 오히려 방해한 사람들이 많이 나온다.(주로 1998년부터 2008년까지. 물론 그들도 나름대로 민주화에 공헌한 점은 인정한다. 그러나 국가의 발전과 민주화의 형평성을 고려해야 한다는 점이다.) 그래서 한국은 큰 인물이 살아남기 힘든 토양으로 변하고 있다. 이런 풍토에서는 인물난이 극심할 수밖에 없다. 얼마나 안타까운가!

둘째 예: 저자는 미국에서 34년째 살고 있다. 초창기부터 자동차 운전을 많이 했다. 요즘에는 거의 교통 위반 티켓을 받지도 않거니와 사고도 거의 없지만 이민 초창기에는 몇 차례 있었다. 누구나 보통 운전 경험이 적은 이민 1년차에 제일 많고 2~3년까지는 좀 이어지다가 미국 생활에 익숙해지면 점점 없어지게 마련이다.(당시에는 대부분의 한국인이 운전 경험이 전혀 없었다.)

　나의 운전 기록에는 처음 3년 동안 교통위반 티켓 3장에다가 사고가 한 번 있었다. 반면, 아내는 초기 3년까지도 위반 티켓이나 사고 기록이 전혀 없었다. 왜 나는 많고 아내는 없는가?

아내는 어려서 교통사고를 당한 기억 때문에 원래 차를 무서워했다. 그래서 운전하기를 싫어했다. 미국에 이민 와서 간신히 운전면허를 획득했으나 운전을 거의 하지 않았다. 직장도 집 근처에 잡았기 때문에 걸어 다녔다. 대신 저자는 출퇴근은 물론 가정생활에 필요한 모든 운전을 도맡아 했다. 덕분에 이제 운전을 잘한다. 반면 아내는 30년이 지난 지금도 주차에 자신이 없어 까다로운 장소에서는 내가 대신해 준다.

이제 이민 초기 3년 후의 일을 회상해 보자. 3년 후에 자동차 보험을 갱신해야 하는 데 문제가 생겼다.(미국에는 3년간의 개인 운전 기록이 자동차국에 보관된다.) 아내의 운전 기록은 깨끗한데 나의 기록이 나빴다. 주로 첫해의 기록이 나빴다. 따라서 보험회사의 평가는 내게는 나쁜 점수를 주었고 아내에게는 우량운전자 점수를 주었다. 물론 나 때문에 보험료가 올랐다.

여기에서 이런 질문이 생긴다. 나와 아내 두 사람 중에 누가 운전을 더 잘하나? 운전기사를 고용한다면 두 사람 중 누구를 뽑겠는가? 처음 실수로 흠이 있지만 잘 훈련된 사람을 뽑을 것인가? 아니면 면허증을 취득한 후 3년이 지났어도 무서워 고속도로도 들어가지 못하는 사람을 뽑을 것인가?

이 말은 무엇을 뜻하는가? 바로 일을 많이 한 사람이나 특히 큰일을 많이 한 사람일수록 상대적으로 시행착오나 흠도 더 있게 마련이다. 반면, 별로 일을 하지 않은 사람은 흠도 별로 없다.

 그런데 현재 한국에서는 대선 후보나 국회의원 후보들을 평가하는 기준은 무엇인가? 얼마나 많은 일을 했는가? 또는 얼마나 큰일을 많이 했는가? 그의 업무능력과 이룬 업적은 상대 후보와 얼마나 차이가 나는가? 이런 기준들에 초점이 맞추어져야 하는 데, 그동안 그들이 보인 능력이나 쌓은 업적은 무시하고 얼마나 흠이 많은가를 집중 조명한다는 데 문제가 있다. 그리고는 조그만 흠집이라도 보이면 사실 확인도 없이 침소봉대하여 상대 후보 깎아내리기에 열중한다.

 상대적으로 덕을 보는 사람들은 한 번도 직장생활을 해본 적이 없는 사람들이거나 아예 한 번도 자기 손으로 돈을 벌어 보지 못한 사람들이다. 대부분 그럴 듯하게 말만 잘 할 뿐인데도 말이다. 일을 했어도 평범한 직장생활을 한 사람과 큰일을 한 사람과는 차이를 두어야 한다. 물론 평범한 사람들은 상대적으로 흠도 많지 않다. 인물로 평가한다면 상대가 되지 않는 후보지만······.

 그런데 수평문화에 물든 국민들, 특히 젊은 세대는 흠집 내는 데 합세하여 훌륭한 후보를 뽑는 데 어려움을 주고 있다. 설사 정당 간이나 후보 간에는 자신들이 살기 위해 그렇게 흑색선전을 할 수 있다고 해도(그들도 그래서는 안 되지만) 국민들까지 이에 합세해서는 안 된다. 국민들은 왜 잘못된 흑색선전에 속고 있는가? 그만큼 수평문화에 물들어 있기 때문이다.

 물론 큰일도 많이 하고 흠도 없는 후보라면 금상첨화겠지만 한국 현대사의 혼동기를 지나오면서 그런 사람을 찾는다는 것은 거의 불가능하다. 특히 큰일을 많이 한 사람일수록 그렇다. (단 일을 많이 하지 않은 사람들 중에는 있을 수 있다.) 따라서 인물의 크기는 흠집보다는 업무능력이나 업적에 더 큰 비중을 두고 평가해야 한다. 그렇다고 도덕성을 전혀 무시하자는 뜻이 아니다.

이제 이런 기준으로 이승만 대통령이나 박정희 대통령을 비롯한 한국 현대사의 인물들을 재평가해야 한다. 물론 허물은 밝히되 업적을 부각시켜야 한다. 그리고 불과 20~30년 만에 세계 10위권 경제대국으로 만든 경제 영웅들은 물론, 문학, 과학, 종교 및 문화예술계에 이르기까지 수많은 영웅들을 발굴하여 그들을 차세대의 모델로 삼아야 한다.

현실 문제5: 13세 이전에 수평문화에 깊게 물든 자녀라 해도 교육으로 새 사람을 만들 수 있지 않겠는가?
1) 가능성이 있다면 어떤 경우이고, 없다면 왜 없는가?
2) 1970년대 이전의 자녀들은 혹시 나쁜 길로 들어섰다가도 회심하는 기회가 많았다. 그 이유는 무엇인가?

답 5 : 1) 자녀의 두뇌에 선악을 구별할 수 있는 수직문화 교육이 조금이라도 입력되어(encoding) 있을 경우, 교육을 시킬 때 다시 그 기억이 되살아나(recall) 잘못을 깨닫고 회개하게 된다(예: 성경 말씀을 많이 암기한 학생). 특히 종교교육을 받을 때 양심의 가책을 받는다. 설사 그럴지라도 의지력이 강하지 않으면 잘못을 뉘우쳤다고 하더라도 일상에서 수평문화를 완전히 차단하기는 힘들다. 그러나 수평문화만 너무 깊이 입력된 자녀는 마음의 밭이 이미 길가밭이나 자갈밭이 되어 버렸기 때문에 그럴 확률은 대단히 적다. 되살아날(recall) 내용이 입력되지 않았기 때문이다. 이런 상태에서는 옳은 교육의 내용을 가르쳐도 본인이 귀하게 생각하지도 않거니와 두뇌에 잘 입력되지도 않는다. 그럴지라도 쉽지는 않지만 하나님의 은혜를 크게 체험하면 과거의 잘못된 행위를 뉘우치고 바른 길로 돌아 올 수도 있다.

2) 1970년대 이전의 자녀들이 나쁜 길로 들어섰다가도 회심하는 주요 이유는 그 당시 가정이나 사회에서 본인이 원치 않아도 선악을 분별하는 유교적 교훈을 반복적으로 두뇌에 입력(encoding)했기 때문에 교육을 받을 기회가 오면 양심의 가책을 느끼고 다시 돌아 올 수 있었다. 그러나 2000년대는 가정이나 사회가 좋은 수직문화의 교훈을 반복적으로 두뇌에 입력시키는 교육을 하지 않았기 때문에 대단히 힘이 든다. 그리고 수평문화의 질과 양이 2000년대에는 1970년대와는 비교가 안 될 정도로 심각하기 때문에 더 힘이 든다.

TV 없이 사는 맛

캐롤라인 오 (그랜드 뷰 초등학교 교사)

10년 넘게 사용해 온 TV가 드디어 고장이 났다. 거실에 놓여 있던 TV가 몇 달 전부터 화면이 흔들리는 등 위태로운 조짐을 보이더니 어느 날 완전히 먹통이 된 것이다. 퇴근 뒤 뉴스나 교양물 등을 즐겨 시청했던 필자에겐 여간 답답한 노릇이 아닐 수 없었다. 하루 이틀이 지나고 1~2주를 넘기자 그동안 의식하지 못했던 조용함과 차분함이 느껴지기 시작했다. 일상 속에서 접하게 되는 수많은 소음에 묻혀 사느라 고요함이 주는 편안함을 잊고 살았던 모양이다.

아이들 역시 친구들과의 수다나 등하굣길 차량 소리, TV 소리에 묻혀 지낸다. 잠자는 시간을 빼고는 하루 종일 소음 공해 속에 시달려 사는 셈이다. TV가 우리 식구 곁을 떠난 요즘 저녁식사를 마치고 나면 딸아이와 동네 산책을 나간다. 운동량이 절대로 부족한 우리 모녀에게 너무나 필요한 산책이었는데 그동안 TV를 시청하느라 시간이 없다는 핑계로 집을 나서지 못했다.

산책을 하면서 남의 집 정원 꾸며 놓은 것도 구경하고 시원한 저녁 바람이 주는 상쾌함도 새삼 만끽하고 있다. 산책을 하고 돌아와서는 간단히 샤워를 마치고 미처 못 읽었던 책을 골라 독서 삼매경에 빠지기도 한다. 또 한 가지 변화는 밤잠을 설치지 않고 숙면을 취할 수 있게 됐다는 점이다. 취침 전 TV를 보거나 운동을 심하게 하면 신체 리듬이 왕성해져서 숙면을 취하는데 방해된다고 한다. TV 없이 사는 게 이젠 아주 자연스러워져 별다른 불편함이 없다. 얼마 전 신문에서 'TV 리모콘을 치워라' 라는 기사를 읽은 적이 있다. 스탠퍼드대와 존스홉킨스대 공동 연구팀은 최근 발간된 논문에서, 자신의 방에 TV 수상기가 있는 초등학교 3학년생과 TV 수상기가 없는 3학년생을 비교한 결과, 읽기 쓰기 수학 등의 과목에서 모두 TV 수상기가 없는 학생 그룹이 뛰어난 것으로 나타났다고 밝혔다.

이 연구에 따르면 학생들은 주당 평균 11~13시간 가량 TV를 시청하는 것으로 조사됐다. 워싱턴대 아동건강연구소 조사에서도 장시간 TV를 시청하는 3세 이하 아동들은 6~7세가 되면 독해력과 어휘력이 현저히 떨어진다는 사실이 밝혀졌다. 아이들의 독해력이 향상되지 않는 이유 중 하나는 상상력을 잃어 버렸기 때문이라고 한다.

학생들이 TV 화면을 통해 전해지는 정보를 가만히 앉아서 수용하기 때문에 책을 읽으면서 내용에 따른 장면을 스스로 머리에 떠올리는 상상력이 많이 저하된다는 것이다. 물론 TV가 백해무익하다는 이야기는 아니다. 어른이든 아이든 교육용 프로그램과 교양물을 통해 유용한 정보를 습득할 수 있다. TV 없이 지낸 지난 한 달은 보기 드물게 조용한 날들이었고 뉴스 없이 지내는 것도 마음에 평화를 주는 것임을 깨달았다. 무슨 TV를 새로 사야 하나 고민하면서도 "내친김에 그냥 이대로 살까?" 하는 생각이 들기도 한다. TV 소음에서 벗어나는 대신 산책을 하고 TV 뉴스 대신 책과 가까이 하면서 얻은 모처럼의 평화를 잃지 않고 싶기 때문이다.

_중앙일보 미주판, 2005년 8월 8일

2. 인성교육의 원리 적용 II – 자녀의 인성지수 평가 방법

> 다음 2가지 적용 질문을 읽고 답을 써 보시오.
> 그리고 몇 사람씩 그룹으로 토론해 보시오.

적용 질문 1: 수평문화에 물든 사람은 그 심리적 특성 때문에 표면적으로 어떠한 행동이 나타날까요? 그 예를 5가지 이상 쓰시오.

예:

1. 소설보다 만화를 좋아한다.
2. 만화나 사진으로 장식된 3류 잡지를 더 선호한다.

답 1:
1. 소설보다 만화를 좋아한다.
2. 만화나 사진으로 장식된 3류 잡지를 더 선호한다.
3. 비싼 외제 옷이나 자동차에 약하다.
4. 이상한 머리 모양과 염색 등 허세가 강하다.
5. 생필품도 쉽게 바꾼다.
6. 외식을 많이 한다.
7. 이 교회 저 교회로 쉽게 옮긴다.
8. 정성어린 어머니의 음식보다는 햄버거 같은 패스트푸드를 더 좋아한다.
9. 결혼도 쉽게 하고 이혼도 쉽게 한다.

적용 질문 2: 수직문화와 수평문화의 차이는 여러 분야에서 나타납니다. (아래 표에서 각 분야에 점수가 높을수록 인성의 뿌리가 깊으며 단단합니다. 반면 점수가 낮을수록 인성의 뿌리가 얕고 단단치 못합니다. 만약 각 항에서 마이너스 점수가 나오면 그 원인을 찾아내어 플러스 점수로 개선 되도록 노력해야 합니다.)

1. 자신은 다음의 각 분야에서 어느 위치에 있는지 확인하시오.
2. 우리가 살아가면서 수직문화만을 고집할 수는 없습니다. 다음 각 분야의 수직문화와 수평문화 사이에서 어느 부분에 어느 정도를 허용해야 하는지 결정하고 그 이유를 설명하시오. (음악의 예: 클래식 성가, 복음성가, 로큰롤, 비트식 CCM 등)
3. 여러분의 자녀들은 어떤 수평문화에 어느 정도 물들어 있는지를 살피시오. 그리고 수직문화로 더 상승하기 위한 대안을 제시하여 보시오.

답 2 : 자신에게 맞도록 위의 설명대로 아래 예에 적용하시오.

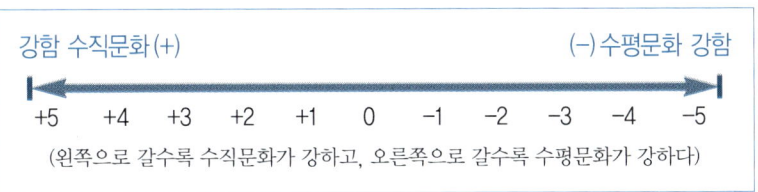

모든 종교는 그 사회에서 가장 보수적인 집단이다. 특히 기독교는 수평문화에 물들지 않은 가장 보수적인 집단이어야 한

다. 그래서 기독교교육으로 오른쪽의 것들을 왼쪽으로 끌어가야 한다. 그런데 반대로 교회가 앞장서서 오른쪽 가치관들을 버리고 왼쪽으로 끌고 가는 현실을 개탄해야 한다.

왼쪽의 가치관이나 형식은 교회의 거룩성을 파괴한다는 사실을 명심해야 한다.

1. 음악(찬송가)

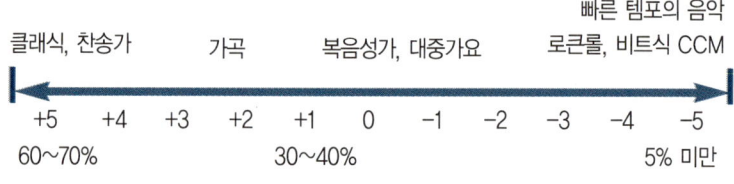

(위의 백분율은 음악의 장르별로 자녀에게 들려주어야 할 이상적인 시간의 배분양임)

▷ 왜 음악의 장르에 따라 수직문화와 수평문화로 구분해야 하는가?

음악에도 여러 가지 장르가 있다. 그리고 각 민족마다 자신들의 감정을 표현하는 음악의 형식들이 있다. 가령 미국의 흑인들은 노예생활의 애환을 표현하는 '솔(Soul)' 음악의 형식이 있고 한국인은 국악의 형식이 있다.

그렇다면, 기독교 음악을 어떻게 표현하는 것이 좋을까? 어떤 음악을 자녀들에게 많이 들려주어야 할까? 물론 이럴 경우 자신의 정체성을 높이려면 자기 민족의 수직문화에 해당되는 음악을 더 많이 들려주어야 좋다.

그럴지라도 또 다른 문제에 봉착하게 된다. 음악의 장르에 따라 클래식이나 가곡, 가요 및 로큰롤과 비트 박스 등의 음악이 있을 때 어느 음악을 더 많이 들려주어야 하는가?

흔히 문화 사역자들은 이렇게 설명한다. "음악에도 내용과 형식이 있다면, 음악의 곡은 형식이고 가사는 내용이다. 따라서 음악이 세속적이라면 음악의 형식(곡)에 들어 있는 내용(가사)이 나쁜 것이지 음악의 형식 자체가 나쁜 것이 아니다. 같은 곡이라도 그 안에 들어 있는 세속적 가사 대신에 하나님의 말씀과 기독교 신앙을 담은 내용을 넣으면 훌륭한 기독교 음악이 될 수 있다"고.

물론 저자도 이에 동감한다. 그러나 음악의 형식(곡)에도 수직문화적인 것이 있고 수평문화적인 것이 있다는 점을 간과해서는 안 된다.

즉, 인생의 의미를 깊게 생각하게 하는 곡들은 수직문화적이고 주로 육을 자극하는 음들은 수평문화적이다. 물론 이런 음악의 형식들은 서로 상대적이다. 대체로 인간의 영혼에 깊게 영향을 주는 긴 여운을 가진 음과 열정이 조화된 음악의 형식들은 수직문화적이고, 반면 무조건 시종일관 빠른 박자에 충동적인 음의 형식들은 수평문화적이다.

자녀들의 인성교육을 위해 수평문화적인 음악의 형식들보다는 수직문화적인 음악의 형식들이 훨씬 더 좋다. 수직문화적인 클래식은 전혀 모르고 수평문화적 음악만 익힐 경우 어떤 현상이 일어나는가? 실례를 들어 보자.

실 례 1: 다음은 서울의 어느 공립 중학교 음악 선생님의 하소연이다.

"요즘 중학생들에게 음악을 가르친다는 것이 너무 힘듭니다. 교과과정에 클래식 음악이나 국악도 있습니다. 그런데 학생들에게 클래식 음악이나 국악을 들려주면 거의 모두 약속이나 한 듯 엎드려 잡니다. 그러다가 로큰롤이나 비트가 빠른 음악을 들려주면 번쩍 일어나 몸을 흔들며 따라합니다. 저는 그 이유를 수직문화와 수평문화를 배우고 이제 알았습니다. 13세 이전에 입력된 음이 평생 간다는 사실을……."

"그러면 힘들어서 어떻게 강의를 합니까?" 하고 물었다.

"이제 교육은 거의 포기 상태입니다. 천장만 보고 강의해야 편합니다." 그 교사의 힘이 빠진 대답이었다.

실 례 2: 한국 TV에서 원숭이에게 음악을 들려주는 장면이 방영되었다(2003년 여름). 비트가 빠르고 격한 음악이 나오니까 원숭이가 몸을 상하 좌우로 흔들며 춤을 추었다. 그러다가 갑자기 조용한 클래식이 나오니까 조용히 앉아 턱을 괴고 무언가 생각하는 자세를 취했다.

동물도 이러한데 인간은 얼마나 더 음악에 예민하겠는가? 여러분의 자녀들은 어느 쪽 사람이 되기를 원하는가?

2. 음식 및 음료수

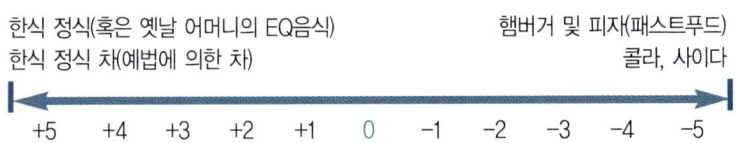

3. 책(영화, 드라마)

4. 복장

5. 언어

6. 족보의식

* **참고**_ 이외 다른 주제들도 이 방식으로 평가할 수 있다. (예: 컴퓨터 게임, 미술, 놀이 등)

적용 질문 3: 어떤 이는 "영국의 문학가 셰익스피어(William Shakespeare, 1564~1616) 시대에는 셰익스피어의 작품이 대중에게 사랑받는 대중문화를 이루었는데 현대에도 대중에게 사랑받는 대중문화가 활성화돼야 하지 않겠습니까?"라는 질문을 할 수 있다(현대의 클래식도 당시에는 대중음악이었음).
1) 이 질문이 맞는지 틀린지 답하시오.
2) 맞으면 왜 맞는지, 틀리면 왜 틀린지 그 이유를 설명하시오.

답 3: 1) 틀리다.
2) 틀린 이유: 셰익스피어 시대(16세기 후반과 17세기 전반부)의 대중문화는 거의 기독교 가치에 근거를 둔 수직문화였기 때문이다. 셰익스피어의 작품 모두가 인생의 의미를 찾는 깊이 있는 뿌리 의식에서 시작된 작품들이다[예: 맥베스(Macbeth), 리어왕(King Lear), 베니스의 상인(Venice Merchant), 로미오와 줄리엣(Romeo-Juliet) 등]. 그 증거는 현대에도 뜻이 있는 사람들이 그의 작품을 수직문화인 고전으로 여기고 연구하고 있는 데서 찾을 수 있다.

물론 그 당시에도 수평문화가 있었지만 수직문화가 80% 정도였다면 수평문화는 20% 미만인 극히 일부였다. 역사적으로 보면 수평문화의 발달은 1970년대 현대의 산업화 이후에 시작되어 1980년대 이후 컴퓨터와 최첨단 미디어가 개발되면서 급속히 확산되었다. 2008년 현대는 수평문화가 70~80%라면 수직문화는 20~30% 미만으로 보인다. 따라서 현대의 대중문화는 저급한 수평문화다.

그리고 수평문화라 하더라도 셰익스피어 시대의 수평문화와 2000년대의 수평문화의 양과 질은 너무나 차이가 난다는 사실을 알아야 한다. 농경사회의 수평문화는 화투나 술 정도였지만 현대는 극히 육을 자극하는 전자매체를 이용한 게임 및 포르노의 영상문화이기 때문이다.

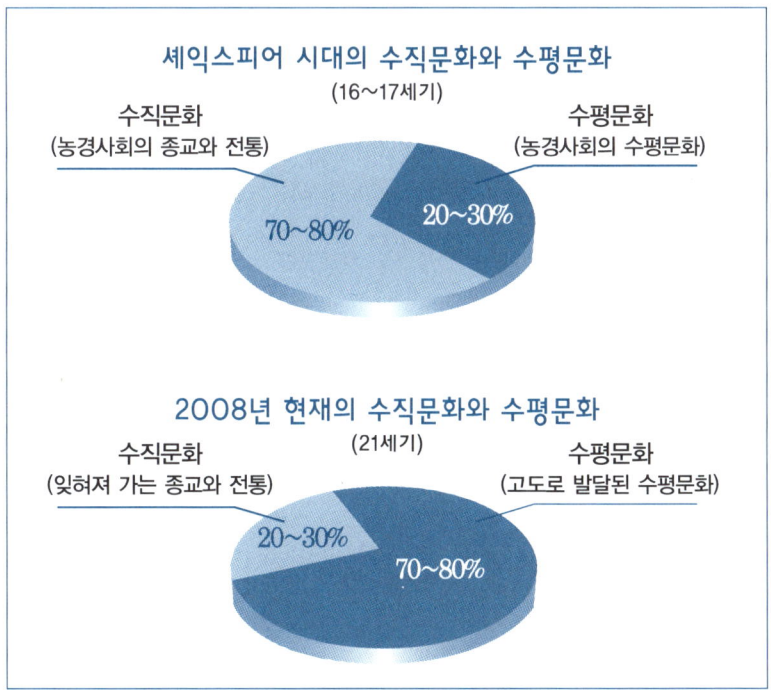

셰익스피어 시대의 대중문화와 2000년대의 대중문화는 대조적이다. 셰익스피어의 작품들은 인생의 의미를 찾는 수직문화이기 때문에 현재도 고전이지만 2000년대의 대중문화는 인생의 재미를 찾는 수평문화일 뿐이다.

적용 질문 4: 저자가 흔히 받는 질문이 있다. 이런 경우 수직문화인지, 수평문화인지 판단해 달라는 것이다. 어떤 주제가 수직문화에 속한 것인지, 아니면 수평문화에 속한 것인지 어떻게 알 수 있는가? (예: 영화 제목 '킹콩').

답 4: 가장 쉬운 방법은 그 주제가 인생의 의미를 찾는 것인지, 아니면 육의 쾌락(재미)를 위한 것인지를 판단해 보면 알 수 있다. 인생의 의미를 찾는 것은 수직문화이고 인생의 재미를 찾는 것은 수평문화다. 대부분 고전 영화들은 쉽게 인생의 의미를 찾는 것이라고 판단 할 수 있지만, '킹콩'은 어떠한가?

일단 '킹콩'의 주제를 살펴 보자. '킹콩'은 비록 짐승이지만 주인공 여성을 사랑했다. 그래서 그는 자신의 생명을 마지막까지 희생하면서도 그 여성의 안전을 지켜 주었다. 물론 그 여성도 마지막에는 '킹콩'의 의도를 알고 사랑하게 되었다.

그런데 무지한 인간들은 그것도 모르고 모든 수단을 동원하여 킹콩을 죽이려 했다. 이것은 현대인의 잔인한 모습을 비판한 것이다. 따라서 '킹콩'은 인생의 재미를 찾는 '괴물' 영화가 아니고, 인생의 의미를 찾는 수직문화 영화라고 말할 수 있다. 그래서 영화의 고전으로 분류된다.

**현재 붕괴된 교육으로 수평문화에 오염된 자녀들이
성년이 되었다고 가정해 보라.
한국의 미래는 어떻게 되겠는가?
서둘지 않으면 나라는 망한다!**

III. 왜 부모는 자녀에게 족보를 가르쳐야 하는가

미국을 포함한 해외 한인 대학생들의 68%가 성씨와 본관을 모른다. 재외동포재단(이사장 김봉규)의 '해외동포 대학생 모국순례 연수' 프로그램에 따라 2000년 8월 8일부터 17일까지 방학을 이용해 한국을 방문한 미국, 러시아, 독일 및 스페인 학생 등 141명을 조사한 결과다. 이 중 성씨나 본관을 제대로 아는 학생은 32%에 불과했다.

한국 태생인 학생 중에도 출생지를 아는 학생이 40%에 그쳤다(중앙일보, 68%가 성씨와 본관을 모른다, 2000년 8월 17일). 해외동포뿐만 아니라 한국의 학생들도 점점 족보에 대한 관심도가 낮아지고 있다. 가정이나 학교에서 학교의 IQ교육만 시켰지 인성교육에 필요한 족보나 뿌리 교육을 가르치지 않았기 때문이다. 실로 엄청난 민족적인 손실이다.

특히 현재 서양 교육의 영향이나 기독교인의 가정에서 자란 자녀들은 자신들의 뿌리인 족보를 모르는 이들이 많다. 부모들이 복음만 강조하고 육적 뿌리인 족보는 가르치지 않았기 때문이다. 흔히 기독교인 중 많은 이들이 "예수님 믿고 '예수님 족보'를 가졌으면 되지 왜 육신의 족보가 필요한가?"라고 반문하며 족보 무용론을 주장한다.

이것은 잘못된 생각이다. 왜 혈통적 족보를 자녀들에게 가르쳐야 하는지 그 이유를 질문과 답변 형식으로 알아보자.

첫째 질문: 인간에게 왜 족보교육이 필요한가?

(왜 한국인 기독교인도 자녀에게 족보교육을 해야 하는가?)

A. 윤리학적 이유

왜 자녀에게 족보를 가르쳐야 하는가? 세계는 여러 민족으로 구성되어 있다. 각 사람마다 특성이 있는 것처럼 각 민족마다 특성이 있다. 온 세계인은 하나이나 다양성 속의 하나이다. 각 민족은 여러 씨족으로 형성되어 있다. 씨족은 혈통을 중시한다. 그리고 각 씨족에게는 나름대로 자자손손 내려오는 교훈과 자랑스러움이 있다. 각 씨족의 역사가 족보다. 따라서 족보는 한 개인의 혈통적 뿌리다. 요즘은 애완견이나 명견도 족보가 없으면 시세가 낮은데 하물며 하나님의 형상대로 지음을 받은 인간이 족보를 갖지 못한다면 말이 되겠는가?

자녀의 깊이 있는 인성교육은 '나는 누구인가?'를 알려는 의식에서 시작해야 한다. 자신의 뿌리에 대해 생각하는 사람은 깊이 있는 사람이다. 육적으로 '나는 누구인가?'를 알려면 부모 세대는 물론 조상들의 삶에 대해서도 알아야 한다. 이것이 자신의 가계(家系)의 역사, 즉 족보다. 족보는 인성교육의 본질인 수직문화에 속한다. 그리고 효자가 갖추어야 할 가장 중요한 인성의 한 요소다.

부모는 자녀에게 자신의 위치를 알려 주어 가문에 피해가 되지 않는 사람이 되고자 노력할 뿐만 아니라 가문을 일으켜 세우고자 노력하는 효자로 키워야 한다. 그리고 부모와 민족에 대해 깊이 생각하게 해야 한다. 이런 자녀는 선악의 분별력을 키워 옳은 행동을 하려고 노력한다. 수직문화의 사람으로 수평문화의 유혹을 이길 수 있다. 뿐만 아니라 육적 족보를 확실히 알고 자랑스럽게 생각하는 사람은 자긍심

한국인은 각 성씨마다 족보가 있다. 이는 자신의 육적 뿌리를 알기 위해 자녀에게 가르쳐야 할 매우 주요한 자료다. 사진은 저자의 연주 현씨 족보.

(self-esteem)이 높아진다. 자긍심을 높이는 교육은 깊고 넓은 인성을 형성하는 데 필수다.

B. 종교심리학적 이유

내가 누구인가를 알려면 자신의 영적 뿌리도 중요하지만 육신의 뿌리도 중요하다. 즉, 자신의 영적 자아와 육적 자아를 발견해야 한다. 영적 족보를 갖게 하는 복음은 천국에 가는 데 필요하지만 육적 족보는 자아를 구체적으로 알아 자긍심(self-esteem)을 높이는 데 중요하다.

종교심리학적으로 족보를 중히 여겨 자긍심(self-esteem)이 높은 사람은 예수님을 믿어도 모세나 바울처럼 영적 뿌리가 단단해지고 깊어진다(현용수, 1990, 1993). 즉, 육적 자아를 잘 알고 강한 사람이 영적 자아도 강하다. 따라서 인간에게 족보교육은 깊은 인성을 함양하기 위한 필수 요소이다.

C. 신학적 이유

왜 한국인 기독교인이 자녀에게 육적 족보를 가르쳐야 하는가? 가장 큰 이유는 기독교인은 예수님을 닮아 가야 하기 때문이다. 주님이신 예수님에게도 족보가 있었다. 유대인으로의 2가지 족보 즉, 첫째는 하나님의 아들이라는 영적 족보와 둘째는 요셉의 아들이라는 육적 족보를 가지셨다. 마태복음에서는 아브라함과 다윗의 자손인 예수님의 선민 족보를 나열하다가 요셉을 거쳐 예수님에 이르지만, 누가복음에서는 반대로 요셉에서 시작하여 누구 위는 누구요로 시작하여 인류의 조상 아담에게까지 올라간다(눅 3:23-38).

우리는 예수님의 족보에서 무엇을 발견할 수 있는가? 인류의 조상은 아담 한 사람이지만 예수님은 세계 많은 민족 중에 한국인이 아닌 유대 민족으로 태어나셨고, 유대 민족 중에서도 유다 지파에서 그리고 그 중에서도 다윗의 혈통을 따라 나셨다. 따라서 예수님이 2가지 족보, 영적 족보와 육적 족보를 가지신 것처럼 기독교인도 예수님의 형상을 닮기 위해 영적으로는 영혼을 구원하신 예수님의 족보지만, 육적으로는 자신의 육적 조상들의 족보를 가져야 한다. 그리고 자녀들에게 2가지 족보인 영적 족보와 육적 족보를 유대인처럼 자자손손 가르쳐야 한다.

뿐만 아니라 유대인에게는 12지파가 있다. 각 지파마다 특색이 있다. 유다 지파와 베냐민 지파가 서로 다르다. 훌륭한 인물이 많이 배출된 지파가 있고 그렇지 못한 지파도 있다. 각 지파 두령의 후손들의 역사는 각 지파의 족보로 기록되었다. 이것이 구약 성경의 역사다. 이 12지파(씨족)의 표본은 신약의 계시록까지 연장된다(계 7:4-12).

분명한 사실은 모든 인류는 한 사람 아담의 후손이지만, 한국인 기독교인과 일본인 기독교인은 구별된다는 사실이다. 영적인 면에서는 모두 예수님의 족보에 속하지만, 육적 뿌리는 한국인은 한국인이고 일본인은 일본인일 수밖에 없다. 따라서 한국인 기독교인과 일본인 기독교인 사이에 문화가 서로 다르다. 뿐만 아니라 한국인 중에도 김씨의 족보와 이씨의 족보가 다르다. 역사에 긍정적으로 기여한 인물도 서로 다르다. 각 성씨마다 다른 역사를 가졌기 때문이다.

이렇게 족보를 나누는 것은 서로 반목하기 위해서가 아니라 각 씨족마다, 각 민족마다 특성을 살려 하나님께 영광을 돌리기 위해서다. 하나님은 다양성 속의 하나를 원하시기 때문이다. 따라서 저자는 미국에서 자녀를 먼저 한국인으로 키우고, 한국인 중에서도 현씨로 키운다.

요즘은 값비싼 강아지도 족보가 있는데
하물며 하나님의 형상대로 지음 받은 인간이
족보를 갖지 못한다면 말이 되겠는가?

둘째 질문: 유대인은 믿음의 조상 아브라함의 후손으로 선민의 족보를 잘 가르칠 수 있지만, 한국인은 기독교 역사가 짧아 조상들이 모두 우상숭배자들이었는데 어떻게 그들의 족보를 가르칠 수 있는가?

답: 기독교인은 우상을 섬기던 조상들의 족보도 가르쳐야 한다. 그 이유는 하나님의 선민 유대인의 예에서 찾을 수 있다. 유대인은 자신들의 조상 하나님의 선민 아브라함과 이삭과 야곱의 족보만 가르치는 것이 아니다. 그들도 우상 만드는 아브라함의 아버지 데라와 그 위의

족보도 모두 가르친다(창 11:27-32). 그뿐인가? 유대인은 하나님이 선택하신 아브라함의 아들 이삭과 야곱의 후손에 관한 족보만 가르치는 것이 아니라 하나님의 선택에서 제외된 이스마엘과 에서의 역사도 가르친다. 따라서 한국인 기독교인도 우상을 섬기던 조상들의 족보는 물론 한국 역사의 흥망성쇠까지 가르쳐야 한다.

또 한국인 기독교인들은 100여 년의 기독교 역사를 가졌으므로 그간의 기독교인의 족보를 철저히 연구하여 가르쳐야 한다. 어떤 한국인은 기독교 집안의 6대손도 있다. 특히 한국의 초대교회 기독교인은 유대인처럼 혹독한 고난 속에서도 철저히 하나님의 율례와 법도대로 신앙의 모범을 보이신 분들이 많다. 한국인은 자기 민족의 위인들보다 서양의 위인들만 가르치는 것이 문제다. 그들의 좋은 일화를 발굴하고 후손들에게 세대차이 없이 가르쳐서 모델로 삼아야 한다.

셋째 질문: 자신의 족보가 다른 성씨보다 자랑스럽지 못해도 가르쳐야 하는가?

답: 물론이다. 한국인의 성씨 중 아무리 자랑스럽지 못한 성씨라도 예수님의 족보보다는 좋지 않겠는가? 예수님의 족보에는 시아버지와 관계를 맺은 며느리 다말도 있고, 기생 라합 그리고 이방인 룻도 있지 않은가? 인간은 행위로는 죄인일 수밖에 없다는 사실을 명심해야 한다. 따라서 우리의 자랑은 주님 안에서 나와야 한다. 한 성씨의 역사를 보면 승할 때가 있고 약할 때가 있다.

따라서 자신의 족보 때문에 열등의식을 가질 필요는 전혀 없다. 만약 선대가 미약했다면 당대에서 하나님의 은혜를 힘입어 가문을 일으켜 세우면 되지 않겠는가? 탈무드에 이런 격언이 있다. "만약 당신 주변에 뛰어난 인물이 없다면, 당신 스스로가 특출한 인물이 되어야 한다"(토카이어, 1991, p. 24).

넷째 질문: 족보가 없는 사람은 어떻게 해야 하는가?

답: 어떤 사람은 족보가 없는데 어떻게 자녀에게 족보를 가르칠 수 있느냐고 묻는다. 이런 사람은 족보교육의 중요성을 깨닫고 자기 대에서부터 새로 족보를 만들어야 한다. 예를 들면, 해외동포 중에는 로스앤젤레스 이씨, 댈러스 김씨, 상파울루 박씨 등으로 만들면 된다. 한번 족보를 만들어 놓으면 후대는 자신의 조상이 한국에서 온 한국인임을 자랑스럽게 생각하고 계속 후손들에게 가르칠 수 있을 것이다. 그리고 그 후대 중에는 한국에서의 뿌리를 찾아 연구하여 한국 민족을 사랑하는 이들이 많이 나올 것이다.

다섯째 질문: 바울은 자신의 자랑스러운 족보를 그리스도를 안 이후 배설물처럼 여겼다고 말했다. 그런데도 왜 족보교육이 필요한가?

답: 이 질문에 답하기 위해 먼저 본문 말씀을 보자.

나도 육체를 신뢰할 만하니 만일 누구든지 다른 이가 육체를 신뢰할 것이 있는 줄로 생각하면 나는 더욱 그러하리니 내가 팔 일 만에 할례를 받고 이스라엘의 족속이요 베냐민의 지파요 히브리인 중의 히브리인이요 율법으로는 바리새인이요 열심히 는 교회를 핍박하고 율법의 의로는 흠이 없는 자로라 그러나 무엇이든지 내게 유익하던 것을 내가 그리스도를 위하여…… 배설물로 여김은 그리스도를 얻고 그 안에서 발견되려 함이니 내가 가진 의는 율법에서 난 것이 아니요 오직 그리스도를 믿 음으로 말미암은 것이니 곧 믿음으로 하나님께로서 난 의라.
(빌 3:4-9)

바울이 자신의 족보를 나열하며 그 자랑거리를 그리스도를 위해 해로 여길 뿐이라고 말한 의도는 무엇인가? 이것은 영혼 구원을 위한 복음 전파에 초점을 맞춘 말씀이다. 그것은 육체의 자랑 때문에 그리스도의 귀중함을 잃어버리는 어리석은 사람이 되어서는 안 된다는 뜻이다. 즉, 인간에게서 그리스도는 육체의 자랑거리와 감히 비교할 바가 안 될 만큼 영혼을 구원하시고 살리시는 귀중한 분이라는 뜻이다. 바울은 그리스도가 자신의 모든 육신의 자랑을 배설물로 여겨도 될 만큼 중요한 분임을 강조한 것이다. 왜냐하면 그리스도에게 생명이 있기 때문이다.

그러나 교육학적 측면, 즉 영혼이 구원받은 하나님의 선민교육적 측면은 다르다. 바울의 말이 부모가 자녀에게 자신의 족보를 가르치지 말라는 뜻이 아니다. 자신도 이방인이 아닌 유대인으로 태어남을 자랑스럽게 여기고 자신의 족보에 자부심을 가졌다(롬 9장-11장). 하나님의 선민인 유대인이 자녀에게 족보를 가르친 것처럼 기독교인도 자녀에게 족보를 가르쳐야 한다.

다른 예를 들면, 바울이 강조한 "돈을 사랑하지 말라"(딤전 3:3, 6:10; 딤후 3:2; 히 13:5)는 말씀은 돈을 탐하여 신앙을 잃지 말라는 뜻이지, 자녀에게 돈 버는 방법을 가르치지 말고 돈도 벌지 말라는 뜻이 아니다. 기독교인은 돈을 벌어 돈의 노예가 되는 것이 아니고 돈을 벌어 그 돈을 하나님의 영광을 위해 사용해야 한다.

육체의 족보교육은 결코 구원에 이르게 할 수는 없어도 훌륭한 기독교인이 되게 하는 교육임에는 틀림없다. 바울이 거듭난 후 어떻게 다른 기독교인들보다도 훌륭한 기독교인이 되었는가? 그것은 바울이 유대인의 훌륭한 족보는 물론 율법에 흠이 없는 교육을 받았기 때문이다. 따라서 그는 남보다 자긍심이 높은 히브리인 엘리트였다.

그의 내면 세계에 어려서부터 이런 깊고 넓은 성품이 형성되었기 때문에 기독교인이 된 후에도 다른 사도들보다 더 많은 기독교 신학을 정리하고 더 많은 서신을 남길 수 있었다. 그리고 모범적인 삶을 살 수 있었다. 따라서 명심할 것은 구원을 위한 복음과 선민교육은 주제가 다르다는 사실이다. 이 둘의 관계는 보완의 관계이지 한쪽을 버릴 것이 아니다. 물론 순서로 말한다면 영혼 구원을 위한 복음이 먼저이고, 선민교육은 나중이다.

예수님이 영적 족보로는 하나님의 아들이시지만
육적으로는 아담과 아브라함의 혈통을 가졌듯이
한국인 기독교인도 영적으로는 하나님의 자녀이지만
육적으로 한국인의 혈통임을 자녀에게 가르쳐야 한다.

제4장

심리학적 측면에서 본 수직문화와 수평문화

I. 수직문화와 수평문화가 자신감에 미치는 영향
II. 수직문화와 수평문화가 종교성 토양에 미치는 영향
III. 인성교육 원리-현실 적용하기:
    왜 수직문화가 개인과 민족 그리고 기독교인에게 필요한가

I. 수직문화와 수평문화가 자신감에 미치는 영향

1. 수평문화 · 외면적 자신감 · 열등감

수평문화는 인간의 심리에 어떠한 영향을 미치는가? 특히 수평문화는 열등감에 어떠한 영향을 미치는가? 그리고 수직문화는 내면적 자신감에 어떠한 영향을 주고 있는가? 열등감의 원인은 무엇이고 그 문제를 어떻게 해결할 수 있는가? 그 이유를 심리학적인 면에서 설명해 보자.

사람이 살아가는 데에는 자신감이 필요하다. 자신감은 생활의 활력소이다. 자신감이 있으면 생각이 넓어지고 매사에 적극적이다. 그러나 자신감이 없으면 생각이 위축되고 수동적이며 열등감이 생긴다. 자신감과 자존심이 없는 사람은 뇌가 20% 줄어들면서 기억력과 학습능력도 떨어진다는 연구결과가 나왔다.

BBC 방송에 따르면, 캐나다 맥길 대학의 소니아 루피엥 박사는 20일 영국 왕립학회 학술회의에서 노인 92명을 대상으로 15년에 걸쳐 뇌 조영 및 뇌 기능 테스트를 실시한 결과 자신감이 결여된 사람은 자부심이 강한 사람에 비해 뇌의 크기가 약 20% 작고 기억과 학습기능도 현저히 떨어지는 것으로 나타났다고 밝혔다(한국일보, *자신감 잃으면*

뇌 작아진다, 2003년 11월 21일).

자신감에는 2가지가 있다. 외면적 자신감과 내면적 자신감(심상권, 1996년, pp. 48-50)이다.

(1) 외면적인 자신감은 외면적인 조건의 만족에서 오는 자신감이다. 이는 자신이 생활하는 데에 필요한 지식과 기능적(技能的)인 자신감이다. 예를 들어, 키가 크거나 잘 생긴 외모, 좋은 학벌과 능력, 남보다 우월한 가문, 재력, 명예, 높은 신분 및 권력 등에서 생기는 자신감을 말한다. 이것은 밖으로 드러나는 남과 비교되는 경쟁적인 요소들이다. 이를 영어로는 Self-Competence라고 말한다. 이러한 자신감의 요인들은 수평문화에 속한다.

(2) 내면적인 자신감은 내면적인 조건의 만족에서 오는 자신감을 말한다. 이는 자신의 내면적, 심층적(深層的), 그리고 존재적(存在的)인 자신감이다. 이것은 심리적, 철학적 및 종교적인 자신감을 갖고 있을 때 더 높아진다. 이를 영어로는 Self-Confidence라고 말한다. 이러한 내면적 자신감의 요인들은 수직문화에 속한다.

자신감은 열등감과 상반된 개념이다. 자신감이 없을 때 열등감이 생긴다. 반대로 자신감이 넘치면 열등감도 사라진다. 따라서 외면적인 자신감과 내면적인 자신감 중 2가지 혹은 어느 한 가지 자신감이 결여됐을 때에 열등감을 가질 수 있다. 인간은 외면적인 자신감과 내면적인 자신감의 강약에 따라 4가지 종류의 사람으로 구분될 수 있다.

인간의 2가지 자신감

온전한 자신감 = 내면적 자신감 + 외면적 자신감

내면적 자신감
(self-confidence)
심리적·종교적·철학적
자긍심이 높을 때
생기는 자신감

＋

외면적 자신감
(self-competence)
외모·학벌·소유·전공
·권력·명예 등
외적 조건에서 오는
자신감

첫째, 외면적인 자신감도 없고 내면적인 자신감도 없는 사람이다. 외형적이나 혹은 정신적으로 뭐 하나 내놓을 것이 없는 사람을 말한다. 이러한 사람들은 자신의 약점을 가슴 아파하면서도 자신의 형편을 알고 사회에 순응한다. 그러나 자신감의 결여로 삶에 의욕이 없고 무력감에 빠질 수도 있다. 그리고 자신이 약자이기 때문에 주위의 사랑을 충분히 받지 못하면 열등의식이 강해 피해의식도 강하게 나타날 수 있다. 그것은 오만불손, 허풍, 남보다 낫게 보이고자 하는 가식 등으로 나타날 수 있다. 이들이 반항하면 사회적으로 큰 해가 될 수 있다. 지존파나 막가파도 이러한 부류에 속한다.

둘째, 외면적 조건이 잘 갖춰져 외면적 자신감은 있다 해도 내면적인 자신감이 결여된 사람이다. 이러한 사람은 일시적으로 잘 나갈 때에는 남에게 부러울 것이 없고 자신감이 있는 듯하다. 자신에게 외형

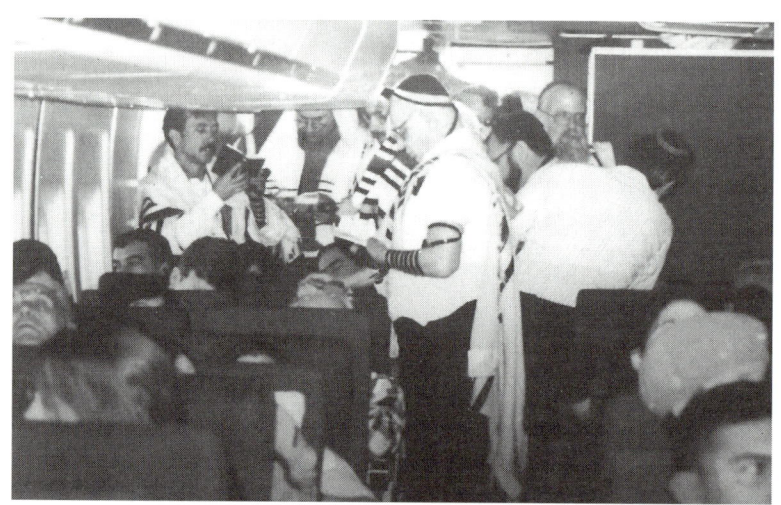

미국에서 새벽 비행기를 타고 가던 중 정통파 유대인들이 기도 시간에 맞춰 율법에 맞는 기도복을 입고 기도회를 인도하고 있다. 자신의 신본주의 주체의식이 강하면 외부의 이목에 좌우되지 않는다.

적으로 눈에 보이는 실력이 있기 때문이다. 그러나 인간은 외면적 자신감이 있다 해도 늘 마음 한구석이 외롭고 허전하며 전체적인 자신감이 부족할 수 있다. 이러한 현상은 인간의 내면적인 면에서 철학적, 종교적인 안전감(security)이 약할 때 나타난다. 인간이 빵만으로 살 수 없는 이유도 여기에 있다.

세상에서 출세를 한 사람이라도 종종 열등의식이 나타날 수 있다. 열등의식이 많으면 많을수록 그것을 보상하기 위해 더욱 육적인 욕구를 과도하게 채우려고 한다. 그 결말은 허무와 파멸에 이르는 수가 많다.

셋째, 외면적인 조건이 부족해도 내면적인 자신감이 충만한 사람이 있다. 이러한 사람은 내면적으로 철학적, 종교적인 안전성(security)이 강한 사람이다. 내면적인 자신감을 갖고 있는 사람은 설사 외면적인 것이 약해도 쉽게 좌절하거나 포기하지 않는다. 그리고 수평문화에 별다른 가치를 부여하지 않는다. 또한 외면적인 자신감을 가진 사람을 만나도 비굴해지지 않는다.

그 예로 그리스의 알렉산더 대왕(Alexander the Great, 356~323 B.C.)과 거지 철학자 디오게네스의 이야기가 있다. 알렉산더 대왕은 20세에 왕위에 올라 25세에 당대 문명 세계의 90%를 정복하고 33세에 숨을 거둔 외면적 자신감의 대표적인 인물이다. 인류 역사상 가장 굵고 짧게 살다간 인물이다.

그가 대신들과 위용을 갖추고 정복지 코린트의 길을 걷고 있었다. 나무통에서 산다는 디오게네스라는 거지 철학자를 찾기 위해서다. 남들은 모두 대왕의 위용에 압도당하고 있었다. 지체 높은 알렉산더 대왕이 나무통에서 책을 읽고 있는 디오게네스를 찾아와 물었다.

"그대의 소원이 무엇인가?"

철학자는 대왕을 한번 쳐다보고는 "대왕께선 햇볕을 가리지 마십시오."라고 답했다. 책을 읽는 데 방해가 된다는 말이다.

그 당시 알렉산더 대왕은 외면적 자신감의 상징이다. 그러나 그 철인은 내면적인 자신감이 강하기에 외면적인 자신감을 가진 자에게 조금도 비굴하게 행동하지 않았고 땅의 것을 요구하지 않았다. 알렉산더는 "내가 알렉산더가 아니라면 디오게네스가 되고 싶다."고 말했다고 전해진다.

넷째, 외면적인 자신감과 내면적인 자신감이 모두 충만한 사람이다. 이집트 왕자였던 모세나 사도 바울이 그 예이다. 그들은 족보나 학력이나 경력에서 흠잡을 데 없는 엘리트들이었다. 그리고 하나님의 은혜도 충만히 받은 사람들이었다. 하나님은 그들을 가장 크고 넓게 그리고 귀하게 쓰셨다.

  이를 요약하면 인간에게는 2가지, 내면적인 자신감과 외면적인 자신감이 있다. 내면적인 자신감이 성취되었을 때에는 외면적인 자신감의 결여에서 오는 열등의식을 해소할 수 있다. 따라서 인간의 내면적인 자신감이 외면적인 자신감보다 더 중요하다. 그리고 내면적인 자신감과 함께 외면적인 자신감도 기른다면 열등의식을 해소할 수 있고, 또한 열등의식이 있다 해도 이를 잘 절제할 수 있다.

**알렉산더 대왕이 그리스의 거지 철학자 디오게네스에게 물었다.
"그대의 소원이 무엇인가?"
철학자는(책을 읽는 데 방해가 되므로) "햇볕을 가리지 마십시오."라고 대답했다.
내면적 자신감이 강한 사람은 외면적 자신감을 가진 자에게
조금도 비굴하게 행동하지 않는다.**

2. 수직문화 · 내면적 자신감 · 자긍심

A. 수직문화는 자긍심을 키우고,
자긍심은 내면적 자신감의 뿌리다

              위에서 예로 소개한 철학자 디오게네스는 어떻게 알렉산더 대왕 앞에서도 마음의 동요 없이 당당할 수 있었는가? 내면적 자신감이 강했기 때문이다. 자신감은 실력을 갖추었을 때 나온다. 실

력은 눈에 보이는 외형적인 실력도 중요하지만 눈에 안 보이는 내면적인 실력이 더 중요하다. 인간의 내면적인 실력은 내면적인 자신감(Self-Confidence)을 갖게 한다. 그렇다면 내면적인 자신감을 갖게 하는 내면적인 실력은 무엇인가?

그것은 높은 자긍심(自矜心, Self-Esteem)에서 연유한다. "자긍심에는 2가지 요소가 있다. 개인의 자신감과 개인의 존재가치(Self-Worth)이다. 따라서 자긍심이란 자신감과 자존감(自尊感, Self-Respect)의 총화다"(Branden, 1988, p. 6). 자긍심은 먼저 자신을 사랑하고 존중하는 데서부터 시작된다. 자신을 가치 있게 여기고 자신을 존중하는 사람이 남도 귀하게 여기고 존중한다. 자긍심이 높다는 말은 자아 형상(Self-Image) 혹은 자아 개념(Self-Concept)이 뚜렷하다는 말이다. 이러한 사람은 자신의 내면적 자아 형성(Internal Self-Forming)이 잘 정립된 사람이다. 바울은 자긍심(내면적 자신감)을 '속사람'(엡 3:16), 외면적 자신감을 '겉사람'(고후 4:16)이라고 표현했다.

원래 '자긍심이란 남과 경쟁하거나 비교하여 얻는 것이 아니고'(Branden, 1985, p. 7) 인생의 뚜렷한 철학의 정립, 즉 '나는 누구인가?' '나는 왜 살아야 할 가치가 있는가?' 그리고 '나의 행복한 인생의 목적은 무엇인가?' 등에 대한 확실한 답에서 얻어진다. 그러므로 자긍심이 높다고 해서 남에게 우월감을 갖거나 교만할 수가 없다. 따라서 자긍심은 자만심과 다르다.

자긍심에 대한 여러 저서를 집필한 미국의 너대니얼 브랜든(Nathaniel Branden)은 《자긍심의 6가지 기둥》이란 저서에서 인간의 삶에서 자긍심을 높이는 6개의 주요 기둥을 다음과 같이 꼽았다(1995, pp. 67-159).

① 뚜렷한 자아 의식(意識)을 갖고 사는 삶
② 자신을 수용하는 삶
③ 자신이 책임을 지는 삶
④ 자기의 주관적인 철학을 갖고 사는 삶
⑤ 목적을 갖고 사는 삶
⑥ 자신의 인격을 지키는 삶 등이다.

이러한 삶을 사는 사람은 생각이 깊고 넓으며 흔들리지 않는 주체성이 있다. 수직문화의 사람이다. 내면적인 실력이 있어서 수평문화에 쉽게 빠지지 않는다. "자긍심이 높은 사람은 어려운 문제에 직면했을 때 집요하게 그 문제를 해결할 수 있는 능력이 있다. 반면 자긍심이 낮은 사람은 최선을 다하지도 않고 쉽게 포기한다."(p. 5).

이를 다른 말로 표현하면, 자긍심이 높은 사람은 의지가 강하고 참을성과 끈기가 많다는 뜻이다. 그리고 매사에 홀로 설 수 있는 독립심이 강하다. 반면 자긍심이 낮은 사람은 의지력이 약하고 참을성과 끈기가 부족하다. 또한 독립심도 약해서 남에게 의지하려는 경향이 많으며 주위의 유혹에도 약하다. 그 예로 중고생들 중에 남이 새 휴대전화를 사면 자신의 필요에 관계없이 사야만 하는 학생이 많다. 이럴 때에는 학생도 문제이지만 그 부모가 더 문제다. 자녀가 학교에서 기(氣)가 죽으면 안 된다며 새 휴대전화를 사 주기 때문이다. 이 말은 자긍심이 낮은 부모 밑에서 자긍심이 낮은 자녀가 양육된다는 사실을 보여 준다. 기는 휴대전화로 살리는 것이 아니다.

한국말에 '기(氣)'라는 것은 무엇인가? 국어사전을 보면 기란 '뻗어나가는 기운'(엣센스 국어사전, 1983, p. 228)으로 일종의 자신감이다. 따라서 기에도 2가지, 외면적인 기와 내면적인 기가 있다. 참다운 기란 외면적 기보다도 내면적 기가 강한 것이다. 자녀의 내면적인 기가 먼저 살아야지 외면적인 기만 살리면 곤란하다. 내면적인 기가 살았다는 말은 자긍심이 높다는 말이고, 내면적인 기 없이 외면적인 기만 높다면 자긍심이 낮다는 말이다.

그러므로 자긍심이 높은 사람은 성공적인 삶을 살 수 있다. 왜냐하면, 자신의 문제를 포기하지 않고 스스로 고민하며 해결할 수 있는 능력을 갖추고 있기 때문이다. 이러한 사람은 심리적이나 인격적인 면에서 성숙한 사람이다. 그리고 이렇게 자긍심이 높은 사람들이 재물이나 권력 및 명예를 얻어도 그들의 마음이 쉽게 부패하지 않고 그것들을 오래도록 간직할 수 있다.

2006년 8월 〈월간중앙〉이 억대 연봉자인 주요기업 임직원과 전문직 종사자 중 170명을 대상으로 실시한 조사에 따르면, 억대 연봉자의 4분의 3 이상이 자기 일에 대한 집중력이 뛰어나고 목표의식이 뚜렷할 뿐더러 끈기가 있었다. 이른바 과제지향형 인간이다. 무엇보다 매사에 긍정적이고 낙관적이면서 자신감이 넘치는 사람들이다. 이들이 이룬 경제적 성공이 '긍정의 힘'에 의해 떠받쳐지고 있다는 것이다(월간중앙, 억대 연봉자들이 사는 법, 특별한 그들, 무엇이 다른가? 2006년 10월 26일). 이 통계는 자긍심이 높은 사람이 성공할 확률이 높다는 것을 말해 준다.

자긍심은 내면적인 자신감의 뿌리다. 그러므로 자긍심이 높아지면 내면적인 자신감이 비례해서 높아진다. 그리고 열등의식은 상대적으로 낮아진다. 반대로 자긍심이 낮아지면 내면적인 자신감도 낮아진다. 반대로 열등의식은 커진다.

'자긍심'과 거의 비슷한 동의어로 에릭 에릭슨은 '아이덴티티 (Identity)'란 단어를 사용하였다. 이는 "변화 속에서 자신의 내적 지속성에 대한 흔들리지 않는 자신감"을 말한다(Erikson, 1959, 1982). 이러한 사람은 자신의 외면적인 조건에 의해 자신의 가치를 결정하는 것이 아니고 자신의 내면적인 조건에 의해 자신의 가치를 결정한다. 이렇게 자긍심이 높은 사람은 설사 외면적인 자신감의 조건들이 부족해도 내면적인 자신감이 높다. 그러므로 외면적 수평문화의 조건들에 의해 마음이 흔들리지 않는다.

반면에 자긍심이 낮은 사람은 외면적 조건에 잘 흔들린다. 수평문화에 쉽게 휩싸인다. 자신의 실제보다 거품이 많다. 내면적인 자신감이 낮기 때문이다. 많은 이들이 형편에 맞지 않게 자신을 과대포장하는 행위는 일종의 열등의식의 표현일 수도 있다. 열등의식이 많은 사람이 권력, 학벌, 명예 혹은 물질을 가지게 되면 이것이 곧 우월감으로 나타나기 쉽다.

B. 자긍심이 높은 사람과 낮은 사람의 차이

자긍심이 낮은 사람의 특성은 무엇인가? 외적 조건에 지나치게 민감하고 투자를 많이 한다. 남에게 보란 듯이 큰 집을 사고, 유난히 비싼 상표의 옷을 입고, 고급차를 선호하는 것 등이다. 어린 학생들이 고급 운동화를 안 신으면 창피하게 생각하고 각종 유행에 민감한 것도 열등의식의 발로다. 또한 이러한 조건들을 성취한 이후에 주위 사람들에게 유난히 자랑하고 싶은 우월감도 역시 열등의식의 뿌리에 기인한다. 졸부들이 관광지에서 비싼 물건을 구입하며 외국인들에게 큰소리 치는 것이 그 대표적인 예이다. 그뿐인가? 묻지 않았는데도 자신의 신분을 남에게 과시하거나 일류학교 출신들이 학교 자랑을 하는 것도 일종의 열등의식이라고 하겠다. 우리는 이 말을 기억해야 한다. "자기의 지위를 다른 사람들 앞에서 과시하는 사람은 이미 스스로의 인격에 상처를 입고 있다"(Tokayer, 1991, p. 23). 유대인의 탈무드에 있는 격언이다.

왜 열등의식이 생기는가? 내면적 자신감이 약하기 때문이다. 내면적 자신감이 약하면 남에게 과시용으로 외면적인 것을 내보이고 싶어 한다. 한편 그런 사람 앞에서 쉽게 기가 죽는 사람도 있다. 왜 그런가? 그 역시 내면적 자신감이 약하여 열등의식이 많기 때문이다. 학벌이나 명예, 권력 및 물질 앞에서 기 죽는 사람들 모두가 내면적 자신감이 약해 열등의식이 많기 때문이다. 우월감과 열등의식은 떼려야 뗄 수 없는 사촌간이다.

한국인들이 열등의식이 많은 이유 중 하나가 유교의 영향으로 사람을 평가할 때 인간의 내면세계보다는 외면에 보이는 형식 및 결과를 더 중요한 기준으로 삼아 왔기 때문이다. 따라서 많은 한국인은 남보다 나아지려고 혹은 남에게 인정받고자 출세 위주의 삶을 지향한다. 이것은 기독교 가치관인 남을 배려하고 남을 위해 희생하는 삶보다는 남을 이겨야 하는 경쟁의식을 갖게 한다. 출세 위주의 삶은 경쟁의식을 갖게 하고 이는 자기만을 아는 개인주의 및 이기주의를 낳는다. 이런 교육을 받은 사람이 남보다 더 성취하면 자기보다 못한 사람을 업신여기기 쉽고, 반면 남보다 학벌이 낮거나 물질이 없으면 당당하지 못하고 수치스럽게 생각하기 쉽다. 분명 잘못된 삶이다.

자긍심이 높은 사람은 설사 이러한 외적 조건을 가졌어도 남에게 드러내 놓고 자랑하지 않는다. 오히려 자신의 자랑거리를 감추려고 한다. 왜냐하면 이러한 외면적인 조건들은 자신의 내면적인 가치에 비하면 하찮은 것들이기 때문이다. 높이 올라갈수록 겸손이 미덕이란 말은 이런 경우에 알맞은 표현이다.

또한 자긍심이 높은 사람은 내면적인 자신감이 큰 사람이기 때문에 인간관계에서도 사소한 일에 연연하지 않고 여유를 갖는다. 넉넉한 마음을 갖고 있기 때문이다. 따라서 우리는 자녀가 높은 자긍심을 갖도록 어려서부터 교육시켜 내면적인 자신감이 큰 사람으로 키워야 한다.

한국은 일본영화를 수입하면서 우려의 목소리가 컸다(1998년 12월). 일본영화가 한국에 상륙하면 왜색 문화가 한국을 휩쓸 것을 염려해서다. 그럴지라도 만약 한국의 부모들이 자녀들의 자긍심을 높게 키웠다면 이것은 별 문젯거리가 되지 않을 것이다. 내면적 자신감이 강하다면 일본문화에 별 관심이 없을 것이기 때문이다. 자긍심이 높은 한국 사람이 일본영화 몇 편 보았다고 해서 자신의 뿌리의식이 흔들리지는 않는다. 그러나 한국의 형편이 그렇지 못한 데에 문제가 있다.

유대인들이 수천 년 동안 유랑생활을 하면서도 이방 문화에 물들지 않고 살아남은 이유는 무엇인가? 그들은 자녀들의 자긍심을 키워주어 내면적 자신감이 강하기 때문이다.

> 왜 일부 일류대학 출신은 누가 물어 보지 않는데도
> 자신의 출신 학교를 남에게 알리고 싶어하는가?
> 내면적 자신감이 약하기 때문이다.
> 열등감과 우월감은 사촌지간이다.

C. 영어도 모르는 한국 할머니가 미국인과 대화하는 법

나의 어머니는 70세에 아들의 초청으로 미국에 오셨다. 충청북도 보은 토박이에 산골에서 농사만 지으시던 어머니는 아들의 집 뒷마당 잔디를 일부 없애고 채소 씨를 뿌리셨다. 새벽이면 농사일 때문에 동네에서 가장 일찍 일어나신다. 옆집 할머니는 백인인데 인사성이 매우 밝다. 새벽에 나의 어머니를 만나면 활짝 웃으며 인사를 건넨다.

"Good morning, Grand Ma!"(좋은 아침이에요. 할머니!)

그러면 어머니는 함박 웃으며 충청도 말로 이렇게 말씀하신다.

"나 영어 몰라유. 한국말로 해야 알아들어유-."

"Excuse me, What?"(미안해요, 뭐라고요?)

(손을 가로 저으시며) "나 영어 모른데두 그라네유-. 한국말로 하라니까유-."

백인 할머니도 눈을 깜박이며 손을 귀에 대고 말한다.

"I am sorry, I can not understand you, Say again please? (미안해요, 못 알아들었어요. 다시 말해 줄래요?)

그러면 어머니는 중얼거리며 "저 늙은이 한국말로 하래도 그라네… 나 영어 몰라유—"

어머니가 아침식사 중에 내게 이렇게 말씀하신다.

"얘, 너 옆집 할망구한테 한국말 좀 가르쳐 줘라. 새벽에 뭐라고 쌀라쌀라 하는데 도대체 무슨 말인지 못 알아듣겠다."

나는 옆집 백인 할머니에게 가서 한국말 인사법을 몇 번이고 반복해서 가르쳐 드렸다. 다음날 새벽 두 분이 만나서 인사를 나눈다. 이번에는 서툰 한국말이 나온다.

"안녕—하세요. 할머니—."

"난 잘 잤써유—. 댁에도 안녕하시유—?"

어머니의 의도는 무엇인가? 이웃집 백인 할머니에게 "당신이 나와 얘기하고 싶으면 한국말을 배우라."라고 말씀하시는 것이다. 즉 내면적 자신감이 강하니 설사 영어(외면적 자신감)를 못 해도 기죽지 않고 당당하신 것이다.

영어를 못하는 것은 불편한 것이지 죄는 아니다. 그런데도 한국인은 영어 때문에 너무 기가 죽어 있고 수치를 느끼는 사람들이 많다. 그렇다고 영어를 배우지 말라는 얘기는 더욱 아니다. 내면적 자신감이 그만큼 중요하다는 예화다.

3. 자긍심을 높이는 방법 – 열등의식 해소 방법

인간은 누구나 크건 작건 열등의식을 가질 수 있다. 열등의식이 나쁜 것만은 아니다. 때로는 열등의식이 자신의 발전에 긍정적인 역할을 한다. 사회생활에서 경쟁력을 키우는 동기유발이 되기 때문이다. 다만 과도한 열등의식이 나쁘다는 말이다. 그 열등의식을 어떻게 해소할 수 있는가? 그 방법은 무엇인가? 열등의식을 해소하기 위해서는 2가지 자신감, 내면적 자신감과 외면적 자신감을 고루 갖도록 해야 한다. 이제 2가지 자신감을 어떻게 가질 수 있는지 알아보자.

A. 내면적 자신감을 높이는 방법

먼저 내면적 자신감을 어떻게 높일 수 있을까? 이것은 인간의 내면적인 실력을 키우는 일이다. 물론 자긍심을 키우는 방법으로 아동 심리학적 및 교육학적인 방법이 있겠지만 여기에서는 전체적인 종교교육 및 철학적인 면에서 그 방법들을 제시해 보자. 왜냐하면, 이것이 가장 중요한 원론적인 방법이기 때문이다.

첫째, 신앙의 사람으로 교육해야 한다. 신앙심이 강하면 강할수록 자신의 영적인 '소속감'이 분명해지고 '자존감'이 높아지며 '자아 형성'이 뚜렷해진다. 신앙심이 강하면 인간의 '속사람'이 강해진다. 정통파 유대인이었던 바울은 교인들을 위해 "그의 성령으로 말미암아 속 사람이 능력으로 강건하도록 기도하였다"(엡 3:16). 그리고 '삶의 목적'도 뚜렷해진다. 즉 자긍심이 높아진다. 이것이 바로 '내면적 자신감'의 핵이다.

미국 바나 리서치 그룹에서 성인 3천 명을 무작위로 추출하여 조사한 결과에서도 신앙이 깊을수록 자신감이 높게 나타났다. 복음주의자는 응답자의 99%가 자신을 행복하다고 느끼며, 91%가 현재의 생활에 만족한다고 답했다. 반면 자신이 지나친 스트레스를 받고 있다고 응답한 사람이 16%로, 비기독교인(33%)의 반도 안 되었다. 한편 응답자의 96%가 전통적 가치관과 가족중심주의를 지지했으며 64%가 정치적으로 자신을 보수적이라고 답했다. 반면 무신론자는 자신의 생활 만족도가 68%로 가장 낮게 나타났다. 조지 바나 회장(바나 리서치 대표)은 "조사 결과 무신론자들은 신앙을 가지고 있는 사람에 비해 자신의 생활에 만족하지 못하고 있으며 신앙심이 깊은 사람일수록 자신감, 행복감, 자족감이 높은 것으로 나타났다."고 말했다(크리스천 헤럴드, *신앙심 깊을수록 삶의 만족도 높아*, 2002년 8월 28일).

인간이 신앙을 갖게 되면 우주를 창조하시고 역사를 주관하시는 전지전능하신 하나님에게 속하여 그분의 거룩한 자녀가 된다. 즉 그분의 형상을 닮는 것이다. 그분의 형상을 닮는다는 것은 성경적인 삶의 목적과 가치관을 갖고 그분의 능력 안에서 산다는 것을 뜻한다. 자신이 하나님의 형상대로 지음 받았다는 것 자체가 얼마나 자신의 '가치'를 높이는 일인가? 그보다 더 한 자신감이 세상에 또 어디 있겠는가?

우주를 창조하신 전능의 하나님이 나를 얼마나 사랑하시는지를 알면 곧 자신의 자존감을 확보할 수 있다. 신앙의 용장 다윗이 높은 자존감을 가졌던 이유도 하나님과 자신과의 관계를 굳게 믿었기 때문이다. 그리고 전능자 하나님을 굳게 믿었기 때문이다. "내 형질이 이루기 전에 주의 눈이 보셨으며, 나를 위하여 정한 날이 하나도 되기 전에 주의 책에 다 기록되었나이다"(시 139:16). "주께서 내 장부를 지으시며 나의 모태에서 나를 조직하셨나이다. 내가 주께 감사하오음은 나를 지으심이 신묘막측 하심이라"(시 139:13-14).

정통파 유대인이었던 사도 바울은 베냐민 지파요, 히브리인 중 히브리인이요, 학문의 도시 다소 출신이요, 가말리엘 문하생이었다. 그 당시 자신이 외면적 자신감을 갖기에 충분한 사람이었다. 그러나 그리스도 예수님을 만난 이후 그것들을 배설물로 여기지 않았는가(빌 3:5-9). 예수님 안에서 그의 속사람인 신앙이 성령의 능력을 받아 내면적 자신감으로 충만(엡 3:16)했기 때문에 자신의 자랑할 만한 외면적

정통파 유대인은 인생의 뚜렷한 신앙과 철학을 갖고 있기 때문에 자긍심이 높고 따라서 열심히 하면 외면적 자신감도 커진다. 사진은 학교에서 쉐마 경문을 이마와 팔에 매고 아침기도를 하며 성경을 읽는 정통파 유대인 학생들.

인 것들은 안중(眼中)에도 없었던 것이다. 다윗 같은 어린 소년이 골리앗 같은 거인을 맞이하여 담대하게 싸운 것도 그가 하나님을 믿는 데서 오는 내면적 자신감이 있었기 때문이다. 여기에서 골리앗은 외면적 자신감을 상징하고 다윗은 내면적 자신감을 상징한다.

둘째, 주관적인 철학을 갖게 하기 위해 어려서부터 뿌리교육, 철학, 역사, 사상 및 고전교육을 많이 시켜 수직문화의 사람으로 키우는 것이다. 알렉산더 대왕과 거지 철학자의 이야기가 바로 그 예다.

셋째, 이론적 내면적 자긍심을 키움과 동시에 실천적 내면적 자긍심을 키우기 위해 고난의 역사 교육을 시켜야 한다. 그리고 실제 고난을 통한 극기 훈련을 시켜야 한다. 전인교육은 교실에서 가르치는 이론만 갖고 되는 것이 아니다. 실제 고난을 체험하면서 깨달음과 지혜와 인내가 생긴다. 그리고 강인해진다. 남의 아픔을 이해하게 된다. 인생의 철이 든다. 깊이 있는 내면적 자긍심이 생긴다.

고난은 하나님의 교육 방법이다. 욥은 고난 중에도 후에 하나님이 자신에게 주시는 고난의 의미를 깨달았다. "나의 가는 길을 오직 그가 아시나니 그가 나를 단련하신 후에는 내가 정금같이 나오리라. … 그는 뜻이 일정하시니 누가 능히 돌이킬까. 그 마음에 하고자 하시는 것이면 그것을 행하시나니 그런즉 내게 작정하신 것을 이루실 것이라. 이런 일이 그에게 많이 있느니라"(욥 23:10-14).

자녀들을 편하게만 두는 것이 능사가 아니고 어려서부터 신문배달이나 목장에서 가축의 오물 치우기, 농사일 등 힘든 노동을 시켜야 한다. 이것이 자녀들의 자긍심을 높이는 또 다른 방법이다.

B. 외면적 자신감을 높이는 방법

한 인간으로서 온전한 자신감을 가지려면 내면적 마음의 넉넉한 실력뿐만 아니라 외면적인 실력도 함께 갖추어야 한다. 이 세상은 생존경쟁의 사회이기 때문이다. 기본적으로 인간이 살아가려면 빵이 필요하다. 그래서 누구나 자신의 생활은 자신이 책임질 수 있도록 확실한 직업교육을 시켜야 한다. 즉 생활력이 강한 사람으로 키워야 한다. 인심은 쌀독에서 난다고 하지 않았는가? 물론 풍성한 내면적 자신감도 중요하지만 경제적인 여유가 있어야 마음의 여유도 생기는 법이다. 너무 경제적으로 쪼들리면 마음도 조급하고 짜증이 생긴다. 그리고 무기력해지기 쉽다.

그밖에 사회를 이끌 지도자가 되려면 사회가 요구하는 더 높은 수준의 기준을 만족시키는 것이 유리하다. 예를 들어 키가 크거나 잘 생긴 외모와 풍채, 좋은 학벌과 능력, 남보다 우월한 가문, 재력, 명예, 높은 신분 및 권력 등이다. 이것은 밖으로 나타나는 남과 비교되는 경쟁력(Self-Competence)이다. 이러한 자신감의 요인들은 수평문화에 속한다. 따라서 자신의 외면적 자신감(Self-Competence)을 높이려면 유대인처럼 우수한 기능적 전문인으로 키워야 한다.

앞서 소개한 〈월간중앙〉 조사(2006년 8월)에서도 외면적 자신감이 높은 사람이 그렇지 못한 사람보다 긍정적이고 자신감이 높다는 결과가 나왔다. 학력별로 보면 고학력층일수록 현저하게 긍정적 태도를 많이 보였다(고졸 60, 대졸 74.7, 석사 76, 박사 87.1%). 또 대체로 고학력층일수록 스스로 끈기가 있다고 답한 사람이 많았다. 명문고 출신(명문고 82%, 비명문고 73.8%)일수록, 전문직 종사자(71.7%)보다 기업 종사자들(81.7%)이 상대적으로 긍정적이었다. 긍정적 태도는 고소득 기여 요인에 대한 인식과도 관계가 있다. 그리고 자신감은 소득수준과 뚜렷한 관계가 있었다. 소득이 높을수록 매사에 자신감을 느낀다는 사람이 많았다(1억~1억 5천만 원 70.8%, 1억 5천만~3억 원 74.6%, 3억 원 이상 84.4%).

기독교인은 청빈(淸貧)만 강조하거나 무능력하더라도 마음이 착한 것을 덕으로 삼는 경우가 종종 있다. 그것은 잘못된 교육이다. 기독교인도 외면적 자신감(Self-Competence)을 높여야 한다. 그 이유는 4가지로 설명할 수 있다.

첫째, 성도는 이 세상을 살아가는 데 필요한 일용할 양식을 하나님께 구하고(마 6:9-13) 이를 위하여 땀 흘려 노동해야 한다. 따라서 각자의 생업은 대단히 중요하다.

둘째, 하나님의 백성도 이 땅의 사람들과 더불어 살아가고 있다. 따라서 성도는 하나님의 영광을 높이기 위해서라도 이 땅에서 머리가 될망정 꼬리가 되지 않도록 노력해야 한다. 남에게 꾸어 줄망정 꾸지 않도록 노력해야 한다(신 28:12-13). 하나님에게 풍성히 바치기 위해서 일 뿐만 아니라 남을 돕기 위해서도 모든 면에서 실력을 갖추고 여유가 있어야 한다.

물론 성경 말씀대로 정의롭게 살려면 가난하게 살 수밖에 없는 경우도 많다. 그러나 우리는 가난을 무조건 미화해서는 안 된다. 기독교인의 힘을 키우기 위해서 물질도 필요하다. 왜 그런가? "지혜는 힘보다 낫다. 그러나 가난한 자의 지혜는 천시되고 그의 말은 받아들여지지 않기"때문이다(전 9:16).

따라서 물질을 더 벌 수 있는데도 불구하고 일부러 가난하게 살 필요가 없다. 그리고 깨끗한 가난(청빈)을 자랑할 필요는 더욱 없다. 깨끗하게 살아 가난한 사람보다는 깨끗한 부자[청부(淸富)]가 되도록 노력해야 한다. 그리고 마음이 착하여 무능력한 사람이나 가난한 사람보다는 마음은 착하나 똑똑한 부자가 되어야 한다.

남을 돕는 데는 물질만 필요한 것이 아니다. 자신이 갖고 있는 재능(음악이나 미술 등), 또는 전문 분야(의사, 약사, 변호사 등)도 보이지 않는 재산이다. 이왕이면 자신의 재능이나 전문 분야도 개발하여 불쌍한 사람을 돕는 데 사용한다면 하나님께 얼마나 크게 영광을 돌릴 수 있겠는가?

셋째, 인간은 아무리 신앙심이 좋다 해도 인간이다. 하나님의 특별한 사명을 받은 사람을 제하고는 다소의 열등의식은 있게 마련이다. 열등의식은 상대적이기 때문이다. 이 땅에서 사는 동안 내면적 자신감뿐만 아니라 지식과 기능적(IQ)인 외면적 자신감의 조건도 만족시켜 열등의식이 전혀 없다면 금상첨화이지 않겠는가? 물론 자긍심이 높아 외형적인 것을 나타내지 아니하는 겸손이 뒤따르는 조건에서 말이다.

넷째, 하나님은 내면적 자신감을 가진 사람을 쓰시지만 이왕이면 외면적 자신감을 갖도록 훈련받은 사람을 더 크고 넓게 쓰신다. 구약의 모세나 신약의 바울이 그 예이다. 따라서 자녀들이 하나님에게 더 큰 그릇으로 쓰임 받기 위해서는 신앙교육과 아울러 세상 학문도 게을리해서는 안 된다.

결론적으로 자신의 열등의식을 해소하기 위해서는 첫째, 물질, 명예 및 권력과 같은 외면적 조건들에 굴하지 않고 이를 초월할 수 있는 내면적 자신감을 키우는 것이 필요하다. 둘째, 이에 더하여 이웃도 도울 수 있는 그리고 사회에서 지도자가 될 수 있는 외적 조건들을 개발하여 외면적 자신감을 키우는 것이 필요하다. 자신의 유익보다는 하나님의 영광을 위해서다.*

---

* 더 자세한 것은 저자의 《자녀들아 돈은 이렇게 벌고 이렇게 써라(유대인 아버지의 경제교육)》 (동아일보, 2007) 참조.

C. 인성교육 원리
현실 적용 문제와 유대인의 외면적 자신감 성취도 통계

1) 현실 문제 질문

질문 1: 왜 1930년대나 1940년대에 태어난 분들은 대부분 수직문화가 강한데도 현실의 생활에서 어려움을 겪을 수 있는가?

답 1: 그 이유는 대부분 그들은 정신력이나 세상을 사는 사고방식(내핍생활, 근면, 예의, 지구력 등) 및 지혜교육은 젊은 사람보다 잘 훈련되어 있지만, 즉 내면적 자신감은 잘 되어 있으나 외면적 자신감인 현대 학문과 현대 과학(IQ교육)을 충분히 교육받지 못 했기 때문에 현대 사회의 경쟁에서 뒤지기 쉽다. 다른 말로 표현하면, 지혜교육은 잘 되어 있지만 지식(IQ)교육이 약하다. 컴퓨터로 얘기하면, 하드웨어는 충분한데 소프트웨어가 부족한 것이다. 반면 젊은이들은 소프트웨어(IQ교육)는 충분한데 하드웨어(지혜교육)가 약하다고 하겠다. 이상적인 교육은 어른들의 하드웨어와 젊은이들의 소프트웨어를 균형 있게 함께 가르치는 교육이다.

질문 2: 성공적인 삶을 살기 위한 자녀교육의 대안은 무엇인가?

답 2: 부모가 유대인처럼 자녀들에게 수직문화 교육으로 강한 정신력이나 세상을 사는 사고방식 및 지혜교육을 먼저 시키되 세상 학문이나 현대 과학도 병행해야 한다. 뿐만 아니라 평생 살아가면서 자신의 생업(직업)에 필요한 첨단지식을 그때그때 익히고 또한 필요한 것이 있으면 이를 창조할 수 있는 능력을 갖도록 훈련해야 한다(예: 컴퓨터, 현대 지구촌 상식 및 각자 자신의 첨단 전공 분야 등).

2) 유대인의 외면적 자신감 성취도 통계

유대인은 역사적으로 내면적 자신감이 가장 높은 민족이다. 전 세계에 흩어져 살면서도 약 4200년간 자신들의 전통과 토라를 지킨 것이 그 증거다. 그들은 외면적 자신감도 세계에서 가장 높다. 각 인종 중 전문직 계통에 가장 많이 종사하는 민족이 유대인이다(예: 의사, 변호사, 과학자 및 언론인 등). 그들의 성공 사례가 너무 많아 2000년부터 정부는 그들의 성취도를 공개하지 않고 있다. 뿐만 아니라 유대인의 범죄율도 각 인종 중 최하위다.

미국에 거주하는 유대인의 1년 수입과 일류학교 진학률은 타인종과 비교하여 어떠한가? 1988년도의 통계에 의하면, 미국의 연평균 수입 4만 달러(한화 약 5천만 원) 이상의 사람들 중 유대인 평균 수치가 47이라면 미국인 평균은 25로 유대인이 미국인보다 1.85배 더 많다. 반면 미국의 연평균 수입 2만 달러(한화 약 2500만 원) 이하의 사람들 중 유대인 평균 수치가 10이라면 미국인 평균 수치는 29로 미국인이 유대인보다 2.95배 더 많다. 다음 〈로스앤젤레스 타임스〉의 통계는 유대인의 연평균 수입이 얼마나 높은지를 보여준다(다음 표 참조).

미국 유대인의 대학 진학률은 어떠한가? 그리고 어떤 수준의 대학에 집중되어 있는가? 미국의 상위 15개 대학의 재학생 중 21%가 유대인이다. 예일대 및 하버드대의 경우 각각 30%와 27%가 유대인이다. 미국

유대인과 미국인의 연평균 수입 비교

수입	유대인 평균 수치	미국 평균 수치	비율
$20,000 이하	10	29	−2.95
$20–$40,000 사이	23	35	−1.55
$40,000 이상	47	25	1.85
평균	$37,000	$31,000	1.19

출처_ Los Angeles Times, Annual Income, Americns vs. Jews. April 13, 1988, p. 14

미국의 상위 15개 대학의 유대인과 백인 비율

학교 이름	등록인수	전체 백인%	백인수	유대인수	유대인%	#W-GEN	W-GEN
YALE	10000	67	6700	30000	30	3700	37
PRINCETON	5700	70	3990	800	14	3190	56
HARVARD	16700	45	7515	4500	27	3015	18
DUKE	9500	72	6840	1500	16	5340	56
MIT	9800	48	4704	875	09	3829	39
STANFORD	14000	50	7000	2000	14	5000	36
DARTMOUTH	5270	57	3004	500	09	2504	47
BROWN	7100	67	4757	1600	23	3157	44
CALTECH	2050	56	1148	100	05	1048	51
NORTHWESTERN	10000	68	6800	2000	20	4800	48
COLUMBIA	19000	58	11020	6000	32	5020	26
CHICAGO	8500	60	5100	1350	16	3750	44
PENN	22800	60	13680	7000	31	6680	29
CORNELL	18500	67	12395	3000	16	9395	51
HOPKINS	4400	65	2860	800	18	2060	47
TOTALS	163320		97513	35025	21	62488	38

보기_ #W-GEN: 순수 백인 수(히스팩닉 포함 안됨, W-GEN: white gentiles)
　　　#W-GEN%: 순수 백인 백분율(히스팩닉 포함, W-GEN: 안됨, white gentiles)

전체 인구 비율 2.4%에 비하면 엄청나게 높은 비율이다(표 참조).*

3) 왜 종교에 따라 외면적 자신감 성취도가 다른가

종교교육이 자녀들의 삶에서 내면적 자신감뿐만 아니라 외면적 자신감에까지 얼마나 중요한 영향을 미치나? 그 연구 결과가 미국에서 발표되어 주목받고 있다. 개신교와 가톨릭 및 유대교 신자들을 표본으로 '신앙과 부(富)의 상관관계'를 연구했다.

오하이오 주립대(OSU)의 최신 종교 관련 조사에 따르면, 미국 개신교 주류 교단과 가톨릭 신자들의 평균 연봉(4만 8200달러)은 일반인들과 비슷한 중산층인 반면, 개신교 보수파는 절반 수준(2만 6200달러)에 머물고 있다. 이에 비해 유대계 미국인들은 일반인들의 3배(15만 8900달러)나 된다. 이 보고서는 "자녀들이 가족에게서 배우는 종교 신앙은 교육 수준, 직업, 재정력, 사회 대인 생활 등 부의 수준을 좌우하는 요소들에 직결된다."고 결론지었다. 또 교인들은 자기 신앙에서 배운 도구를 갖고 저축과 투자, 소비의 전략을 키우는 것 같다며 종교의 종류에 따라 도구도 다양하다고 분석했다. 조사 담당자 리사키스터 부교수(사회학)는 "신앙 효과는 유산과 교육에 골고루 영향을 미친다."며 "특정 교파 배경은 특히 더 그렇다."고 평가했다.

---

* 미국 전체 인구 중 흑인은 12%, 히스패닉 9%, 아시아인 3%다. 백인이 75%인데 그 중 유대인의 2.4%가 포함되어 있으므로 비히스패닉(non-hispanic white gentiles) 백인들은 73%다. (www.arthurhu.com, Arthur Hu's Jewish Statistics Page, courtesy of the Hillel Guide, 1990년).

약 5천 명의 대상자에 관한 연방 노동통계청-OSU 공동조사 자료를 참조한 이 연구에 의하면 유대인들 가정에서 가르치는 재정 원리는 개신교 보수파 신자 가정의 그것과는 판이하게 차이가 있다고 밝혔다. (그리스천 투데이, *신앙이 부의 수준 '좌우'*, 유대계 미국인 일반인보다 *3배 누려*, 2003년 10월 15일)

이 통계는 가정에서 종교교육을 어떻게 시키느냐에 따라 자녀들의 교육 수준이나 물질의 소득차가 있다는 것을 보여준다(물질의 소득은 교육 수준과 정비례되기 때문이다. 위의 유대인 통계 참조). 각 종교에 따른 연간 소득은 유대교가 단연 제일 높고(일반인들의 3배), 그 다음이 개신교 주류 교단과 가톨릭 신자들(일반인들과 유사), 그리고 개신교 보수파는 제일 하위(일반인의 절반 수준)다.

그 이유는 한국이나 미국이나 소위 신앙이 좋다는 개신교 보수파들의 특성에서 찾을 수 있다. 그들은 눈에 보이지 않는 하나님 나라를 강조하기 때문에 이 세상 일에 소극적이기 쉽다. 이 세상의 삶은 천국을 향해 가는 나그네 생활로 여긴다. 그러다보니 사회 참여에도 소극적이고, 타종교인과의 대인관계에도 약하다. 그리고 교회나 가정에서 부를 강조하는 것이 아니라 청빈을 많이 가르친다.

그렇다면 바람직한 자녀교육은 무엇인가? 물론 학벌이 높고 부유하다고 반드시 행복한 것은 아니지만, 가능하다면 기독교인도 유대인처럼 교육이나 직업에서 전문직을 택하게 하고, 청빈이 아닌 '청부'를 가르쳐야 한다. 세상에서 머리가 될망정 꼬리가 되지 않도록 가르쳐야 한다. 그렇게 해야 그들도 내면적 자신감뿐만 아니라 외면적 자신감도 함께 높아질 수 있다. 그리고 더 힘차게 행복한 삶을 살 수 있을

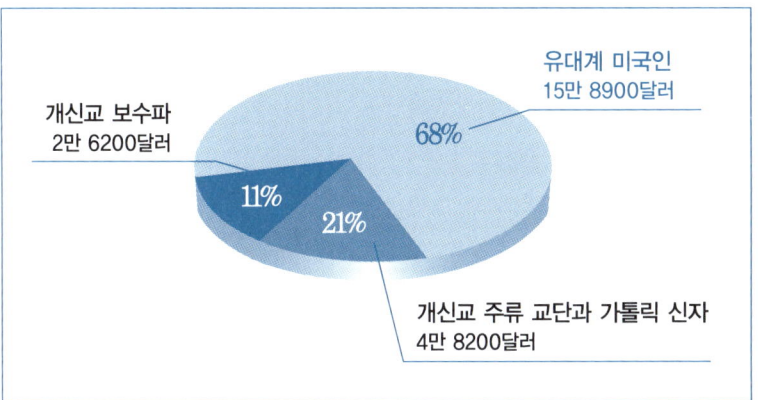

출처_ 미국 오하이오 주립대 '신앙과 부의 상관관계' 조사(2003년 10월 15일).

뿐만 아니라 그 힘으로 세상을 올바르게 변화시킬 수 있다. 신앙이 좋다고 하여 결코 사회와 폐쇄적이어서는 안 된다.

아랍권 이슬람과 유대인의 유대교와 비교해 보자. 이슬람 신도들의 종교적 내면적 자신감은 결코 유대인에 뒤지지 않는다. 그런데 그들의 외면적 자신감 성취도는 어떠한가? 이슬람 지도자 마하티르 모하마드(Mahathir Mohamad) 말레이시아 총리의 말을 들어보자.

지구촌 57개 이슬람국과 13억 명 이슬람 신도를 대변하는 이슬람회의기구(OIC) 회원국 정상들이 16일 말레이시아 행정수도인 푸트라자야에 집결해 이라크와 중동문제를 놓고 이틀간의 논의를 시작했다. 9·11테러 이후 최대 규모의 이슬람권 회의다. 이날 회의 개막식에서 마하티르 모하마드 말레이시아 총리는 "600만 명에 불과한 유대인이 세계를 지배하고 있지만 결국 13억 인구의 이슬람인이 두뇌와 힘으로 그들을 패퇴시킬 것"이라며 이슬람권의 단결과 단합을 촉구했다(동아일보, 이슬람 뭉치나, 美-이 긴장…말聯 57개국 정상회의 개막, 2003년 10월 16일, Washington Post, Malaysia Prime Minister Warns Jews' Influence, 2003년 10월 16일).

지구촌 57개 이슬람국과 13억 이슬람 신도가 이스라엘의 600만 명 유대인을 당하지 못하는 이유가 무엇인가? 게다가 아랍권의 영토는 중동아시아, 아시아 및 아프리카 등 엄청나게 큰 데 비해 이스라엘 영토는 한국의 강원도 크기에 불과하다. 원인은 잘못된 종교교육에 있다. 이슬람 종교가 내면적 자신감 교육만 강조하고 외면적 자신감 교육을 소홀히 하거나 하지 않고 있기 때문이다. 이는 종교에 따라 얼마나 큰 외면적 자신감 성취도가 다른가를 보여준다.

이슬람도 자유민주주의 사회나 국제사회에 폐쇄적이기보다는 열린 마음과 열린 교육을 시켜야 한다. 그리고 이스라엘과 맞서는 방법도 테러가 아닌 말레이시아 총리의 말처럼 두뇌와 정당한 힘이어야 한다. 테러가 결코 정당한 힘, 즉 외면적 자신감일 수는 없다.

물론 신앙생활에 열심이면서 공부도 잘하고 돈도 잘 벌기는 참으로 힘들다. 해야 할 일은 많은데 시간은 제한되어 있다. 그렇다면 유대인은 어떻게 모든 것들을 성공적으로 해낼 수 있는가? 그것은 유대인이라는 인종 때문이 아니고 유대인의 특수한 교육 때문이다.*

---

* 자세한 내용은 '유대인의 아버지 교육'을 참조.

왜 57개 이슬람국과 13억 인구의 이슬람 신도가
이스라엘의 600만 명 유대인을 당하지 못하는가?
그것은 이슬람 종교가 내면적 자신감 교육만 강조하고
외면적 자신감 교육을 소홀히 하거나 모르고 있기 때문이다.
이는 종교에 따라 외면적 자신감 성취도가
얼마나 크게 다른가를 보여준다.

4. 전인교육의 내용, 시기 및 교육량

자녀에게 어떻게 효과적인 전인교육을 시킬 것인가? 전인교육의 내용은 무엇이고, 어느 시기가 좋으며, 그때 어느 정도의 교육량이 필요할까? 이해를 돕기 위해 전인교육을 3가지-첫째 양호한 전인교육, 둘째 잘못된 전인교육, 셋째 이상적인 전인교육(유대인의 모델)-로 나누어 설명하겠다.

먼저 양호한 전인교육을 위해 심리학적 측면에서 전인교육의 내용을 알아보자. 심리학적 측면에서 전인교육이란 내면적 자신감 교육에 외면적 자신감 교육을 더한 것이다. 따라서 전인교육의 내용은 크게 둘로 나눌 수 있다. 내면적 자신감 교육과 외면적 자신감 교육의 내용이다.

먼저 내면적 자신감 교육의 내용은 무엇인가? 무슨 교육을 자녀에게 시켜야 심리적, 철학적 및 종교적인 자신감을 강하고 높게 할 수 있을까? 내면적 자신감 교육의 내용은 인성교육의 내용이다. '인성'이란 '도덕적 인격을 형성하는 내면적 성품, 성질 혹은 성격 및 강한 의지'를 말한다. 그리고 이 내면적 인성은 외면적 착한 행실로 표현되어야 한다. 그러므로 '인성교육'이란 '도덕적 인격을 형성하는 내면적 성품, 성질 혹은 성격 및 강한 의지를 계발하고 이를 외면적 착한 행실로 나타나게 하는 교육이다'라고 말할 수 있다. 인성교육을 잘 받은 사람을 '인격자' 혹은 '인품이 좋은 사람'이라고 말할 수 있다.

인성이 균형 있게 잘 발달되려면 다음 5가지 교육이 필요하다. 첫째 신앙교육, 둘째 EQ교육, 셋째 수직문화 교육, 넷째 효도교육, 다섯째 고난의 역사 교육 등이다. 왜 그런가? 그 이유는 각 해당 항목의 각론을 참고하기 바란다.

두 번째로 외면적 자신감 교육의 내용은 무엇인가? 무슨 교육을 자녀에게 시켜야 좋은 학벌과 능력, 재력, 명예, 높은 신분 및 권력을 성취할 수 있을까? 외면적 자신감 교육의 내용은 세상 학문이다. 여기에 하나 더한다면 체력 단련이다. 외면적 자신감 교육의 내용은 첫째 IQ 계발, 둘째 지식 및 전문교육, 셋째 체력 단련 등이다.

양호한 전인교육을 위해 내면적 자신감 교육과 외면적 자신감 교육을 연령에 맞게 그리고 교육량을 잘 조절해야 한다(도표 '양호한 전인교육' 참조). 자녀가 어릴수록 인성교육 위주로 가르치며 내면적 자신감 교육에 치중해야 한다. 그렇게 해야 자녀의 인성이 뿌리를 내리며 자긍심이 높아질 수 있다. 깊이 있는 사람이 될 수 있다. 그리고 그 터(혹은 그릇) 위에 서서히 조금씩 외면적 자신감 교육인 세상 학문을 함께 가르쳐야 한다. 분명한 것은 인간을 뿌리 깊은 나무로 키우기 위한 인성교육은 죽을 때까지 중단해서는 안 된다는 사실이다. 특히 어릴수록 집중적으로 선악을 알게 하고 남을 배려할 줄 아는 인성교육에 치

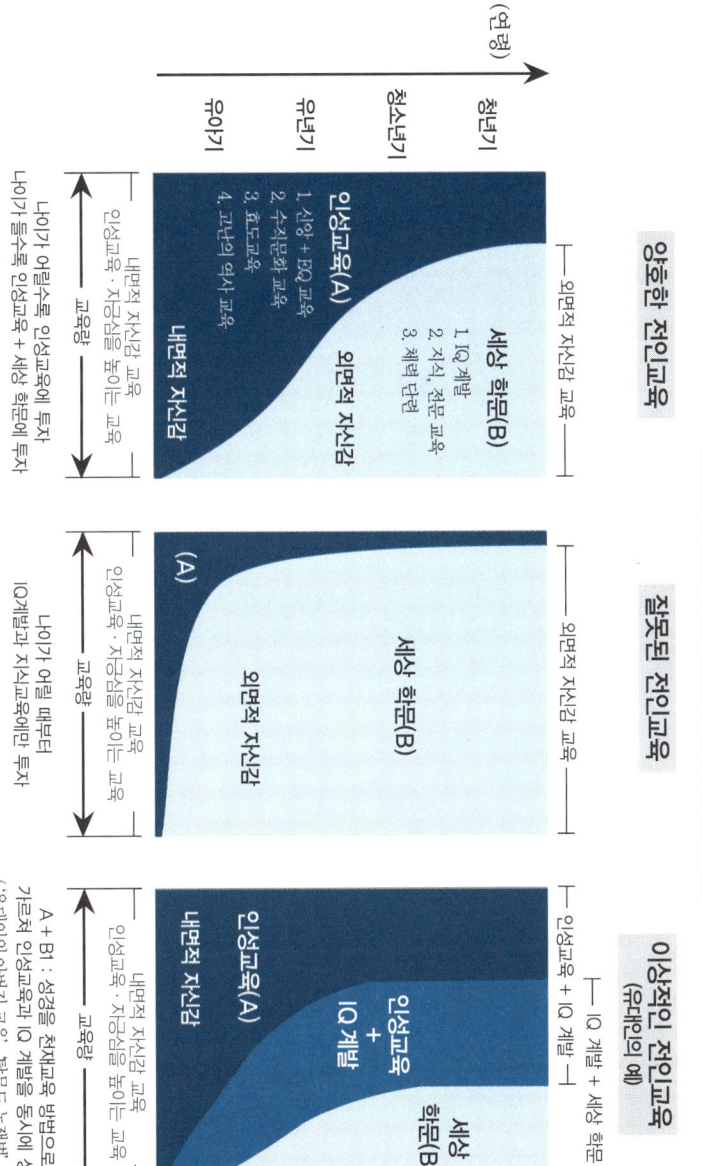

중해야 한다.

　현재 대부분의 한국 부모들이 왜 잘못된 전인교육을 시키고 있는가? 도표('잘못된 전인교육' 참조)에서 보듯이 자녀들이 어릴 때부터 인성교육은 거의 안 시키고 외면적 자신감 교육을 위해 학원이나 학교에만 맡기기 때문이다. 그 결과 자녀들은 수평문화에 물들어 인성이 파괴되고 내면적 마음이 공허하여 남에게 보이기 위한 외면적 조건에만 관심을 갖게 된다. 머리카락을 노랗게 혹은 붉게 물들이고, 누가 좋은 휴대전화를 사면 자신의 형편에 관계없이 그것을 꼭 사고야 만다.

　〈중앙일보〉의 조사에 의하면, 2002년 한국의 화장품 시장은 1인당 색조 메이크업 사용 개수 세계 1위, 1인당 총 화장품 사용 개수 3위, 화장품 시장 규모 10위 등 세계적인 규모다. 또한 20대 한국 여성 35%가 성형 수술을 희망하고 있다(중앙일보, 실력보다 외모 집착해서야…, 2002년 9월 9일). 왜냐하면 인성교육을 제대로 시키지 않아 내면적 자신감이 약하기 때문이다.

　이상적인 전인교육은 무엇인가? 유대인의 모델을 들 수 있다(도표 '이상적인 전인교육' 참조). 그들은 어려서부터 내면적 자신감 교육의 주된 내용이 성경인데 이를 다양하게 그리고 엄청나게 시킨다. 그 안에 5가지 교육의 내용인 첫째 신앙교육, 둘째 EQ교육, 셋째 수직문화 교육, 넷째 효도교육, 다섯째 고난의 역사 교육 등이 모두 포함된다.

　유대인 교육이 더 이상적인 것은 성경 공부 방법에 있다. 아버지 중심의 질문식이나 탈무드 논쟁법을 통해 자녀의 IQ가 타민족에 비해 상당히 빠르게 계발된다는 사실이다(도표의 A+B1 참조). 즉 그들은 성경을 천재교육법으로 가르쳐 인성교육과 IQ계발을 동시에 성취한다. 그리고 뿌리 깊은 인성교육과 IQ계발에다 나이가 들면서 서서히 세상 학문을 가르친다.

　유대인과 이방인의 양쪽 교육을 경주에 비유해 설명한다면, 유대인 자녀들은 초등학교에 들어가기 전에 이방인 자녀들보다 이미 100미터 전방에 서서 경기에 임하는 식이다. 그뿐인가? 그들은 이미 계발해 놓은 독특한 IQ 덕에 뛰면서 가속도가 붙는다. 그 가속도는 학년이 올라갈수록 더하다. 미국의 우수 대학인 하버드, 예일, 스탠퍼드, NYU 및 컬럼비아 등의 법대나 의대에 유대인의 수가 약 40~50%를 넘는 이유가 여기에 있다.

　한국의 자녀들이 하루에 3~4시간만 자고 공부하는데 왜 국제사회에서 유대인에게 뒤지는가? 그 이유는 노력이 뒤지는 것이 아니라 학습 방법이 나쁘기 때문이다. 얼마나 큰 손실인가? 앞으로 이 책을 공부하면 자연스럽게 유대인의 천재교육 방법도 터득하게 된다.

유대인과 이방인의 교육을 경주로 비유한다면,
유대인 자녀들은 초등학교에 들어가기 전에
이방인 자녀들보다 이미 100미터 전방에 서 있는 격이다.
또한 이미 계발해 놓은 독특한 IQ 덕에 뛰면서도 가속도가 붙는다.
한국의 자녀들이 유대인에게 뒤지는 이유는 학습 방법이 나쁘기 때문이다.

미국 동부 강연에서 만난 한국인 교수의 고백

양 교수(65세)는 유대인 교수들 틈에 끼어 25년간 교수 생활을 한 분이다. 그의 실화를 들어보자. 자신은 한국의 명문 K고를 수석 졸업하고 서울대 전기과를 수석 합격한 한국의 천재였다.

한국에서 대학을 졸업하지 않고 중간에 미국 대학으로 유학 와서 1학년부터 다시 공부했다. 처음 1~2학년 때는 미국 공부가 너무 쉬워 계속 A학점만 받았다. 공식대로 혹은 외워 쓰면 되기 때문이다.

그런데 3학년으로 올라가면서 더 높은 단계의 전공과목을 공부하며 절망하기 시작했다. 문제를 약간만 바꾸어 응용문제가 나오면 풀기 힘들었다. 너무나 힘들어서 포기하고 싶은 생각이 간절했다.

그런데 자신을 주시하는 주위 사람들 때문에 죽을힘을 다해 공부를 마쳤다. 그리고 그때 함께 공부한 유대인의 천재성에 놀랐다. 그는 이렇게 결론을 맺었다.

"한국의 K중, K고등학교는 천재를 데려다가 둔재를 만드는 학교입니다."

II. 수직문화와 수평문화가 인성(종교성)의 토양에 미치는 영향

1. 수평문화가 인성(종교성)의 토양에 미치는 부정적 영향: 길가 · 돌밭 · 가시떨기의 종교성 토양

"교수님! 저는 30년간 교회학교 교사를 했는데 이제 더 가르치고 싶은 생각이 없습니다."

"왜 그러시죠?"

"제가 1960~1970년대에는 열심히 기도하고 공과 준비를 잘하여 어린 초등학생들에게 가르치면 애들이 은혜를 받아 죄를 회개하며 울기도 하며 무릎 꿇고 기도해 달라고 했습니다. 그리고 예수님을 믿기도 쉬웠습니다. 그런데 요즘 아이들은 복음을 전해도 잘 경청하지 않고, 설사 듣는다 해도 감격하는 빛이 없고 맹숭맹숭합니다. 머리는 똑똑한 것 같은데 말씀에 은혜를 못 받고 마음의 결단 같은 것이 부족합니다. 너무 약아서 어린이가 어린이답지 않습니다."

1997년 여름에 부산의 한 교회학교 교사 강습회에서 모 장로님에게서 들은 얘기다. 왜 그런가? 실제로 〈부흥회가 교인의 신앙생활에 미치는 영향〉의 연구 결과에서도 부흥회를 통해 헌금 생활에 변화가 생기는 비율은 나이가 어릴수록 낮아지고 있다는 사실이 확인됐다(20세

미만 16.4%, 20대 21.6%, 30대 31.1%, 40대 34.6%, 50대 36.3%, 60대 이상: 48.6%)(김우영. 2003년 7월 6일, p. 3).

그 이유는 자녀들의 마음밭이 나쁘게 변질되어 부흥회 시간에 어른들보다 은혜를 적게 받기 때문이다. 왜 자녀들의 마음밭이 나쁘게 변질되었나?

첫째, 수평문화의 영향을 받았기 때문이다.

둘째, 수직문화적 사상이나 EQ(감성 지능) 위주의 교육 없이 IQ 위주의 교육만 시켰기 때문이다. 그 결과 자녀들의 마음밭이 길가나 돌밭이 되었다. 돌밭이 된 자녀들의 특성은 무엇인가? 우선적으로 나타나는 것이 불순종이다. 가정에서 자녀가 부모에게, 학교에서 학생이 선생에게 그리고 사회에서 어린이가 어른들에게 순종하지 않고 반항한다.

> 그 때에 너희가 그 가운데서 행하여 이 세상 풍속을 좇고 공중의 권세 잡은 자를 따랐으니 곧 지금 불순종의 아들들 가운데서 역사하는 영이라. (엡 2:2)

이 세상 풍속을 좇는 불순종의 자녀들은 자기들끼리의 또래문화를 선호하고 어른 세대를 싫어한다. 가정이나 학교에서 어른들이 수직문화적 옳은 가치(교훈)들을 가르치려 하면 우선적으로 반항한다. 깊게 생각하려 들지 않는다. 옛것은 무조건 자신에게 맞지 않는 것이라고 생각한다. 세대차이가 너무 많이 나서 어른들과 있으면 매우 불편해한다. 그래서 더 이상 옳은 교육의 훈련을 할 수가 없다. 현대 부모들이 겪는 고통이 바로 이것이다.

여기에서 '마음밭'은 무엇인가? 인성교육 측면에서는 '인성의 토양(the character soil)' 그리고 종교심리학적 측면에서는 '종교성 토양(the religious soil)'이라고 볼 수 있다. 저자주 이 항목에서는 편의상 주로 '인성의 토양' 대신에 '종교성 토양'으로 표기한다. 이 종교성 토양은 복음을 받기 이전 인간의 마음밭을 말한다.

예수님은 '씨 뿌리는 자의 비유'(마 13:3-7, 18-23; 막 4:1-25; 눅 8:4-15)에서 4가지 마음을 4가지 밭으로 비유하셨다. 하나님의 말씀을 씨앗으로, 인간의 마음은 씨를 받아들이는 마음의 밭으로 비유하셨다. 이를 바탕으로 4가지 종교성 토양에 대해 설명해 보자.

① 길가
② 돌밭
③ 가시떨기
④ 옥토(좋은 땅)

여기에서 하나님의 말씀은 우선 예수님의 말씀인 구원에 필요한 복음을 말한다. 물론 예수님께서 말씀하신 4가지 종교성 토양의 특성은 예수님을 구주로 영접하여 기독교인이 된 이후 성화의 단계에도 적용될 수 있다.

> 그런즉 씨 뿌리는 비유를 들으라. 아무나 천국 말씀을 듣고 깨닫지 못할 때는 악한 자가 와서 그 마음에 뿌리운 것을 빼앗나니, 이는 곧 길가에 뿌리운 자요. 돌밭에 뿌리웠다는 것은 말씀을 듣고 즉시 기쁨으로 받되 그 속에 뿌리가 없어 잠시 견디다

토양이 좋으면 벼농사가 잘 되어 30배, 60배, 100배의 열매를 맺지만 토양이 나쁘면 아무리 좋은 씨를 심어도 싹이 나기도 힘들거니와 자라서 열매를 맺기는 더 힘들다. 인간도 마음의 토양이 좋아야 복음의 씨를 받아 싹이 나서 구원받고 열매도 잘 맺는다.

가 말씀을 인하여 환난이나 핍박이 일어나는 때에는 곧 넘어지는 자요, 가시떨기에 뿌리웠다는 것은 말씀을 들으나 세상의 염려와 재리의 유혹에 말씀이 막혀 결실치 못하는 자요, 좋은 땅에 뿌리웠다는 것은 말씀을 듣고 깨닫는 자니 결실하여 혹 백 배, 혹 육십 배, 혹 삼십 배가 되느니라. (마 13:18-23)

길가 마음밭, 돌밭 마음밭, 가시떨기 마음밭과 옥토(좋은 땅)의 마음밭은 각각 무엇을 의미하는지 알아보자.

A. 길가의 마음밭:
마음밭이 굳어져 말씀을 깨닫지 못하는 사람

"천국 말씀을 듣고 깨닫지 못할 때는 악한 자가 와서 그 마음에 뿌리운 것을 빼앗는다"(마 13:19). 왜 깨닫지 못하는가? 길가는 사람들의 발길에 밟혀 굳어진 땅, 즉 인간의 굳어진 마음을 뜻한다. 눈물과 사랑(EQ) 없는 메마른 강퍅한 마음이다. 자아가 강하고 고집이 세다. 이런 사람의 귀에 하나님의 말씀이 들릴 리가 없다. 이사야가 말한 대로 듣기는 들어도 깨닫지는 못하는 자들이다(사 6:9-10).

왜, 어떤 사람들이 길가 마음밭을 소유하는 자들인가? 즉 어떤 사람들이 마음이 굳어, 듣기는 들어도 깨닫지는 못하는가? 대략 세 부류로 나눌 수 있다.

첫째, 인생의 재미를 찾는 수평문화, 즉 물질, 권력, 명예 및 유행 등 "육신의 정욕과 안목의 정욕과 이생의 자랑"(요일 2:16)에 취해 있어 하나님의 신령한 말씀에 무관심한 사람들이다.

둘째, 세상 학문을 많이 배워 엘리트 의식이 강하여 교만하기 쉬운 사람들이다. 현대 학문과 현대 과학 등 인간의 학설이나 인본주의의 세상 철학으로 꽉 차 있어 굳어진 마음에는 자기주장이 강해 하나님의 말씀이 들어올 여유가 없다. 자기가 믿는 지식이 하나님을 대신하기 때문이다. 이런 사람들은 개인주의와 이기주의가 심하고, 자기 의(self-righteousness)가 강하다.

셋째, 예수님 당시 율법의 정신인 사랑은 없으면서 율법의 형식을 지나치게 강조하는 율법주의자나 형식주의자들도 여기에 포함된다. 그들은 종교인이라는 모양은 있으나 내면의 세계는 썩은 사람들이다. 예수님께서는 길가 마음밭 토양을 세 번째 부류를 겨냥하여 말씀하셨을 것이다. 왜냐하면 당시 예수님을 가장 괴롭힌 사람들이 종교를 자신의 사회적 및 공리적 유익을 위하여 이용한 바리새파 율법주의자들이었기 때문이다.

이런 사람들은 강한 자아를 깨뜨리기 힘들어 성령님을 모시기 힘들다. 때문에 말씀을 깨닫기도 힘들다. 길가의 굳어진 마음밭에는 천국 말씀이 뿌려졌다 해도 그 뜻을 깨닫지 못한다. 그리고 천국 말씀의 비밀을 깨달으려고 노력도 하지 않는다. 그 사이에 새가 길가에 뿌려진 씨앗을 먹어치우듯 악한 자가 와서 그 마음에 뿌리운 진리의 말씀을 빼앗아 간다. 이런 사람에게는 남을 긍휼히 여기는 마음(EQ)을 갖고 남을 위하여 겸손히 살 수 있는 품성교육이 필요하다.

B. 돌밭의 마음밭:
뿌리가 없어 빨리 뜨거워지고 빨리 식는 사람

"말씀을 듣고 즉시 기쁨으로 받되 그 속에 뿌리가 없어 잠시 견디다가 말씀을 인하여 환난이나 핍박이 일어나는 때에는 곧 넘어지는 자이다"(마 13:20-21). 왜 그 속에 뿌리가 없는가? 흙이 얕은 돌밭에서는 흙이 깊지 않기 때문에 뿌리가 깊게 자랄 수 없다. 따라서 말씀을 뿌릴 때 곧 싹이 나오나 뿌리가 없으므로 해가 돋은 후에 타져서 마른다(막 4:5-6).

돌밭 마음을 가진 사람은 어떤 종교성 토양을 갖고 있는가? 사람이 단순하다. 천박하고 감정의 지배를 받는 사람들이다. 빨리 뜨거워지는 돌밭의 마음밭은 또 빨리 식기도 한다(박윤선, 1993, 마태복음 주해, p. 214). 따라서 은혜를 쉽게 받지만 또한 쉽게 쏟기도 한다.

육에 근거한 수평문화, 즉 일시적인 표면문화에 물든 사람은 충동적이며 열정적이다. 주위 환경에 영향을 잘 받는다. 이런 사람은 감성(EQ)이 풍부하고 단순하여 말씀을 듣고 즉시 기쁨을 누리다가도 환난이나 핍박이 올 때에는 곧 넘어진다. 잠깐 예수님을 믿다가 시험을 받을 때에 뿌리가 약하여 배반한다(눅 8:13). 왜 그런가? 감성(EQ)은 있을지라도 인생의 의미를 찾는 뿌리 깊은 수직문화가 약하기 때문이다. 인성의 뿌리가 약하기 때문이다. 눈에 보이지 않는 정신 세계가 약하면 환난이나 핍박뿐만 아니라 쾌락적인 수평문화의 유혹에도 잘 넘어간다.

이런 사람에게는 뿌리 깊은 수직문화 교육을 더 시켜서 의지력과 인내력을 키워야 한다. 수직문화 중에서 고전과 함께 지혜교육도 필요하다. 그럴 때 선악 간의 분별을 더 잘하게 되어 수평문화의 유혹도 물리칠 수 있다. 의지력과 인내를 키우는 고난의 역사 교육도 필요하다.

C. 가시떨기의 마음밭: 마음은 착하나 세상 걱정과
재물과 현세의 쾌락에 약한 사람

"말씀을 들으나 세상의 염려와 재리의 유혹에 말씀이 막혀 결실치 못하는 자다"(마 13:22). "(말씀의) 씨가 가시덤불에 떨어졌다는 것은 말씀을 듣기는 하였지만 살아가는 동안에 세상 걱정과 재물과 현세의 쾌락에 눌려 열매를 제대로 맺지 못하는 사람들이다"(공동번역, 눅 8:14).

가시떨기 마음밭의 종교성 토양은 착한 심성도 있고 어느 정도의 수직문화도 있어 비교적 좋은 마음을 갖고 있다. 그러나 수직문화가 약하여 내면적 자신감이 부족하다. 자긍심(self-esteem)도 약하며 의지력과 인내력이 부족하여 수평문화의 유혹에 넘어가기 쉽다. 따라서 하나님과 세상 사이에서 갈등하다가 세상에 기울어 끝내 열매를 맺지 못한다.

예수님은 가시떨기 마음밭을 "(밭이 비옥하여) 말씀의 씨가 뿌려지면 뿌리가 깊게 내리고 싹이 나서 자라 모두 좋을지라도 가시가 자라 싹의 기운을 막아 마지막에 결실을 하지 못하는 토양이다"(막 4:7)라고 설명하셨다. 여기에서 신앙생활의 가시는 무엇인가? 수평문화인 세상 걱정과 재물과 현세의 쾌락을 뜻한다(눅 8:14). 가시떨기 마음밭을 가진 사람은 수평문화 즉, "육신의 정욕과 안목의 정욕과 이생의 자랑"(요일 2:16)에 약한 사람이다. 마음은 착할지라도 강한 의지력이 없고 인내심이 약하다. 그리고 선악의 분별력이 약하다. 이런 사람은 신앙생활은 잘 하는 것 같은데 열매를 맺기가 힘들다.

이런 사람들은 두 번째 돌밭 마음밭의 사람보다는 나은 편이지만, 그래도 뿌리 깊은 수직문화 교육을 더 받아 의지력과 인내력을 키워야 한다. 그럴 때 선악의 분별을 더 잘하게 되어 수평문화(가시)의 유혹도 물리칠 수 있다. 이들에게 의지력과 인내를 키우는 고난의 역사 교육도 필요하다.

D. 옥토(좋은 땅)의 마음밭:
착하고 좋은 마음으로 인내하여 열매 맺는 사람

"좋은 땅에 있다는 것은 착하고 좋은 마음으로 말씀을 듣고 지키어 인내로 결실하는 자다"(눅 8:15). "말씀을 듣고 깨닫는 자니 결실하여 혹 백 배, 혹 육십 배, 혹 삼십 배가 된다"(마 13:23). 옥토(좋은 땅)의 마음밭은 이상적인 종교성 토양이다.

어떤 마음밭이 예수님께서 말씀하시는 옥토의 마음밭인가? 예수님께서 누가복음 8장 15절에 "좋은 땅에 있다는 것은 착하고 좋은 마음(a noble or honest and good heart)으로 말씀을 듣고 지켜 인내(with patience)로 결실하는 자다"라고 설명하셨다. 즉, '착하고' '좋은 마음' 과 '인내'로 결실하는 자다. '착하고'는 착한 마음(a good heart)을 말한다. '좋은 마음(a noble heart)'은 '고상한 마음' 즉, '고상한 가치를 가진 깊은 마음'을 말한다. '고상한 가치'란 무엇인가? 사람의 내면세계를 깊고 강하게 해 주는 수직문화의 가치이다. 동양의 양반교육의 내용인 신언서판의 가치이다. 그리고 열매를 맺기 위해서는 '인내' 하는 마음이 필요하다. 옥토란 EQ의 마음과 뿌리 깊은 수직문화의 마음을 가진 사람이다. 이런 사람은 '착한 심성'과 '깊은 생각' 그리고 '강한 의지'를 겸비한 사람이다. 인성교육과 전인교육이 고루 잘 된 사람이다.

옥토의 마음밭을 가진 사람은 심성이 착하여 하나님의 말씀을 받으면 뿌리가 깊게 내리고 싹도 나고 잘 자라서 꽃도 핀다. 그리고 인내하여 열매도 잘 맺는다. 즉, 사람의 마음이 옥토일 때 예수님을 마음으로 믿어 의에 이르고 입으로 시인하여 구원에 이르기 쉬울 뿐만 아니라(롬 10:10), 성화의 과정이 쉬워 예수님을 따르는 제자화가 쉽고 성령의 열매를 많이 맺는다. 그리고 주위 가시떨기의 위세를 제압할 수 있는 의지력도 생긴다. 즉, 쾌락적인 수평문화와 "육신의 정욕과 안목의 정욕과 이생의 자랑"(요일 2:16)에 흔들리지 않고 초연할 수 있다. 사랑(EQ)과 수직문화 및 지혜(IQ)를 겸비한 사람이다. 이러한 사람은 하나님의 말씀을 듣고 깨달으며 결실하여 혹 백 배, 혹 육십 배, 혹 삼십 배가 되는 사람들이다(마 13:8, 23).

예수님의 4가지 종교성 토양을 비교해 본 결과를 요약하면 다음과 같다. 첫째, 길가의 굳은 마음밭은 아예 마음의 문을 닫고 있어 복음을 받을 생각도 안 한다. 그러니 어떻게 신령한 하나님의 말씀을 깨달을 수 있겠는가? 이런 사람은 비판의식도 많고 교만하여 남에게 상처 주기도 쉽다. 둘째, 돌밭 마음밭을 가진 사람들은 비교적 단순한 사람들이다. 왜냐하면 착한 마음이 있어 쉽게 은혜를 받았다가 뿌리가 약하여 쉽게 은혜를 쏟는 사람이기 때문이다. 셋째, 가시떨기 마음밭의 사람은 한 마디로 아까운 사람들이다. 신앙생활을 잘 하는 것 같지만 걱정과 재물과 현세의 쾌락에 약하여 끝내 열매를 맺지 못하는 형이기 때문이다. 그리고 넷째, 가장 좋은 종교성 토양은 옥토이다. 신앙생활에서 말씀을 잘 받아 싹이 나고 자라서 꽃이 피고 인내하여 열매를 맺기 때문이다.

그러나 길가 마음밭의 사람은 복음을 받아들이기는 힘들지만 한번 하나님의 은혜로 자신이 십자가에 죽어 마음이 변하면 크게 주님을 위하여 헌신할 수도 있다. 율법주의자였던 바울이 그 좋은 예이다. 복음에 마음의 문이 닫혀 도저히 예수님을 믿을 수 없었던 바울이었지만 하나님의 은혜로 예수님을 만난 뒤 주님을 위해 순교하기까지 충성했다.

결론적으로 종교성 토양은 인성교육에 따라 달라진다. 수평문화는 마음의 밭 즉, 종교성 토양에 부정적 영향을 미치지만 수직문화는 긍정적 영향을 미친다. IQ위주의 현대 교육, 현대 도시권의 삭막한 교육 환경 및 불건전한 전자 매체의 환경은 자녀들을 수평문화에 물들게 한다. 때문에 자녀들은 수평문화의 4대 요소인 개인주의, 물질주의, 쾌락주의, 과학만능주의에 물들기 쉽다. 이들은 길가, 돌밭 및 가시떨기의 종교성 토양에 속하는 사람들이다. 즉 척박한 종교성 토양을 갖고 있다. 아무리 좋은 하나님의 말씀이라도 그 씨를 받아들이는 마음의 밭이 좋지 못하면 말씀의 씨가 박혀 싹이 나기도 힘들거니와 설사 싹이 났다 해도 자라서 열매 맺기가 힘들다. 즉, 마음의 밭이 척박한 사람들은 하나님의 은혜를 받기도 힘들거니와 설사 은혜를 받았어도 그 은혜의 말씀이 싹이 나고, 자라고, 꽃이 피고, 열매 맺는 데까지 가기는 힘들다.

옥토의 마음밭은 하루아침에 형성되는 것이 아니다. 태아 때부터 교육을 해야 한다. 한번 잘못된 길가, 돌밭 및 가시떨기의 종교성 토양은 쉽게 고쳐지지 않는다. 복음을 받아들이기도 힘들지만 받아들인 후에도 쉽게 고쳐지지 않는다.

유대인은 자녀들을 옥토의 마음으로 양육하기 위해 수평문화를 철저히 차단하고 수직문화를 가르치며 매일 성경을 가르쳐 일상생활에 적용토록 한다. 그러므로 기독교인도 어려서부터 자녀들에게 사랑(EQ)과 수직문화 및 지혜(IQ)를 겸비하며 전인교육을 시켜야 한다.

예수님의 4가지 종교성 토양 비교

순위 분류	첫째 길가의 마음밭	둘째 돌밭의 마음밭
종교성 토양	마음 문이 굳어져 말씀을 깨닫지 못함.	뿌리가 없어 빨리 뜨거워지고 빨리 식어지는 EQ 마음.
성경 말씀	천국 말씀을 듣고 깨닫지 못할 때는 악한 자가 와서 그 마음에 뿌리운 것을 빼앗는다(마 13:19).	말씀을 듣고 즉시 기쁨으로 받되 그 속에 뿌리가 없어 잠시 견디다가 말씀을 인하여 환난이나 핍박이 일어나는 때에는 곧 넘어진다(마 13:20~21).
특성	① 수평문화인 "육신의 정욕과 안목의 정욕과 이생의 자랑"(요일 2:16)에 취해 있는 사람. ② 인본주의의 세상 철학이 강해 굳어진 마음. ③ 율법의 정신인 사랑은 없으면서 율법의 형식을 지나치게 강조하는 율법주의자들. 많이 배워 엘리트 의식이 강하고 교만하기 쉬움. 자기 의가 강함.	① 빨리 뜨거워지고 빨리 식어지는 마음이기에 쉽게 은혜 받고 쉽게 쏟는 형. ② 감정의 지배를 받아 수평문화에 물들어 충동적이며 열정적. EQ는 풍부하지만 인간의 깊이가 없음. ③ 단순하여 주위 환경에 영향을 잘 받는다.
결과	굳어진 강한 자아를 깨뜨리기 힘들어 성령님을 모실 여유가 없다. 때문에 말씀을 깨닫기도 힘들다. 그리고 천국 말씀의 비밀을 깨달으려는 노력도 하지 않는다.	감성(EQ)이 풍부하여 말씀을 듣고 즉시 기쁨을 누리다가도 환난이나 핍박이 올 때에는 곧 넘어진다. 감성(EQ)은 있을지라도 인생의 의미를 찾는 뿌리 깊은 수직문화가 없기 때문이다.
단점 보완	남을 긍휼히 여기는 마음(EQ)을 갖고 남을 위해 겸손히 살 수 있는 품성교육이 필요하다.	수직문화 교육을 처음부터 시키어 의지력과 인내력 및 지혜교육이 필요함. 의지력과 인내를 키우는 고난의 역사 교육도 필요함.

셋째 가시떨기의 마음밭	넷째 옥토의 마음밭
마음은 착하나 세상 걱정과 재물과 현세의 쾌락에 약함.	착하고 좋은 마음으로 인내하여 많은 열매를 맺음.
마음의 씨가 뿌려져 뿌리가 깊게 내리고 싹이 나서 자라지만, 가시가 자라 싹의 기운을 막아서 결국에는 결실을 맺지 못한다(막 4:7).	착하고 좋은 마음을 가지고 인내하여 열매 맺는 마음(눅 8:15). 말씀을 듣고 깨닫는 자니 결실하여 혹 100배, 혹 60배, 혹 30배가 된다(마 13:23).
① 마음은 착하나 수평문화인 "육신의 정욕과 안목의 정욕과 이생의 자랑"(요일 2:16)에 약한 사람. ② 이유: 수직문화가 약하여 내면적 자신감이 부족하고 외면적 유혹에 쉽게 흔들림.	① EQ와 뿌리 깊은 수직문화 및 지혜(IQ)를 겸비한 사람. ② '착한 심성'과 '깊은 생각' 그리고 '강한 의지'를 겸비한 사람. ③ 인성교육과 전인교육이 고루 잘 된 사람.
말씀을 들어 신앙생활을 잘 하다가도 세상 걱정과 재물과 현세의 쾌락에 눌려 열매를 제대로 맺지 못한다(눅 8:14). 신앙생활의 가시는 세상 걱정과 재물과 현세의 쾌락을 뜻한다(눅 8:14).	말씀을 배양할 좋은 토양과 주위 가시떨기(수평문화)에 초연할 수 있는 의지력이 있다. 하나님의 말씀을 듣고 깨달으며 결실하여 혹 백 배, 혹 육십 배, 혹 삼십 배가 되는 사람들이다(마 13:8, 23).
돌밭 마음밭보다는 나은 편이나 가시를 이길 수 있는 의지력과 인내력을 키우기 위해 수직문화와 고난의 역사 교육이 필요함.	좋은 토양[EQ와 뿌리 깊은 수직문화 및 지혜(IQ)를 겸비] 위에 더 많은 열매를 계속 맺을 수 있도록 기도와 말씀 교육이 필요함.

클래식 들은 식물 열매도 잘 맺어

저자 주 수평문화는 인간에게만 나쁜 영향을 미치는 것이 아니고 식물에게도 나쁜 영향을 미친다.

1969년 도로시 리탈렉이 실행한 실험결과에 의하면 음악은 식물의 성장에 영향을 준다고 한다. 옥수수, 호박 그리고 여러 꽃들을 대상으로 한 실험에 의하면 로큰롤 음악은 몇몇 식물의 성장을 방해했고, 나머지 다른 식물들의 경우에는 처음부터 줄기가 비정상적으로 자라더니 나중에는 아주 작은 잎들만이 달려 있었다.

또한 로큰롤 음악을 듣고 자란 식물들의 뿌리는 다른 식물들보다 많은 수분을 흡수했지만 유달리 짧았으며 결국 몇 주일 내에 죽었다. 그러나 바로 몇 미터 옆에서 클래식 음악을 듣고 자란 꽃들은 이미 열매를 맺고 있었다.

_중앙일보 미주판, 2006년 2월 23일

2. 기독교교육의 새로운 영역: 종교성 토양교육(Pre-Evangelism)의 필요성

"중국 아주 작은 시골마을 교회에서 복음을 전했습니다. 통역을 세워 설교를 하고 기도회를 했는데 현지인들이 울면서 통성으로 기도하고 회개의 역사가 강하게 일어나 예수님을 구주로 영접하고 방언이 터지고 불치병도 많이 나았습니다. 나는 원래 방언을 못하는데 내 평생 처음 있는 일입니다."

중국 농촌에 선교하러 가서 말씀을 전하고 온 목사님들에게서 자주 듣는 선교 보고이다. 왜 그 목사님이 한국이나 미국에서 설교할 때에는 그런 현상이 일어나지 않는데 중국 그것도 중국 깊은 산속 농촌에 가서 복음을 전할 때는 일어나는가? 그것은 중국 농촌 사람들의 마음밭이 옥토이기 때문이다. 그들은 풍성한 감성(EQ)이 있고 뿌리 깊은 수직문화가 잘 교육되었다. 아직 현대 문명의 수평문화에 물들지 않았기 때문이다. 마치 한국의 교회 부흥이 가장 잘 되었던 1960년대나 1970년대를 생각하면 된다.

그 당시 한국 교회 부흥사들의 설교 말씀은 현대 목사에 비교하면 수준이 매우 낮았다. 그런데도 기도회 시간에 초대교회 같은 성령의 역사가 강하게 일어난 이유는 무엇인가? 그 당시 한국 국민들의 마음밭은 수평문화에 물들지 않은 옥토(좋은 땅)였기 때문이다. 풍성한 감성(EQ)이 있고 뿌리 깊은 수직문화가 잘 교육되었다. 따라서 약간의 하나님 말씀의 씨만 떨어져도 성령의 불길이 붙어 말씀을 듣고 깨달아서 결실하여 혹 100배, 혹 60배, 혹 30배의 열매를 맺었다.

이제 기독교교육의 영역을 다시 바꾸어야 한다. 기존의 기독교교육의 목적과 저자의 강조점은 무엇이 다른가? 기독교교육의 역사를 보면 현재까지의 전도와 기독교교육의 목적은 불신자에게 복음을 전하여 예수님을 구주로 영접케 하여 회심시키고, 회심한 기독교인을 그리스도의 형상(Christlikeness, 엡 4:12-15), 즉 하나님의 형상을 닮아(엡 5:1) 성숙한 기독교인이 되게 하기까지의 교육이었다. 즉 예수님의 제자화를 위한 Post-Evangelism이었다.

왜냐하면, 성숙한 기독교인은 그리스도의 형상을 닮는 것이고, 그리스도의 형상을 닮는 것은 곧 하나님의 형상을 닮는 것이기 때문이다(골 1:15; 히 1:3). 따라서 현재까지의 기독교 선교와 기독교교육은 회심과 양육 이론에만 치중했다.

저자는 과거 이러한 기독교교육의 영역을 한층 더 넓혀 기독교교육에서는 기독교인이건 비기독교인이건 복음의 씨를 뿌리기 이전부터 인간의 종교성 토양교육에 관심을 가져야 한다는 것이다. 이것이 바로 '복음을 전하기 전 복음적 마음의 토양교육'(Pre-Evangelism)이다. 왜냐하면 종교성 토양이 나쁘면 복음의 씨가 뿌려지기도 힘들거니와 일단 뿌려진 후에도 싹이 나고 자라서 꽃이 피고 열매 맺는 데 어려움이 있기 때문이다. 그래서 13세 이전의 교육이 중요하다는 것이다.

이것은 에릭슨의 발달심리학에도 잘 나타나 있다. 에릭슨은 인간의 일평생을 8단계로 나누었다. 그의 연구에 의하면 그 중 4단계가 13세 이전에 속한다(Erikson, 1950, 1963). 그만큼 13세 이전의 교육이 중요하다는 것이다.

그런데 문제가 있다. 각 발달 단계별로 심리학적 특성은 많이 연구되었는데, 그 기간에 무엇을 어떻게 왜 가르쳐야 하는가는 별로 개발되지 않았다는 점이다. 설사 있다 해도 구체적이지 못하고 추상적인

어려서부터 마음의 밭을 옥토로 가꾸는 종교성 토양교육이 절실히 필요하다. 성장한 뒤 박토로 된 마음밭을 옥토로 만들기는 거의 불가능하다. 사진은 새벽기도를 마친 유대인 학생들이 랍비와 함께 간식을 먹고 있는 모습.

것들이 많다. 그 내용을 구체적으로 그리고 학문적으로 정리한 내용이 바로 본서에 소개되는 인성교육의 본질인 '수직문화와 수평문화'에 대한 이론이다. 여기에는 한국인의 인성교육이 왜 서양인의 것과 왜 달라야 하는가에 대한 당위성도 설명되어 있다.

그렇다면 현대에는 왜 과거보다 종교성 토양에 더 관심을 가져야 하는가? 그 이유는 현대로 접어들면서 인간이 점점 더 수평문화에 물들어 마음의 밭인 종교성 토양이 피폐해져 가기 때문이다. 종교성 토양 측면에서 본 1960년대 이전의 사람들과 현대인들과는 무엇이 어떻게 다른가? 한국이나 미국도 1960년대 전만 해도 웬만한 사람들은 가정에서나 학교에서 전통적인 수직문화에 젖은 교육을 받고 자랐다.

그리고 자신도 모르게 그 지방의 종교나 전통에 물들어 있었다. 그 당시만 해도 그 지역의 문화는 그들 공동체가 믿어 온 종교에서 생성된 수직문화였다. 따라서 그 당시에는 역사, 전통, 철학, 종교, 고전 등 정신적인 교육에 치중한 교과과정을 중요시했다. 그리고 그 다음에 생업을 위한 학문에 치중했다. 또한 그 당시에는 전자 미디어가 발달되지 않아 세속적인 수평문화의 영향이 약했다.

그러나 1970년대 이후 급격한 인본주의적 전문직 교육만을 강조하면서 인성교육에 대한 교과과목이 점점 없어지면서 인간의 마음을 닦는 수직문화 교육은 사라지게 되었다. 반대로 컴퓨터가 보급되고 영상기술이 발달하면서 세속적인 수평문화가 급속도로 발전했다. 그러므로 그들의 문화도 종교에 의한 수직문화가 아니고 땅의 것에 기초한 수평문화가 주류를 이루고 있다.

과거의 문화 형성 이론 중에 더 이상 적용이 안 되는 것도 있다. 예를 들어, 폴 틸리히는 "종교는 문화의 실체이며 문화는 종교의 형식이다."(Tillich, 1950, p. 93)라고 말했다. 그러나 그 민족의 문화는 그 민족의 종교에 의해 형성된다는 그의 주장이 이제 무색해져 가고 있다. 현대인들 중에는 영혼을 다루는 정신적인 종교가 없는 사람들이 너무나 많기 때문이다. 그 결과 인간의 마음의 토양은 점점 더 피폐되어 쉽게 길가, 돌밭, 가시떨기 같은 박토(薄土)로 변했다. 이러한 척박한 토양을 갖고 있는 어린이나 어른들은 복음의 말씀을 받아들일 수 있는 종교성 토양이 나쁘다.

앞서 언급한 대로 어렸을 때부터 수평문화에 물든 사람의 피폐한 종교성 토양을 어른이 된 뒤 그 마음의 밭을 갈아 다시 옥토로 만들기는 거의 불가능하다. 설사 그들 중에 몇 명이 기독교인이 되었다고 하여도 인간의 인성이 쉽게 변하는 것이 아니기 때문에 좋은 열매를 맺기가 힘들다. 그래서 인간의 좋은 조기 인성교육의 필요성이 더 절실히 요구된다.

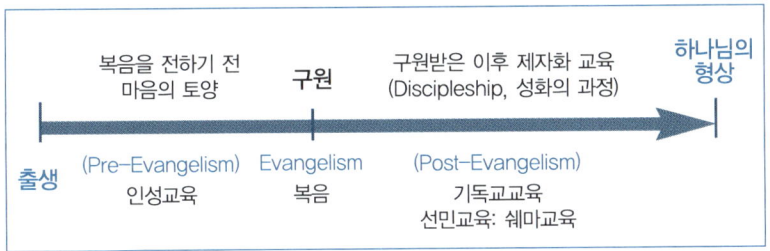

비기독교인이든 기독교인이든 마음의 종교성 토양교육에 더욱 힘써야 한다. 인간의 마음이 먼저 옥토가 되어야 비기독교인은 복음을 쉽게 받아들일 수 있어 전도하기가 쉽다. 또한 기독교인이 된 이후에도 그리스도의 형상을 닮게 하는 성화를 위한 기독교교육을 시키는 데도 훨씬 더 수월하다. 그리고 기독교인도 옥토의 마음을 가지고 있을 경우 자신의 신앙의 뿌리를 더 잘 지키며 주님의 형상을 닮아 주님께 더욱 헌신하는 사람이 될 수 있다. 부모가 어려서부터 자녀에게 '복음을 전하기 전 복음적 마음의 토양교육(Pre-Evangelism)'을 시켜야 하는 중요한 이유가 여기에 있다.

오늘날 기독교교육의 오류는 무엇인가? 복음주의자들이 영혼 구원을 위한 복음과 회심 후 예수님의 제자화 교육(Post-Evangelism)만 강조했지 '복음을 전하기 전 복음적 마음의 토양교육'에는 관심을 두지 않은 데 있다. 따라서 복음을 전하기 전 마음의 토양교육을 Pre-Evangelism이라고 한다면, 복음을 받아 들여 회심한 후 예수님의 제자화(Discipleship) 교육은 Post-Evangelism이라고 할 수 있다.

결론적으로 종교성 토양교육을 강조하는 2가지 이유는 첫째, 복음의 씨를 뿌리기에 좋은 마음의 밭을 갖게 하기 위함이고, 둘째, 그들이 기독교인이 된 이후 그리스도의 형상을 닮아가는 성화의 과정에서 기독교교육의 효율을 높이기 위함으로 요약할 수 있다. 그러므로 2000년대에는 인간의 마음을 옥토로 만드는 종교성 토양교육이 새로운 기독교교육 영역으로 자리 잡아야 한다.

> **저자 주** 종교성 토양의 문제는 그 적용면에서 보편적이기 때문에 불교나 유교 등 타종교에도 해당된다. 수평문화에 물들어 마음밭이 길가밭이나 돌밭인 사람은 인생의 의미를 찾는 어떤 종교에도 관심이 없다. 그리고 자녀들은 어른들이 마음에 좋은 교훈을 말해도 받아들이려고 하지 않는다.

**현재까지 기독교교육의 오류는
영혼 구원을 위한 복음과 회심 후 예수님의 제자화 교육에만 강조했지
복음을 전하기 전 마음의 토양 교육에는 관심을 두지 않은 데 있다.
따라서 복음을 전하기 전 마음의 토양 교육을 Pre-Evangelism이라고 한다면,
복음을 받아들여 회심한 후 예수님의 제자화교육은
Post-Evangelism이라고 할 수 있다.**

3. IQ와 EQ적 측면에서 본 이상적 종교성 토양: 한국과 일본 교회 비교

바람직한 마음의 복음적 토양교육(Pre-Evangelism)은 어떤 요소들을 갖추어야 하는가? 저자주 '종교적 토양'이란 용어는 모든 종교에 보편적으로 사용될 수 있지만 '복음적 토양'은 기독교적 용어로 사용될 수 있다.

이번에는 IQ와 EQ적 측면에서 살펴보자. 바람직한 마음의 복음적 토양교육을 위해서는 2가지, 첫째, 감성교육(EQ)과 둘째, 율법교육(IQ)이 필요하다. 그리고 이 2가지의 균형과 조화가 필요하다. 전자는 눈물 많고(풍성한 감성) 따뜻한 마음을 위한 감성교육이고, 후자는 냉철한 머리를 위한 이성교육이다. 전자가 복음을 받아들이는 회심에 유익하다면, 후자는 회심 후 제자화로 양육하는 데 유익하다. 이를 문답식으로 한국과 일본 교회를 비교하며 설명해 보자.

질문 1: 일본 동맹기독교단 소속 곽근우 선교사는, "일본은 복음적 기독교 인구가 0.2%뿐이지만 일본 교회와 일본 교단은 매우 튼튼한 바탕 위에 서 있음을 볼 수 있습니다. 교단의 운영과 교회의 경영을 볼 때 오히려 우리나라 교회보다 앞서 있음을 솔직히 시인할 수밖에 없습니다."라고 파송 교회에 보고했다 (http://hanbyul.org, 2001, 10월).

일본에는 한국 같은 대형교회는 거의 없고 대부분 교회의 교인 수가 20명에서 50명 수준인데도 교인들의 삶은 대단히 정직하고 율법을 잘 지키고 청결하고 예의 바르다고 한다. 그들의 높은 도덕과 윤리의식의 삶에서 예수님의 향기를 맡을 수 있다고 한다. 이들에 대한 사회적 호감도도 97%로 매우 높다 (http://www.sion.or.kr., 2003년, 9월 2일). 그 이유는 무엇이며, 왜 일본 기독교인과 한국 기독교인의 도덕과 윤리의식에서 차이가 나는가?

답 1: 일본은 기독교인이 되기 이전 부모들이 가정에서 자녀들에게 어려서부터 일본 고유의 수준 높은 교육 방법으로 인성교육(Pre-Evangelism)을 철저히 시켜왔기 때문이다. 그래서 기독교인이 된 뒤에도 그 일본식 교육의 영향이 그대로 나타나는 것이다. 여기에서 일본의 인성교육과 한국의 인성교육의 수준과 차이를 볼 수 있다. 일본이 영토가 작지만 세계적 수준의 나라가 된 가장 큰 원동력은 무엇인가? 그것은 바로 그들의 강한 인성교육에서 찾을 수 있다. 그들의 기본적인 도덕과 윤리의식의 토양 위에 하나님의 말씀과 성령의 능력이 들어감으로 더 높은 수준의 기독교인의 행위가 나타날 수밖에 없지 않은가!

그러나 대부분 한국인은 기본적인 도덕과 윤리의식의 토양이 일본인보다 튼튼하지 못하여 기독교인이 된 뒤에도 옛 도덕과 윤리의식의 삶이 잘 고쳐지지 않는 안타까움이 있다. 여기에서 우리는 깨달을 것이 있다. 비록 일본의 가정에서 자녀에게 가르치는 교육 내용이 성경이 아니더라도 예수님을 믿기 이전의 교육이 그만큼 예수님을 믿은 후에도 지대한 영향을 준다는 사실이다.

2004년 일본의 기독교 인구는 얼마나 되나? 일본교회정보서

한국인과 일본인의 종교성 토양교육 장단점 비교

순위\분류	마음의 복음적 토양교육의 2가지 요소		한국인과 일본인의 장단점 비교	이상적 마음의 복음적 토양교육 (Pre-Evangelism)
	첫째, 감성교육 (EQ), 눈물 많고 따뜻한 마음, 복음을 받는 데 좋은 토양	둘째, 율법교육 (IQ), 냉철한 이성 교육, 삶의 양육에 좋은 토양		
한국인	강하다.	약하다.	복음을 믿는 백성은 많아 교회는 성장했으나, 삶의 규범인 도덕과 윤리의식은 약하다.	한국인의 감성 교육 (EQ)과 일본인의 율법 교육(IQ)의 균형과 조화를 이룬 종교성 토양
일본인	약하다.	강하다.	교회성장은 매우 느리지만, 기독교인이 된 후 삶의 규범인 도덕과 윤리의식이 강하다.	

비스센터(대표: 하나조노유키오)에 의하면, 2004년 말 현재 개신교 교회만 7784개, 개신교신자가 총55만 7718명이며 그중 매주 교회에 출석하는 교인은 27만 9227명에 불과해 일본의 개신교신자는 일본 총인구의 0.25%다(크리스천 투데이, *일본 총인구의 0.25%만이 매주 교회 출석*, 2005년 5월 4일).

일본은 얼마나 정직한가? 지난 2000년 한 해 동안 한국에서 위증죄로 기소된 사람은 모두 1198명. 이에 비해 일본은 같은 기간 일본은 5명에 불과했다. 인구를 감안하면 일본에 비해 671배나 높은 수치다. 그만큼 한국은 부정직하다는 것을 뜻한다(크리스천 뉴스위크, *교회가 정직해지면 사회도 정직해진다.* 4월 5일).

질문 2: 일본인은 기독교인이 되기 이전 인성교육(Pre-Evangelism)이 그렇게 잘 되었다면 왜 그들은 그렇게 복음을 받아들이기 힘든가? 한국인과의 차이는 무엇인가?

답 2: 일본인이 기독교인이 되기 이전 인성교육(Pre-Evangelism)이 잘 되었다고 하여도 마음의 복음적 토양교육(Pre-Evangelism)의 두 가지 요소 모두 잘 되었다고는 볼 수 없다. 한국인에 비해 삶의 규범인 율법교육(IQ)은 잘 된 반면, 감성교육(EQ)은 잘 안 되었다. 전자는 냉철한 이성 교육이고, 후자는 눈물 많고(풍성한 감성) 따뜻한 마음을 위한 감성교육이다.

일본이 기독교인이 되기 이전 가정에서 자녀에게 가르치는 인성교육(Pre-Evangelism)은 주로 남에게 해를 끼치지 않고 공동체의 규율을 잘 지키는 율법교육(IQ)에 치중하고, 반면 한국은 공동체의 규율을 지키는 율법교육(IQ)에는 약하지만 인정 많은 감성교육(EQ)은 강하다. 율법교육(IQ)은 회심 후 하나님의 율법대로 사는 삶의 규범인 제자화에는 많이 도움이 되지만(사도 바울처럼), 복음을 받아들이는 데는 오히려 걸림돌이 될 수 있다(예: 율법주의자인 바리세파 유대인). 왜냐하면, 복음은 머리(IQ)보다는 가슴(EQ)으로 받아들이기 때문이다. 율법교육(IQ)에 강한 일본인은 복음을 받아들이기 힘든 반면 감성교육(EQ)

예화

너 죽고 나 죽고

저자 주 한국 기독교인이 예수님을 믿는다고 하면서도 너무 변하지 않는 것은 자타가 공인한다. 그나마 예수님을 안 믿었을 때보다 많이 변했다는 것이 이 정도다. 100년 전에 비해 얼마나 안 변했는지 북미 캐나다의 김경진 목사 칼럼 '너 죽고 나 죽고'를 보자.

한국에서 생활한 초기 미국 선교사 허버트(Herbert)가 쓴 《대한제국 멸망사》에 한국 사람들의 유별난 생활 풍습 두 가지가 소개된다. 하나는 싸움을 많이 했다는 것이다. 백주 노상에서 죽기 살기로 싸우는 모습이었다. 또 하나는 진실성에 관한 것이었다. 허버트의 눈에는 한국 사람들이 거짓말을 대수롭잖게 생각하고 있더란 것이다. 서양에서는 거짓말을 대단한 범죄로 보고 있는데 한국에서는 그 정도야… 식이었다.

허버트 이후 벌써 많은 세월이 지났다. 그런데 허버트가 본 그 시대상은 지금껏 그 '전통'을 간직하고 있다. 길거리에서 꼬마들이 싸운다. 집에서는 부부가, 형제가 싸운다. 정치가들도 죽어라고 싸운다. 상투가 빠지라고 쥐어 흔들고 싸운다. 참 안 변한다. 그리고 거짓말도 능수능란하다(김경진, 너 죽고 나 죽고, 그리스천 투데이, 2003년 3월 5일).

한국 교회는 어떠한가? 미국에 온 미주 한인 교회는 어떠한가? 전 세계에 흩어진 한국 교회는 어떠한가? 너무 안 변하는 것 아닌가?

이 잘된 한국인은 복음을 받아들이기 쉽다.

때문에 한국 교회는 급속히 성장했지만 성숙한 기독교인의 삶의 규범인 도덕과 윤리의식의 수준은 일본 교회보다 약하다. 반면, 일본 교회는 성장이 더디지만 성숙한 기독교인의 도덕과 윤리의식의 수준은 한국 교회보다 높다고 볼 수 있다.

따라서 앞으로 한국 교회는 한국의 양반교육처럼 율법교육(IQ)도 강하고 인정도 많은 감성교육(EQ)을 균형있게 가르치고 잘 조화시켜 진정한 마음의 복음적 토양교육(Pre-Evangelism)을 해야 한다. 이것이 바로 은혜(복음)와 율법의 조화다.

한국 교회는 감성(EQ)이 높아서 교회의 성장은 많이 되었지만, 성숙한 기독교인의 삶의 규범인 도덕과 윤리의식이 일본 교회보다 약하다. 일본 교회는 율법(IQ)이 강해서 교회의 성장은 매우 느리지만, 성숙한 기독교인의 도덕과 윤리의식의 수준은 한국 교회보다 높다고 볼 수 있다. 따라서 한국 교회는 율법교육(IQ)과 감성교육(EQ)의 균형과 조화를 이루어야 한다.

일본이 세계 제2의 경제대국이 된 배경

이길주 (미국 버겐 칼리지 교수)

필자는 11월의 마지막 주를 일본에서 보냈다. 대학에서 역사를 강의하는 일본인 친구가 안내를 자처했다. 무엇을 보고 싶으냐는 그의 질문에 거창하게 "일본이 세계 제2의 경제대국이 된 배경을 알고 싶다."고 했다. 그러면 자신에게 관광일정을 맡겨 달라고 했다.

그래서 먼저 따라간 데가 도쿄-오사카 간 신칸센. 속으로 기술선진국 자랑을 하려나 했다. 도쿄역은 여느 기차역과 다르지 않았다. 한 가지 눈에 띄는 것은 과연 레스토랑 전체를 박스에 담을 수 있다는 일본의 '벤도' 문화였다.

승객들은 여러 종류의 도시락을 사들고 기차에 올랐다. 기차가 출발하자 이들은 단체여행이라도 온 듯 도시락을 열었다. 대다수가 맥주를 곁들여 식사를 하고 있었다. 마치 기차가 움직이는 식당 또는 간이주점과도 같았다.

뭐 이따위를 보자고 비싼 신칸센을 탔나 해서 유쾌하지만은 않았다. 2시간이 좀 지나 오사카에 도착했다. 승객 대다수가 역에 도착하자 자신이 가지고 나온 쓰레기를 줄을 지어 종이, 플라스틱, 캔 기타 4종류로 분리하고 있었다. 자기 주변 정리 능력이 돋보였다.

친구가 도쿄 내 신사에 가자고 해서 야스쿠니 아니면 메이지 또는 도쿠가와 일가를 기념하는 '도쇼쿠' 신사 중 하나일 것으로 생각하고 길을 나섰다. 그런데 아니었다. 두 현대식 건물 틈 사이에 위치한 동네의 작은 신사였다.

초등학교 어린이 셋이 이 신사를 찾았다. 입구의 기둥문에 들어설 때까지 장난기를 보이던 아이들은 신사에 들어서자 교복의 윗도리 단추를 확인했다. 그리고 세수 터에서 조심스레 손을 닦고 간단한 양치로 입을 씻어내는 절차를 밟았다. 제단 앞에 선 이들은 두 번 박수를 치는 일본식 배(拜)를 올렸다. 이 어린 참배객들은 뒤돌아 신사의 기둥문을 나서자마자 다시 개구쟁이의 모습으로 돌아가 재잘거리며 까불어댔다. 일본 구석구석에 위치한 신사는 행동의 절제를 교육하는 곳인 듯 했다.

도쿄 시내 백화점에 갔다. 몇 개 가격표를 들쳐보니 살인적 물가라는 표현이 실감이 났다. 백화점은 사람들로 넘쳤다. 그런데 이상한 것이 있었다. 계산대에 앞에는 고객이 별로 없었다.

필자가 친구에게 한 마디 던졌다. "모두 윈도쇼핑만 하고 있는 것 같다." 그가 답했다. "맞다. 물건 값이 아주 비싸고 주로 현금으로 구매하기 때문에 잘 생각해야 하고 한번 구매하면 오래 써야 한다."고 했다. 중산층인 친구의 집에 번듯한 최신 가전제품이나 가구가 없는 이유를 알 수 있을 것 같았다.

도쿄 국립박물관에 갔다. 마침 도쿠가와 시대를 조명하는 기획전이 열리고 있었다. 한 시간 이상을 기다려야 입장할 수 있었다. 매사에 완성도를 추구하는 것이 바로 무사도(武士道)인 듯 전시된 갑옷과 검, 장신구 등은 정련(精鍊)의 수준이 뛰어났다.

그런데 전시관 한 진열장에 사람들이 많이 몰려 있었다. 도쿠가와 일가가 아주 귀한 손님에게 선물로 내놓았다는 찻잔 두 점에 관람객의 시선이 집중되어 있었다. 다른 찻잔에 비해 크고 투박하고 그리고 색상은 자연색에 가까웠다. 문외한인 필자의 눈에도 완성미는 있지만 자연스러움이 떨어지는 일본의 찻잔에 비해 힘차고 자유스러웠다. 안내문에 출처가 '朝鮮'이라고 적혀 있었다. 한반도에 대한 일본의 문화적 흠모가 읽혀졌다. 일본과 한국. 두 나라는 서로 배울 것이 있는 것 같았다. 그러나 모든 배움이 마음을 열어야 가능한데 이것이 쉬운 일만은 아닌 듯 했다.

저자 주 이 칼럼은 2007년 12월 13일, 중앙일보 미주판에 "한국과 일본은 '서로…'"란 제목으로 난 것을 저자가 일본이 경제대국이 된 이유를 인성교육적 측면에서 발견하고 여기 소개했다.

4. 왜 한국인은 복음을 잘 받아들이고 하나님을 잘 섬겼는가

여기에서 한국인이 왜 EQ에 강한가를 좀 더 자세하게 알아보자. 한국인에게 특히 많은 것 2가지가 있다. 첫째는 정(情)이고, 둘째는 한(恨)이다. 모두 EQ를 강하게 하는 요소들이다. 정(情)은 이미 설명을 했기 때문에 생략하고, 여기서는 한(恨)에 대하여 언급해 보자.

한(恨)이란 무엇인가? '원한' 이다. 영어로는 마땅한 단어가 없다. 대충 'a grudge', 'resentment', 'a bitter feeling', 'spite', 'hatred', 'a mixed feeling of sorrow and regret(unique to Korean)', 'an unsatisfied desire' 등일 것이다. 한 많은 사람의 특징은 절박한 억울함 속에서 흘리는 눈물이 많다. (lead a life full of tears and regrets).

누가 한이 많은가? 힘없는 민족이나 사람이다. 그들은 법이나 순리에 상관없이 부당하게 갑작스럽게 혹은 일평생 당할 수도 있는 사건을 통하여 한이 쌓여간다. 한국인은 왜 다른 민족보다 한이 많은가? 어떤 한들이 있는가? 한국인은 유대인처럼 민족적으로 고난의 역사로 점철된 과거가 있다. 한국은 중국이나 몽골 그리고 일본 등으로 부터 반만 년의 역사 동안 930여 회의 침략을 받았다. 그야말로 한으로 점철된 역사다. 국가적으로도 권세가들이나 부유한 자들이 힘없고 가난한 백성들을 괴롭혀 한을 맺히게 한 경우가 너무나 많았다.

가정에서의 한도 많다. 특히 권위주의적인 남성들로 인해 맺힌 한이 많다. 아내는 남편에게 당한 부당한 처사들(남편이 첩을 얻거나 권위주의적 폭력 등등), 자녀들은 아버지에게 당한 부당한 처사들(어머니나 자녀들을 힘들게 했던 권위주의적 태도들)도 한으로 남아 있다.

당시 힘없던 여성들은 말 그대로 한 맺힌 삶을 살았다. 시어머니에게 당한 며느리의 한, 가족과 가족 사이에서 당한 한, 공동체 사회에서 힘이 없어 당한 한, 가난 때문에 생긴 한 등등 너무나 맺힌 한이 많은 한국인이다.

그 한들은 절박한 상황 속에서 절대자 하나님을 찾기에 충분한 에너지를 갖고 있다. 기도 제목들이 많다. 이런 마음의 상태는 더없이 좋은 복음적 토양, 옥토다. 복음을 받아들이기가 쉽다. 절대자 하나님을 너무나 간곡하게 찾게 된다. 기도를 해도 눈물 없이는 하지 못한다. 통곡을 한다. 이때 성령의 역사가 강하게 나타난다. 성령을 체험하면서 치유의 역사도 강하게 나타난다. 한국에 치유 사역이 잘 되는 것도 바로 한이 많은 사람들이 그만큼 많다는 증거다.

반대로 요즘 성령의 역사가 강하게 일어나지 않는 이유도 바로 한국인이 한이 없는 민족으로 변하고 있기 때문이다. 등 따뜻하고 배가 부르면서 기도 제목이 없어졌다. 간절한 기도가 없다. 눈물을 흘리며 기도할 기도 제목들이 없어졌다. 더구나 수평문화는 마음밭을 돌밭으로 만들지 않았는가? 그렇다면 어떻게 정(情)과 한(恨)을 키울 수 있는가? 그것은 어머니 교육과 고난의 역사 교육이다.*

그리고 그나마도 하나님을 전심으로 잘 섬길 수 있었던 요소는 무엇인가? 한국인의 효와 선비사상이다. 한국인은 유달리 효심이 강한 민족이다. 물론 한국은 강한 효심을 강요하는 사회적 상황 때문에 위

---

* 자세한 것은 이 책 제2권 제4부 제2장 'EQ의 양을 늘리는 4가지 방법' 참조.

하나님의 백성이 되기에 좋은 한국인의 정신적 인성의 토양

정(情)과 한(恨)	＋	효와 선비사상
복음적 토양 형성 EQ 형성 복음을 받아들이는 데 기여		한국인의 도덕적 윤리적 삶의 기준 형성 IQ - 율법 형성 하나님을 잘 섬기는데 기여

에서 언급한 부작용도 많았다. 그것을 남용했을 때 아랫사람들에게 상처를 입히는 경우가 허다했다.

수준 높은 효의 가치관은 긍정적인 측면도 많다. 한국인의 도덕적 윤리적 기준이 강하게 설 수 있는 기둥 역할을 했다. 집안에서 아버지를 두려워하고 섬기는 정성은 하나님 아버지를 섬기는 데 크게 기여했다. 그리고 한국인의 선비사상 역시 한국인 나름대로의 율법교육을 제대로 시키는 데 크게 공헌했다. 이 효와 선비사상은 한국인이 예수님을 믿은 후 하나님을 잘 섬기는 데 크게 공헌했다.

5. 인성교육과 종교성 토양과의 관계: EQ가 SQ에 미치는 영향

어느 목사님의 고백이다. 아들이 나쁜 짓을 하여 속이 많이 상했다. 이전에 아들에게 사랑의 매를 대도 별 효과가 없어서 이번에는 다른 고전적인 방법을 사용했다. 자신이 아들 앞에서 "네가 잘못된 것은 먼저 내가 너를 잘못 가르쳤기 때문이다. 내가 너 대신 벌을 받아야 한다."라고 말하면서 회초리를 들고 자신의 종아리를 세게 치기 시작했다. 그런데도 아들은 "아버지 내가 잘못했어요!"라고 빌기는커녕 그냥 웃으며 멀거니 보고만 있었다. 목사님은 하도 어이가 없고 자신만 손해 보는 것 같아서 자신을 때리는 것을 중단하였다고 말했다.

1970년대 이전에는 부모가 자녀를 가르치기 위해 자신의 종아리를 치면 금방 자식이 아버지의 아픔에 감동하여 "아버지 제가 잘못했어요. 이제 다시는 안 그럴게요!" 하면서 빌었다. 그리고 아버지의 아픔을 차마 볼 수 없어서 "차라리 저를 때리세요!" 하며 울면서 매달렸다. 그러나 요즘은 자녀교육의 고전적인 방법도 별 효과가 없다.

이렇게 된 까닭은 무엇일까? 수직문화에 물든 사람은 효도교육을 잘 받았기 때문에 효자다. 효자는 부모의 아픔을 자신의 아픔보다 더 아프게 여긴다. 그러나 수평문화에 물든 사람은 부모의 아픔을 자신의 아픔으로 여기지 않는다. 따라서 수평문화의 피해는 종교성에만 나타나는 것이 아님을 알 수 있다.

종교성 토양이 잘 되었다는 뜻은 일반 교육, 특히 인성교육을 시킬 수 있는 토양도 잘 되었다는 뜻이다. 바꾸어 말하면, 인성교육이 잘된 자녀가 종교성 토양도 좋다. '종교성 토양'을 '인성의 토양'이라고 부르는 이유가 여기에 있다.

비록 비기독교인이라 해도 종교성 토양이 옥토인 사람은 복음뿐 아니라 가정의 부모나 학교 선생님의 교훈도 잘 받아들인다. 사회에서 어른들의 교훈도 잘 받아들인다. 윗사람들의 권위를 인정하고 그들에게 순종도 잘 한다. 반면 수평문화에 물들어 종교성 토양이 잘못된 사람은 옳은 마음과 바른 행동에 유익한 어른들이나 학교 교사의 교훈

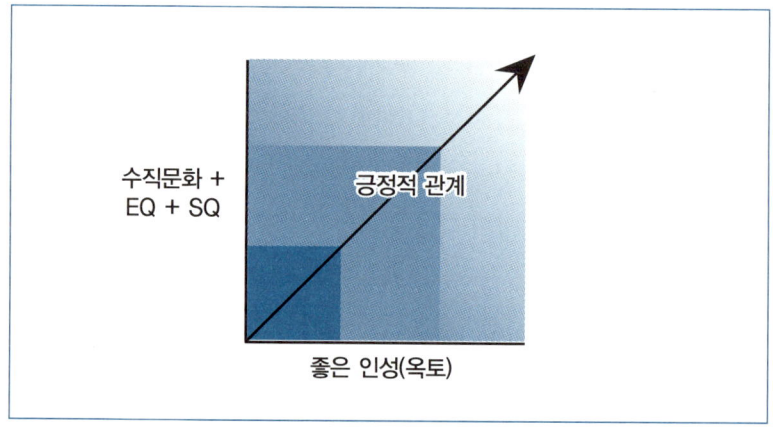

을 잘 받아들이지 않는다. 마음에 새기지 않고 불순종한다. 그리고 기성세대를 싫어한다.

종교성 토양의 문제는 보편적이기 때문에 기독교에만 적용되는 것이 아니라 불교나 유교 및 유대교 같은 타종교에도 해당된다. 수평문화에 물들어 마음밭이 길가나 돌밭인 사람들은 인생의 의미를 찾는 종교에 관심이 없다. 오히려 현실의 생업이나 자신의 육적 쾌락을 위한 재미에 몰두하기 쉽다.

세상에서 어떤 사람이 예수님을 잘 믿을 수 있을까? 아버지가 아들의 잘못 때문에 아들을 때리지 않고 먼저 자신의 종아리에 매를 칠 때 아버지의 아픔을 자신의 아픔으로 받아들이는 자녀와 예수님을 믿는 것은 어떤 상관관계가 있을까? 이런 자녀는 예수님을 생각할 때도 "나 같은 죄인을 위해 예수님이 대신 십자가에서 피를 흘리시며 돌아가셨구나!"라며 애통해 한다. 그리고 예수님의 아픔을 자신의 아픔으로 여기며 그분께 한없는 감사를 드린다. 뿐만 아니라 그리스도를 또다시 십자가에 못박지 않기 위하여 죄를 짓지 않으려고 노력한다(히 6:6). 그러나 수평문화에 물든 사람은 부모의 아픔에 무감각한 것처럼 예수님의 아픔에도 무감각하다.

즉, 부모의 아픔을 자신의 아픔으로 받아들이는 EQ의 사람은 예수님이 십자가에서 당하신 아픔도 자신의 아픔으로 받아들인다. 옥토의 마음은 인성교육이 잘된 사람이 가진 마음이고 이런 사람은 예수님을 믿기 이전부터 사람다운 사람으로 칭찬받을 만한 사람이다. 그리고 종교성 토양이 좋기 때문에 예수님도 잘 믿는다.

종교성 토양이 좋은 사람은 잘못했을 때 회개도 잘한다. 인간은 누구나 잘못을 할 수 있다. 그러나 모두 잘못을 뉘우치고 회개하는 것은 아니다. 어떤 사람이 잘못을 뉘우치고 회개하는가? 율법을 어겨 죄를 지었을 때 '부끄러움(수치심)'을 느끼는 사람이다. 이런 사람은 양심이 살아 있는 사람이다. 양심이 살아 있다는 말은 깨끗한 양심을 가졌다는 말이다. 이런 사람은 수치를 당하지 않기 위해 율법을 어기지도 않거니와 혹 율법을 어겨 죄를 지었을 때라도 곧 부끄러움을 느끼고 회개를 할 수 있는 기회가 있다.

이것은 무엇을 뜻하는가? 양심과 부끄러움의 관계는 정비례한다는 것을 의미한다. 죄를 지었을 때 얼마나 부끄러움을 느끼는 정도에 따라 깨끗한 양심인지 지저분한 양심인지를 구별할 수 있다는 말이다. '부끄러움을 느끼는 정도'는 곧 양심을 측정하는 잣대다.

그러나 수평문화에 물들면 죄를 짓고도 부끄러움을 모르고 뻔뻔하다. 죄의식이 없어졌다는 말이다. 양심이 수평문화에 물들어 마음밭이 돌밭이 되었기 때문이다. 예수님은 이런 사람을 '회칠한 무덤'이라고 책망하셨다. 겉으로는 아름답게 보이나 그 안에는 죽은 사람의 뼈와 모든 더러운 것이 가득한 사람이기 때문이다(마 23:27).

기독교인은 깨끗한 마음과 선한 양심 그리고 거짓이 없는 순수한 믿음(딤전 1:5)을 갖기 위해 수평문화를 차단하고, 늘 성령에 의지하며 말씀 속에서 살아야 한다. 이것이 바로 진리 안에서 얻는 참된 자유함이다(요 8:32).

앞의 내용들을 요약한다면, 인성(종교성)의 토양은 영성(Spirituality)과 직접적인 관계가 있다는 것을 증명한다. 풍성한 EQ의 소유자는 죄를 회개하고 예수님(복음)을 영접하기도 쉽거니와 성령을 받기도 그만큼 쉽다. 따라서 EQ(감성지수)는 영성지수(SQ, Spiritual Quotient)에 비례한다고 말할 수 있다. 예수님을 믿기 이전의 인성(종교성)의 토양교육(Pre-Evangelism)이 필요한 이유가 여기에 있다.

우리시대의 패러독스
(The Paradox of Our Time)

제프 딕슨

저자 주 이 글은 1999년 4월 20일 컬럼바인 하이스쿨 총기참사 때 현장을 목격한 제프 딕슨이란 고등학생이 인터넷에 올린 글에 네티즌들이 한 줄씩 덧붙여 만든 글이다. 지금까지 배운 수직문화와 수평문화를 이해하는 데 도움이 되어 여기에 싣는다.

건물은 높아졌지만 인격은 더 작아졌다. 고속도로는 넓어졌지만 시야는 더 좁아졌다. 소비는 많아졌지만 더 가난해지고 더 많은 물건을 사지만 기쁨은 줄어들었다.

집은 커졌지만 가족은 더 적어졌다. 더 편리해졌지만 시간은 더 없다. 학력과 지식은 높아졌지만 지혜는 부족하다.

전문가들은 늘어났지만 문제는 더 많아졌고 약은 많아졌지만 건강은 더 나빠졌다. 너무 분별없이 소비하고 너무 적게 웃고 너무 빨리 운전하고 너무 성급히 화를 낸다.

너무 많이 먹고 마시며 너무 늦게까지 깨어 있고 너무 지쳐서 일어난다. 텔레비전은 너무 많이 보지만 책은 거의 안본다. 그리고 너무 드물게 기도한다.

가진 것은 몇 배가 되었지만 가치는 더 줄어들었다. 말은 너무 많이 하고 사랑은 적게 하며 거짓말은 너무 자주 한다.

생활비를 버는 법은 배웠지만 어떻게 살 것인가는 잊어버렸고 인생을 사는 시간은 늘어났지만 시간 속에 삶의 의미를 넣는 법은 상실했다.

달에 갔다 왔지만 길을 건너가 이웃을 만나기는 더 힘들어졌다. 외계를 정복했는지 모르지만 우리 안의 세계는 잃어버렸다. 공기 정화기는 갖고 있지만 영혼은 더 오염되었고 원자는 쪼갤 수 있지만 편견을 부수지는 못한다.

자유는 더 늘었지만 열정은 더 줄어들었다. 키는 커졌지만 인품은 왜소해지고, 이익은 더 추구하지만 관계는 더 나빠졌다.

세계 평화를 더 많이 얘기하지만 전쟁은 더 많아졌다.

더 빨라진 고속철도 더 편리한 일회용 기저귀 더 많은 광고 전단지인데 양심과 마음의 평화 그리고 행복은 줄었다.

6. 마음의 옥토 만드는 데만 전념하는 아미쉬 사람들

> **저자 주** 마음의 옥토 만드는 데만 전념하는 기독교 교파가 있다. 미국의 아미쉬 사람들이다. 그들은 현대 문명과 수평문화를 철저히 차단하고 17세기 농경 사회를 고집하고 있다. 미국에서만도 시작한지 200여 년이 지났는데도 그 공동체는 아직도 없어지기는커녕 점점 더 성장하고 있다. 인성교육 측면에서 그들의 삶에서 배울 게 많아 여기에 소개한다.

A. 현대 문명을 거부하는 농촌 생활

미국 동부 펜실베이니아 주 랭카스터(Lancaster)에는 유대인보다 더 철저한 기독교 종교 그룹이 있다. 이곳에는 유명한 모세오경에 나타난 성막의 모형도 있다. 이곳은 그들 덕분에 미국의 유명한 관광지가 되어 있다. 그들을 '아미쉬(Amish) 사람들'이라고 부른다. 그들은 '메노나이트(Mennonites) 사람들'과 신학사상이 같다. 그들은 부모가 여호와의 말씀을 자손대대로 가르쳐 지켜 행하라는 쉐마 교육을 몸소 실천하는 사람들이다. 그들은 개신교의 이단이 아니라, 다만 현대 문명을 거부하고 경건한 종교생활을 고집하는 사람들이다. 아미쉬 사람들은 철저하게 요한일서 2장 15절에서 17절까지의 말씀을 믿고 실천한다.

> 이 세상이나 세상에 있는 것들을 사랑치 말라 누구든지 세상을 사랑하면 아버지의 사랑이 그 속에 있지 아니하니 이는 세상에 있는 모든 것이 육신의 정욕과 안목의 정욕과 이생의 자랑이니

다 아버지께로 좇아 온 것이 아니요 세상으로 좇아 온 것이라 이 세상도 그 정욕도 지나가되 오직 하나님의 뜻을 행하는 이는 영원히 거하느니라. (요일 2:15-17)

아미쉬 사람들은 아미쉬 율법(Amish Ways)을 고집한다. 그들은 현대 문명을 철저히 거부하며 지금도 17세기 농경 사회의 모습으로 살고 있다. 그들은 전기를 쓰지 않는다. 자연히 가정에 텔레비전이나 라디오, 비디오도 없고 전화도 없으며, 단지 마을 어귀에 긴급용 전화만 한 대 있다. 밤에는 호롱불을 사용한다. 자녀들은 중학교 2학년(미국의 8학년)까지만 가르친다. 더 교육을 시키면 자녀들이 못된 인본주의 과학에 물들어 하나님을 배반하기 때문이라고 설명한다. 그들은 종교를 부정하는 인본주의 과학을 '거짓 과학(False Science)'이라고 말한다. 인간의 창조를 거부하는 진화론이 그 대표적인 예가 될 것이다. 그들은 철저한 신본주의 사상을 갖고 있다. 성경에 대한 권위를 높이고, 가정을 최우선으로 삼는다.

아미쉬 사람들은 농사와 자연을 소중하게 여긴다. 생업을 위한 직업은 농업만을 고집한다. 아버지가 자녀들을 데리고 농사일을 가르치고 성경을 가르친다. 항상 부모와 자녀가 함께 생활한다. 자녀교육이 대단히 엄하며 부모의 말을 거역하면 밥도 안 준다.

지금도 17세기 유럽에서 사용하던 농경 기구들을 사용한다. 밭을 갈기 위하여 트랙터 대신 말과 소를 이용하고, 곡식 빻는 기계를 돌리기 위해 전기 모터 대신 물레방아를 사용한다. 옷은 어른이나 아이나 하얀 저고리에 검정 바지를 입는다. 웬만해서는 신을 신지 않는다. 자연친화적이기 때문이다. 지금도 자동차 대신 마차를 타고 다닌다. 그

아미쉬 사람들은 현대 문명을 철저히 거부한다.
사진은 아직도 아미쉬 사람들이 자동차를 거부
하고 타고 다니는 마차. 앞은 저자의 아들.

리고 산아제한을 하지 않아 자녀들이 많다. 마차에 탄 아이들을 보면 너무나 귀엽다. 마차가 주요 교통수단이기 때문에 도로 군데군데에는 말의 오물들이 많다.

역사적으로 보면 아미쉬 사람들은 17세기 종교개혁 이후에 등장한 급진적인 아나뱁티스트(Anabaptists)의 후예들이다. 그들은 주로 종교의 자유를 찾아 스위스와 독일에서 건너온 스위스 사람들이다. 그들은 1810년에 오하이오 주에 정착했고, 1822년에 랭커스터에 정착하였다. 미국과 캐나다에 약 7만 명이 살고 있고, 유럽과 남미에도 거주하고 있다(Hauslin, 1990; Seitz, 1989, 1991).

많은 미국인들이 그들은 50년을 못 넘기고 세속에 물들어, 그 마을은 없어질 것이라고 장담했다. 그러나 200년이 지난 지금도 세계 곳곳에 있는 아미쉬 마을은 점점 커지고 있다. 물론 그들도 세계 선교를 하고 자선사업도 한다. 그들은 세대차이 없이 부모의 신앙을 자손에게 전수하는 데 성공했다. 철저한 종교교육의 열매이다.

물론 그 중에는 반항아도 있다. 자녀들의 반항이 심할 경우 부모는 그들을 마을 밖으로 내보내는데, 나갔던 아이들이 후에 마을로 다시 돌아오는 경우가 많다고 한다. 그들의 설명에 의하면, 세상에 나가면 처음에는 호기심이 생길지 모르나 곧 말씀에 따라 세속과 구별된 깨끗하고 정든 자기 집만 못하다는 것을 깨달아서라고 한다. 이것은 무엇을 증명하는가? 13세 이전에 부모의 교육이 그만큼 중요하다는 증거다. "마땅히 행할 길을 아이에게 가르치라 그리하면 늙어도 그것을 떠나지 아니하리라"(잠 22:5).

여기서 아미쉬 사람들의 이야기를 소개하는 이유는 그들이 비록 세속과 등지고 살고 있지만 자녀에게 자자손손 오직 신앙을 지키게 하기 위해 마음밭을 옥토로 가꾸는데 최선을 다하는 모습이 존경스럽기 때문이다.

유대인보다 더 철저하게 율법을 지키는 아미쉬 사람들은 구약의 성막 모형을 자신들의 커뮤니티 안에 지었다(미국 동부 랭커스터). 저자 뒤로 제단이 보이고 그 뒤 건물 안에 성소가 있다. 그들은 철저한 신본주의 사상으로 무장되어 있다.

그들은 유대인보다 더 엄한 율법으로 자녀를 세상과 구별하여 키우는 사람들이다. 수평문화를 철저히 차단하고 IQ교육 대신 EQ교육, 방종 대신 율법교육 위주로 유대인의 쉐마교육을 시킨다. 실로 그들은 기독교인이지만 교육과 삶은 성경에 근거한 현대판 정통파 유대인이라 할 만하다.

아미쉬 인구는 지난 16년 간 두 배로 늘어났다. 엘리자베스타운 칼리지의 연구 결과에 따르면 1992년 12만 3천 명이었던 인구가 현재 22만 7천 명으로 증가한 상태다(중앙일보, *아미쉬 인구 2배 증가…28개 주로 교세 확장*, 2008년 8월 27일).

그 결과 21세기 첨단을 살고 있는 미국의 수평문화에 동화되어 없어지기는커녕 오히려 그 인구 수가 점점 더 늘어가는 데 주목해야 한다. 이것이 바로 13세 이전 교육의 힘이다. 이들이야말로 복음적 마음의 토양교육에 성공했기 때문에 제자화 교육에도 성공적인 모델이 될 것이다. 즉, 아미쉬 사람들은 pre-evangelism 교육에 성공했기 때문에 Post-Evangelism 교육에도 성공한 모델이다.

다만 흠이 있다면 그들이 내면적 자신감 교육에는 성공했다 해도, 세상의 경쟁력을 키우는 외면적 자신감 교육에는 약하다는 점이다. 그럴지라도 이러한 예들은 앞으로 한국 기독교교육의 방향을 제시하고, 자녀교육의 내용을 만드는 데 귀중한 자료가 될 것이다.

B. 메노나이트(아미쉬) 가정생활 체험기

캐나다 토론토 근방 키친너라는 도시 근처에 미국 필라델피아 아미쉬 공동체와 같은 메노나이트 공동체가 있다. 명칭만 다

아미쉬 사람들은 전기나 가스를 사용하지 않기 때문에 가정의 기구도 모두 천연 연료를 사용한다. 사진은 장작을 사용하는 오븐. 뒤의 싱크대에 물을 퍼 올리는 펌프가 보인다.

아미쉬 사람들은 모두 농장을 갖고 있다. 농작물 재배가 그들의 생업이다. 사진은 한 가족이 농장에서 재배한 사과를 시장에서 판매하는 모습. 부모는 어려서부터 자녀들에게 농사법과 장사법을 가르킨다.

르지 아미쉬와 같은 종파의 사람들이다. 메노나이트 사람들은 외부인에게 자신들이 노출되는 것을 매우 꺼려한다. 사진 찍는 것은 더 싫어한다. 그래서 개인적으로 친해지기가 대단히 힘들다. 그런데 저자는 미국 교인의 소개로 특별히 그 가정을 들여다 볼 기회가 있었다. 그 체험을 토대로 현대 문명을 거부하고 사는 그들의 생활을 간단하게 소개한다.

거실은 다른 유럽 사람들과 별 차이가 없는데 부엌이 많이 달랐다. 현대식이 아니다. 부엌의 싱크대에는 물을 끌어 올리는 펌프가 있었다. 오븐도 있었지만 음식을 데우는 데 필요한 에너지는 장작불을 사용한다. 물론 전기가 없기 때문에 냉장고가 없다. 대신 천연 냉장고를 사용한다. 음식물을 서늘한 곳에 보관하기 위해 지하를 깊이 파고 냉장고처럼 만든 가구를 그곳에 두었다가 필요할 때마다 도르레로 끌어 올려 음식물을 꺼내 먹는다. 가정의 식사 준비는 전통적으로 어머니 몫이다.

거의 모든 가족들의 옷을 어머니가 손수 만든다. 옷은 공동체가 단체로 입는 유니폼처럼 되어 있다. 남자는 남자의 복장이 있고 여자는 여자의 복장이 정해져 있다. 따라서 일반 사회처럼 유행따라 다양한 옷을 만들 필요가 없다. 필요한 생필품과 장신구도 손수 만들어 사용한다. 때로는 이런 장신구들을 만들어 외부인에게 판매도 한다.

주일은 모두 일을 하지 않는다. 교회에는 마차를 타고 가족끼리 간다. 그래서 교회 주변에는 마차 주차장이 많다. 멀리서 보면 마치 차를 세워 놓은 주차장처럼 보인다. 교회의 예배가 끝날 때까지 말들은 밖에서 기다려야 한다. 추운 겨울에는 모든 말들의 입에서 나오는 입김이 장관이라고 했다.

집은 한군데 모여 있지 않고 띄엄띄엄 떨어져 있다. 각 가정마다 일정한 넓이의 농토를 소유하고 있기 때문이다. 자녀들이 모두 성장하여 결혼을 하면 또 그만한 농토들을 사들여 분가를 시킨다. 자연히 그들의 공동체가 기하급수적으로 커질 수밖에 없다. 땅을 살 때는 도시와 멀리 떨어진 외진 곳을 선호한다. 도시의 수평문화도 막고 농사도 잘 지을 수 있기 때문이다. 물론 땅값도 도시보다 싸다.

농사일은 주로 아버지 몫이다. 그들은 농사를 지을 때 화학비료를 사용하지 않는다. 자연퇴비만 사용한다. 재배한 농산물이 모두 무공해이기 때문에 도시인들에게 인기가 좋다. 먹고 남는 것은 외부인들에게 판매도 한다. 그들의 농산물은 믿을 만하기 때문에 시중에서도 일반 농산물보다 비싸게 판매된다.

평일에도 채소와 달걀을 사러 이웃 도시 사람들이 찾아온다. 내가 방문했을 때도 외부인이 달걀을 사러 왔다. 물론 나도 사왔다. 그들은 장날에 가족과 함께 시장에 나와 농산물을 직접 파는데 자녀들은 부모가 장사하는 것을 어려서부터 돕는다. 이런 교육은 자녀들에게 자립심과 생활 능력을 키워준다. 그들이 장사하는 모습을 보면 야박하지도 않지만 그렇다고 결코 어리석게 보이지도 않는다. 아버지는 아들에게 물건 판매 기록(경리장부 처리)을 철저하게 시킨다. 이들의 소박한 삶의 현장에서 단단하고 끈끈한 성경적 가정 공동체의 모델을 발견할 수 있었다. 분명히 하나님이 창조하신 아름다운 가정의 모습이다.

C. 메노나이트(아미쉬) 학교 체험기

원래는 외부인의 학교 방문이 금지되어 있으나 특별

한 배려로 허락되었다. (이방인의 출입을 금지하는 것은 사진이나 자료를 나쁜 목적으로 사용하는 것을 막기 위함이다.)

메노나이트 공동체 학교는 자신들의 자녀들만 받기 때문에 학생 수가 적다. 초등학교 1학년부터 중학교 2학년까지 한 반에서 공부한다.

모두 약 30~40명 정도다. 정교사 한 명과 보조교사 한 명이 있었다. 교사는 공동체위원회에서 임명한다. 물론 그 교사는 일반대학 출신이 아니고 그 공동체 출신이다. 그녀의 학력은 중학교 2학년 졸업이 전부다. 그런데도 외부의 사범대 출신들보다 좋은 인성을 가진 듯했다. 그리고 학생들을 잘 다루었다. 학습 방법은 학생들의 연령과 수준에 맞는 교과서를 가지고 스스로 공부한다. 때로는 교사가 전체를 상대로 가르치기도 한다. 교사에게 이런 질문을 했다.

"학생들 중에 정말 영리하고 학구열이 많은 학생이 있어서 상급학교로 진학하고 싶어 하면 어떻게 합니까?"

교사의 대답은 간단했다.

"그래도 학문의 세계는 중학교 2학년에서 끝이 납니다. 그들 스스로 공동체 밖으로 나가길 싫어합니다."

이것은 어려서부터 가족이나 공동체의 교육이 그만큼 중요한 영향을 미친다는 것을 증명한다. 그들이 졸업을 하면, 더 이상 세상 공부를 위한 책들을 대할 필요가 없다. 취업시험도 볼 필요가 없다. 세상 신문도 보지 않으니 읽을 것은 조상대대로 내려오는 성경과 고전들뿐이다.

학생들에게 교복이 따로 있는 것이 아니라 공동체가 평상시에 입는 동일한 복장, 그 자체가 교복이다. 가정교육 때문인지 밝고 순종적이었다. 규율대로 잘 움직이었다. 떠드는 학생들이 거의 없었다. 학교에서도 기도와 성경교육을 많이 시킨다.

아미쉬 마을 자녀들은 중학교 2학년까지만 공부한다. 더 이상의 공부는 종교 생활에 나쁜 영향을 준다고 생각한다. 사진은 저자가 아미쉬 학교에서 강의하는 모습(우). 초등 1학년부터 중 2 학생까지 한 반에서 30명 정도가 함께 공부한다.

    IT 관련 문명의 이기는 오직 교사가 사용하는 전자계산기 하나뿐이다. 물론 컴퓨터를 가진다는 것은 상상할 수 없다. 자연히 인터넷도 없다. 그들은 유대인보다 더 수평문화를 철저하게 차단한다. (유대인은 컴퓨터와 인터넷을 사용한다. 그리고 일반대학에서 박사 학위도 취득하고 대학에서 교수도 한다.)

    교사의 허락을 받고 저자가 학생들에게 한국이란 나라에 대해 영어로 강의를 했다. 한국에 대해 들어본 적이 없어서인지 호기심이 많았다. 강의 후에 질문을 받았다. 너무 순박한 질문들이 나왔다.

    "한국에는 산이 있습니까?" (그들이 사는 곳에는 넓은 벌판만 있었다.)

    "산에는 어떤 동물들이 살고 있습니까? 토끼와 호랑이도 있습니까?"

"한국에는 어떤 곡물들을 농사짓고 있습니까?"

"날씨는 춥습니까? 덥습니까?" 등이었다.

그들의 머리에는 농촌에서 농사짓는 것만 입력되었기 때문에 질문도 그렇게 나올 수밖에 없었다. 이번에는 저자가 그들도 사람인데 항상 부모에게 순종만 하겠는가 싶어 이렇게 질문했다.

"가정에서 부모님이 싫어서 불순종하고 싶었던 학생들도 있지요? 그럴 때는 어떻게 하나요?"

"……"

어느 학생도 대답을 하지 않았다. 교사가 대신 물었다.

"그런 학생 하나도 없지요?"

(일동) "네!"

나중에 교사가 나를 조용한 곳으로 불렀다. 그리고 귓속말로 부탁했다. '불순종(Disobedience)'과 같은 부정적인 말을 사용하지 말라는 것이다. 그런 부정적인 언어는 인성교육에 좋지 않다고 했다. 자기는 그런 단어들을 알기는 하지만 사용하지는 않는다고 했다. 이것은 학생들의 좋은 인성을 위해 밝은 단어들과 긍정적인 단어들을 많이 사용하라는 뜻이다(부모 공경, 효자, 사랑 등). 이것은 미국의 교육학 교수들에게서도 들을 수 없는 교훈이었다.

학생들에게 TV나 영화 및 동영상 같은 것들을 보고 싶으냐고 물어보았다. 그들은 전혀 보고 싶지 않다고 대답했다. 머리에 한 번도 입력한 적이 없으니 어찌 그것들을 보고 싶어 하겠는가? 그들에게 장래 꿈을 물었다. 기상천외의 답들이 나왔다. 커서 아버지처럼 마차를 운전하고 싶다고 했다. 그리고 말을 이용한 농기구를 사용해 보고 싶다고 했다. 21세기를 이끄는 인물 같은 꿈과는 너무나 거리가 멀었다.

집으로 돌아가면 잠 잘 때까지 무엇을 하느냐고 물었다. 집에 가자마자 가축들을 돌봐야 한다고 했다. 그리고 아버지가 들에서 오시기 전에 마구간 청소를 해야 한다. 말에게 먹이도 주고 다른 가축들에게도 먹이를 주어야 한다. 그리고 가족과 함께 저녁을 먹고 가정예배를 드린다. (이 부분은 학생들에 따라 좀 달랐다.) 그리고 숙제를 하고 나면 밤 10시쯤에 잠을 잔다고 했다. 시간이 너무나 빡빡했다. 나도 어렸을 때 농사를 지어 본 경험이 있기 때문에 이들을 충분히 이해할 수 있었다. 농촌에서는 어른이나 자녀들이나 부지런하지 않으면 농사를 지을 수 없다.

한국의 어린 학생들이 노동을 싫어하고 학원에 가거나 TV를 보고 인터넷으로 시간을 때우는 것과는 너무나 차이가 났다. 그 차이만큼 그 인성의 결과에도 많은 차이가 날 것이다. 그들의 종교성 토양은 분명 옥토였다. 세상의 수평문화에 전혀 물들지 않았다.

점심시간이 되자 나가지 않고 모두 앉은 자리에서 집에서 어머니가 만들어준 도시락(주로 샌드위치)을 꺼내 먹었다. 전체 점심시간은 한 시간인데, 15분 정도의 식사 시간이 끝나자 모두 담임교사의 지시 아래 한 줄씩 줄을 지어 밖으로 나갔다. 45분간의 자유시간이다. 그들은 운동장에서 모두 자기들끼리 연령별로 팀을 짜서 한 쪽에서는 야구를, 그리고 다른 한 쪽에서는 다른 운동들을 떠들썩하게 즐기고 있었다. 돌아오는 길에 저자는 생각했다.

"현재 한국의 학생들과 그들 중 누가 더 행복할까?"

"한국 학생들과 그들 중 일생의 마지막에는 누가 더 후회 없는 삶을 살았다고 고백하며 죽을 것인가?"

삶의 목적이 다르니 교육의 방법 또한 다른 것이다. 물론 그들의 삶이 현대 생활에서 극단적인 면은 있지만, 한국 교육에 주는 시사점은 분명히 크다고 생각한다.

아미쉬 사람들은 보수 기독교인이다.
그들은 수평문화를 철저히 차단하고 IQ교육 대신 율법교육 위주로 유대인의 쉐마교육을 시킨다. 그들은 성경에 근거한 현대판 정통파 유대인이라 할 만하다.
그들은 Pre-Evangelism 교육에 성공했기 때문에
Post-Evangelism 교육에도 성공한 모델이다.
그러나 유대인과 같은 세계 경쟁력이 없는 것이 흠이다.

7. 결론: 현재 교회 성장이 힘든 가장 큰 이유와 대안

A. 척박한 종교성 토양

한국 교회처럼 교회 성장을 위해 열심인 나라도 없을 것이다. 1990년대 후반부터 교회의 성장이 멈추면서 많은 교회 성장 전문가들이 그 원인을 밝히고 대안들을 제시해 왔다. 기도 부족, 리더십 부족, 열린 마음 부족 및 현대 행정이나 문화에 적응 부족 등등. 물론 모두 나름대로 부분적인 대안이었겠지만, 저자의 의견에는 가장 근본적인 문제가 한국인의 종교성 토양이 황폐화되었기 때문이라고 본다. 예를 들어 설명해 보자.

한국의 서해안에는 간척지가 많다. 1970년대부터 바다를 메워 농토를 만들었다. 그러나 대부분 농사를 짓는 데는 실패했다. 모를 심으면 자라지 않고 빨갛게 타들어 갔기 때문이다. 그 이유는 흙에 소금기가 남아 있기 때문이다. 토양이 나쁘면 아무리 노력을 해도 농사가 안 된다. 생명이 싹트고 자랄 수가 없다. 열매 맺기는 더욱 힘들다. 생명이 견딜 수 있는 방법은 무엇인가? 물을 뿌려 소금기를 제거해야 한다. 그러나 한번 스며든 소금기를 없애기는 너무나 힘들다. 이것은 무엇을 뜻하나? 한번 잘못된 토양을 옥토로 만들기는 너무나 힘들다. 인간의 마음의 토양도 마찬가지다.

한 나라의 종교성 토양(감성+율법)이 좋은지 나쁜지는 어떻게 알 수 있는가? 종교성 토양이 좋으면 교회 개척이 쉽고 교회 성장이 잘 된다. 반면, 종교성 토양이 황폐해지면 교회 개척이 어렵고 교회 성장도 잘 안 된다. 한국처럼 이미 많은 교회가 있는 나라에서는 소형 교회는 점점 힘들어지고 일부 교회가 대형화된다.

그 이유가 무엇인가? 소형 교회 교인들이 큰 교회로 수평이동하기 때문이다. 이 사실은 한미준이 한국 갤럽과 함께 2004년 말 한국 기독교인의 교회생활과 신앙생활 조사에서 '출석교회를 옮겨본 적이 있다'는 항목에 57.9%가 그렇다고 대답한 통계에서도 나타난다(크리스천 투데이, 교인 53% 예배시간만 성경 읽는다. 2005년 4월 20일).

한국의 교회성장연구소의 설문조사 결과는 더 높은 비율을 보여준다. 2003년 7월부터 9월까지 전국 9개 대도시의 만 18세 이상 개신교인 1088명을 대상으로 가구방문을 통한 일대일 개별면접 방식으로 조사됐다. 설문조사에 따르면 응답자의 실제 교회 이동 횟수는 1번이 34.9%, 2번 28.8%, 3번이 22.3%로, 전체의 76.5%가 교회 이동의 경험이 있는 것으로 조사됐다. 이는 한국 교회 안 수평이동이 매우 빈번함을 말해주고 있다. 수평이동은 주로 중소형 교회의 신자들이 대형교회로 옮기는 것으로 나타났다(디지털 성결, *한국 교인 76.5% 교회 이동 경험 있다!* 2004년 1월 17일).

1960년대나 1970년대에는 천막을 치고 찬송가를 부르면 지나가던 사람도 그 안으로 들어와 함께 찬송도 부르고 말씀도 듣곤 했다. 개척교회가 우후죽순 격으로 너무나 잘 되었다. 자고나면 십자가가 세워지는 기분이었다. 그리고 교인들은 개척교회에서 은혜를 받아 회심하여 주인의식을 갖고 교회를 성장시키기 위해 너무나 열심히 일했다. 헌신의 도가 지나치리만큼 기도와 모임, 전도에 열심이었다. 그야말로 초대교회처럼 모이면 기도하고 흩어지면 전도했다(행 2:46-47, 5:42, 8:1). 개척교회의 전성기였다.

당시 한국 국민들은 수직문화가 강하고 감성(EQ)이 풍성했다. 수평문화에 물들지 않았다. 뿐만 아니라 경제적으로 너무나 고난이 심하고 마음도 가난하여 은혜를 사모했다. 겸손하여 자신이 의지할 절대자를 찾고 있었다. 종교성 토양이 너무나 좋은 시대였다.

2000년대 현실은 어떠한가? 도시나 농촌이나 개척교회 일구기가 너무나 힘들다. 전도가 너무 힘들다. 개척한 교회보다 문 닫는 교회가 더 많다. 대신 일부 교회가 대형화된다. 이것은 무엇을 뜻하는가? 현재 유럽 교회처럼 한국 기독교도 말기 현상이 나타나고 있는 것이다. 이것은 마치 호수에 물이 많을 때에는 물고기가 사방에 편만하게 뛰놀고 있다가, 가뭄이 들어 수면이 점점 낮아지면 고기가 물이 고인 웅덩이로 떼를 지어 모이기 시작하는 현상과 마찬가지다. 현재 한국의 대형 교회는 불신자들이 많이 들어와 회심하여 교회가 성장하는 것이

유대인이 자자손손 하나님 말씀과 전통을 전수하는 데 성공한 이유는 어려서부터 수평문화를 차단하고 자녀들에게 마음의 토양교육을 철저히 했기 때문이다. 사진은 정통파 유대인 중·고등학교 학생들이 아침기도를 준비하기 위해 쉐마 경문을 이마와 팔에 매는 모습.

아니라, 대부분 소형 교회 교인들이 큰 교회로 수평이동하여 성장한다. 대부분 시설이 좋고 현대 감각이 있고 편리하고 비교적 설교 말씀이 좋기 때문이다. 그리고 그곳에 가면 헌금이나 봉사에 부담도 없기 때문이다.

이는 무엇을 뜻하나? 종교성 토양이 좋으면 성령의 역사가 강하게 일어나 모이기에 힘쓰고 토양이 나쁘면 성령의 역사도 잘 안 일어나고 교회에 모이기도 싫어한다(행 2:46, 히 10:25). 왜 모이기를 싫어하는가? 수직문화와 감성(EQ)이 약하고 수평문화에 물들었기 때문이다. 육에 취하고 개인주의와 이기주의가 팽배하기 때문이다. 따라서 개척교회가 잘 되는 나라는 종교성 토양이 좋고, 개척교회가 잘 안 되는 나라는 종교성의 토양이 나쁘다고 말할 수 있다.

물론 개척교회가 잘 되는 나라와 예수님을 믿고 구원받은 이후 성화의 과정이 잘 되는 나라의 종교성 토양은 다르다. 개척교회가 잘 되는 종교성 토양은 감성(EQ)이 풍부한 사람들의 마음을 뜻하고, 성화(제자화)가 잘 되는 종교성 토양은 율법교육이 잘 된 인격을 뜻한다. 전체적 종교성 토양은 감성 교육과 율법교육이 양과 질에서 균형을 이룬 것을 뜻한다(앞의 '한국인과 일본인의 종교성 토양 비교' 참조).

앞으로 고도의 전자매체의 수평문화에 오염된 어린 세대가 올라오면 문제는 더욱 심각해질 것이다. 중국이나 일본은 하나님 없이도 잘 살 수 있는 나라이지만 한국은 하나님을 떠나면 또다시 중국이나 일본의 노예가 될 수 있다는 역사적 사실을 망각해서는 안 된다. 이에 대한 대안은 무엇인가? 오직 이 책에서 제시하는 인성교육 노하우와 유대인의 쉐마밖에 없다. (이 경우 기독교인의 쉐마 속에는 복음의 생명이 먼저 있다는 전제하이다.) 이 세대가 가기 전에 살 길을 찾아 분연히 일어나야 한다.

B. 현대 기독교교육의 실패 원인과 대안

현재 한국 교회가 기독교 역사 100년 동안 수많은 교회가 세워져 하나님을 기쁘게 해드렸지만, 초대교회 때와 같이 훌륭한 신앙을 자손들에게 전수하는 데에는 실패했다. 그동안 국내외의 수많은 기독교교육의 자료와 교육 방법이 개발되어 사용되었는데도 왜 생명을 전수하는 데는 어려움을 겪고 있는가?

특히 2007년은 1907년 한국의 초대교회 평양의 부흥운동이 일어난지 100년이 되는 해다. 교계에서는 그 부흥을 다시 일으키자는 구호를 외치고 있다. 그러나 그렇게 되기는 힘들다. 그 이유는 무엇인가? 크게 4가지 원인을 찾을 수 있다.

첫째, 100년 전에 비해 현대는 지도자나 교인들의 종교성 토양이 창궐하는 수평문화로 말미암아 너무나 황폐화되어 있기 때문이다.

둘째, 100년 전은 현대에 비해 한국인의 수직문화 교육이 너무나 잘 되어 있었다. 그 비례대로 선조들의 믿음도 그만큼 강했다.

셋째, 부모가 자녀에게 직접 하나님의 말씀을 가르쳐 제자 삼는 유대인의 쉐마교육이 아니고 부모들이 거의 교회 교육에만 의존했기 때문이다.

넷째, 대부분의 수많은 현대 기독교교육의 자료와 교육 방법인 프로그램들이 하나님을 기쁘게 해드리는 성경에 근거한 하나님 말씀과 기도 중심이 아니라, 어린이를 기쁘게 해주는 인본주의적 프로그램 위주이기 때문이다. 아무리 어린이들의 관심을 끄는 프로그램이라 해도 그 속에 영혼의 생명을 살리는 하나님의 말씀이 없으면, 그것은 수많은 물질과 수고를 낭비할 뿐 열매는 맺지 못한다는 사실을 명심해야 한다.

한국 민족교회를 살리려면 첫째, 종교성 토양을 옥토로 만드는 인성교육이 필요하고, 둘째, 부모가 직접 자신의 자녀들을 하나님의 말씀을 가르쳐 제자로 삼아야 하고, 셋째, 초대교회와 같은 순전한 복음의 능력과 복음과 성경에 기초한 기독교교육의 자료와 프로그램을 개발해야 한다. 그 모델을 유대인의 선민교육인 쉐마에서 찾을 수 있다.(물론 구원을 위해서는 구약의 선민교육 외에 신약의 복음도 마땅히 첨가되어야 한다.)

한 가지 더 필요한 것이 있다. 인성교육을 시켜 종교성 토양을 옥토로 만들었다 해도 옥토를 그대로 방치한다면 잡초가 무성히 자라 열매를 맺을 수 없다. 여기서 잡초란 무엇인가? 잡초의 씨는 육을 자극하는 수평문화다. 수평문화는 육신의 일이며 인간의 정욕을 위한 것이다(롬 13:14). 육신에 있는 자들은 하나님을 기쁘시게 할 수 없다(롬 8:8). 우리가 육신에 있을 때에는 율법으로 말미암는 죄의 정욕이 우리 지체 중에 역사하여 우리로 사망을 위하여 열매를 맺게 한다(롬 7:5).

가정이나 학교에서 세속적 수평문화를 계속 차단해야 한다. 그리고 좋은 열매를 맺으려면 부모가 옥토가 된 자녀의 마음에 끊임없이 하나님의 말씀의 씨를 뿌려야 한다. 적게 심는 자는 적게 거두고 많이 심는 자는 많이 거둔다(고후 9:6). 그리고 인성교육의 본질인 수직문화도 계속 반복적으로 가르쳐야 한다. 그래야 30배, 60배, 100배의 열매를 맺을 수 있다.

그럴지라도 인간이기 때문에 수평문화로 인한 잡초는 전혀 없을 수 없다. 그 잡초를 끊임없이 제거해야 한다. 그 방법은 성령의 능력을 받아 회개운동을 정기적으로 해야 한다. 한국의 초대교회도 길선주 목사의 회개로 시작했다.

**현대 한국 교회는 종교성 토양이 점점 더 황폐해져서
개척교회는 힘들고 일부 교회가 대형화되는 기독교 말기 현상을 보이고 있다.
앞으로 수평문화에 오염된 어린 세대가 올라오면
교회는 문을 닫고 나라는 망하게 된다.
오직 대안은 저자의 인성교육 노하우와 유대인의 쉐마밖에 없다.
이 세대가 가기 전에 살 길을 찾아 분연히 일어나야 한다.**

III. 인성교육 원리 적용 1 – 현실 적용: 왜 수직문화가 개인과 민족에게, 기독교인에게 필요한가
(인성교육의 원리를 알면 성공이 보인다)

> 여기까지 여러분은 수직문화와 수평문화에 대한 여러 가지 이론을 배웠습니다. 그리고 이와 관련하여 자긍심, 자아의식 및 민족의 정체성(주체의식)과의 관계성도 배웠습니다.
> 지금까지 배운 것들을 응용하여 다음의 문제들을 생각하며 풀어보십시오. 그리고 자신의 의견을 서로 제시하며 토론하십시오. 인성교육에 관한 고민이 시원하게 풀릴 것입니다. (다음은 쉐마교사대학 워크숍 북 중 일부임)

질문 1: 중국은 현재 경제 사정이 좋아지면서 엄청난 도덕과 윤리의 혼돈 속에 있습니다. 그 이유 중 하나가 1966년부터 1976년까지 문화혁명*(혹은 10년 동란)의 결과라고 볼 수 있습니다. 왜 그렇습니까?

답 1: 그동안 중국인의 수직문화에 기초가 되었던 정신적인 사상이 약화된 공백에 경제 사정이 좋아지면서 증가한 퇴폐 수평문화

---

* 중국의 문화혁명은 "공자가 죽어야 나라가 산다"라는 구호 아래 그동안 중국의 정신적 사상의 근본이었던 유학사상을 가진 지식인을 숙청한 사건이다.

가 침투했기 때문이다.

질문 2: 저자가 한국의 장로회신학대학원에서 제3세계 목회자와 선교사들에게 쉐마에 대해 강의한 적이 있습니다(1999년 겨울 집중강의). 그때 아프리카나 인도의 오지에서 오신 분들은 한결같이 자신들이 섬기는 나라의 자녀교육에 대해 매우 비관적인 견해를 밝혔습니다.

그 이유는 현재 아프리카 부족이 사는 산골에도 TV가 있어서 선진국의 수평문화가 그대로 안방에 전달되어 자녀들이 급속히 타락하고 있다는 것입니다. 그들은 한국을 부러워하면서 자신들의 나라가 한국보다 더 심각하게 타락하고 있다고 말했습니다. 그곳은 왜 한국보다도 더 빨리 타락할 수밖에 없습니까? 그 이유를 토론하십시오.

답 2: 그것은 아프리카 부족이 갖고 있는 수직문화보다 한국의 수직문화가 더 깊고 넓게 정리된 유교사상을 갖고 있기 때문이다.

동일한 수직문화라 하더라도 그 수준의 높고 낮음에 따라 다르다. 수직문화의 논리가 깊고 넓게 그리고 객관적으로 타당성 있게 정리되어 있는 것이 있고, 반면 허황된 샤머니즘 수준의 것들도 있다. 그리고 그 수직문화가 실생활에도 얼마나 잘 적용되었느냐도 중요하지만, 그에 따른 역사적 열매 또한 중요하다(예: IQ, EQ 그리고 현대화 및 세계화의 이바지한 공헌도). 따라서 저자는 유대교가 역사적으로 가장 우수하고 동양의 유교도 우수한 편이라고 생각한다.

질문 3: 아프리카 케냐에서 오신 선교사님에 의하면, 그곳 부족들에게 선교하기가 매우 쉽다는 것입니다. 복음을 전하고 병을 고쳐주고 구호품도 나눠주면서 "예수님이 최고"라고 외치면 수없이 몰려온답니다. 그런데 몇 년 뒤 지도자가 1년쯤 안식년으로 타지에 갔다 오면 그 교회 교인들은 거의 흩어져 버리고, 더 실망스러운 사실은 누가 "마호메트가 최고다!" 하면 또 그쪽으로 모두 몰린다는 것입니다.

1) 그들의 어떠한 문화가 약해서 그렇게 되었습니까?

2) 그들의 수직문화는 동양이나 서구보다 왜 상대적으로 약한지 그 이유를 찾아보십시오.

3) 수직문화가 강한 사람이 예수님을 믿어도 강하게 믿습니다. 성경에서 바울의 예를 들어 설명하십시오.

4) 수직문화가 강한 사람이라도 자신이 그동안 개발된 개성과 습관에 따라 다른 종교로 개종을 했을 경우 그들의 신앙의 문화가 다르게 됩니다. 예를 들어 한국의 유학자와 무당이 기독교로 개종했을 경우 두 사람은 각각 어느 교단의 성도가 되었을 것 같습니까?

5) 수직문화가 강한 사람과 약한 사람의 장단점을 종교심리학적인 면에서 설명하십시오.

답 3: 1) 수직문화

2) 질문 2의 답 참조

3) 사도 바울이 회심하기 전에 유대주의에 강했던 것만큼 기독교로 개종한 뒤 기독교에도 강했습니다. 수직문화가 강한 것은

변동이 없고 다만 종교의 대상만 바뀌었을 뿐이다.

4) 수직문화가 강한 사람이라도 그동안 자신에게 개발된 개성과 습관에 따라 다른 종교로 개종을 한 후에도 신앙의 문화가 다르게 나타난다.

유학자 ⇨ 고신(물론 상대적으로 대부분 그렇다는 뜻이다)

무당 ⇨ 순복음(물론 상대적으로 대부분 그렇다는 뜻이다)

5) 수직문화가 강한 사람: 예수님을 믿기는 힘들다. 그러나 한번 믿으면 믿음이 강하다.

수직문화가 약한 사람: 예수님을 믿기는 쉽다. 그러나 환난이나 수평문화에 약하다.

Self-Esteem

Self-Identity

Ethnic- Identity

내가 누구인지를 알고(Self-Identity), 자신의 민족의식이 강한 사람(Ethnic Identity)이 자아 형성(자긍심)이 잘 된 사람이다. 이런 사람이 예수님을 믿어야 예수님을 조직적으로 강하게 잘 믿는다. 반면, 자아 형성이 엉성한 사람은 예수님을 믿어도 엉성하게 믿는다.

질문 4

실례 1: 다음은 남미에서 사역하는 파라과이 선교사의 고백입니다. 그곳 도시 시민들에게 복음을 전하고 교회를 세웠습니다. 그

---

* 개성이 강한 사람(고집이 센 사람)과 약한 사람(착한 사람)의 비교 참조.

리고 교회가 성장하여 신학교와 초·중·고학교도 세웠습니다. 그런데 그들에게 아무리 교육을 시켜도 한계를 느꼈습니다. 청결과 정직 그리고 내핍생활을 반복적으로 교육시켰는데도 교육의 성과가 예상에 미치지 못했습니다. 선교사가 보고 있으면 몸을 움직이지만 선교사가 없으면 제자리로 돌아가기 일쑤였다고 합니다. 그렇게 된 가장 큰 이유가 무엇이라고 생각합니까?

실례 2: 아르헨티나의 원주민(인디오)에게 선교를 했을 때 성령님의 역사가 강하게 일어났다고 합니다. 방언은 물론 눈물을 흘리며 방언으로 찬송도 불렀다고 합니다. 그런데 그들의 일상 행동은 좀처럼 변하지 않았습니다. 한 남성이 여러 여성과 성관계를 갖는 옛 습관도 크게 변하지 않았습니다. 그렇게 된 가장 큰 이유가 무엇이라고 생각합니까?

답4: 물론 여러가지 이유가 있겠지만 인성교육학적으로 설명하면, 아무리 복음이 들어가도 그 민족에게 어려서부터 형성된 수직문화의 질과 양이 우수하지 못하다면 그럴 수밖에 없다. 그리고 성령님이 교육에 미치는 영향 역시 대단하지만 그것 역시 상대적이다.*

---

* 자세한 것은 이 책 제2권 제2부 제6장 Ⅲ·3·B·2) '인성교육 측면에서 본 고린도 교회와 데살로니가 교회의 차이' 참조.

질문 5: 흔히 역사적으로 어느 나라든지 기독교 국가가 되면 크게 경제가 발전한다고 합니다. 그 예로 독일이나 영국, 미국 및 한국을 듭니다. 과연 이 말은 100% 맞는 말입니까? 일부만 맞는다면 그 이유는 무엇입니까?

답5: 물론 일부는 맞다. 한 개인이나 국가에 기독교가 들어가면 영적인 구원만 받는 것이 아니고 땅의 육적인 복도 받는다. 그러나 그것도 상대적이다.

예를 들어 아프리카 케냐는 공식적으로 75% 이상이 기독교인이다. 그런데도 아직까지 빈곤에 시달리고 있다. 그 이유는 똑같은 기독교 국가라 해도 각 민족에게 형성된 수직문화의 질과 양에 따라 그 결과가 다르다는 것을 발견할 수 있다. 참고로 일본은 기독교 국가가 아니라도 경제대국이 되었다. 그들의 수직문화의 질과 양이 그만큼 우수하다는 것을 입증한다.

질문 6: 미국 각 신학교 전체 학생 중 30% 이상이 미주 한국인 2세들입니다. 그런데 졸업하고 주님을 위해 사역하는 사람은 졸업생 중 겨우 20% 미만이라고 합니다. 그들이 영어와 히브리어 및 그리스어(IQ)는 1세보다 훨씬 잘하는데, 왜 무엇이 부족하여 주님을 위한 사역과 목회를 못하겠습니까?

답6: 수직문화와 고난의 역사 교육(고난의 훈련)이 약하기 때문이다. 따라서 그들은 어떠한 일을 하더라도 부모세대만큼 끈기와 인내를 갖고 있지 못하다.

질문 7: 이방인의 수직문화 교육도 기독교인의 인성교육에 도움을 줄까요? 예를 들어 하나님은 왜 모세를 이스라엘 민족의 지도자로 세우기 위해 40년간 이집트의 수직문화 교육을 시켰을까요? 왜 하나님의 선민교육만을 받은 아론을 택하지 않으셨을까요?

답7: 기독교인은 흔히 자녀에게 하나님의 말씀 교육만 필요하고 한국인의 전통적인 수직문화는 필요 없는 것처럼 생각하는 경향이 많다. 그러나 그렇지 않다. 자녀를 큰 그릇으로 만드는 데 한국인의 수직문화가 꼭 필요하다.*

즉 이방인의 수직문화도 인성교육에 꼭 필요하다. 성경에서 예를 찾는다면, 그 대표적인 예가 모세다. 그는 무려 40년간 이집트의 교육을 받았다. 이집트 교육은 복음주의 시각에서 세속 교육의 상징이다. 영적으로 이집트의 왕 바로는 사탄을 상징하기 때문이다. 하나님의 말씀에 근거한 유대인의 선민교육과 상반된 교육이다. (어떤 이는 모세의 어머니 교육의 영향을 얘기한다. 그러나 모세의 어머니는 모세가 두 살이 될 때까지만 유모로 모세에게 젖을 먹였다. 따라서 2세까지는 논리적 사고가 거의 없는 시기이기 때문에 어머니 교육의 근거는 희박하다)

그럼에도 불구하고 하나님은 왜 수백만의 선민교육을 받은 이스라엘 민족 속에 있었던 지도자들을 제치고 세속 교육을 받

---

* 물론 한국인의 수직문화 중에도 좋은 것과 나쁜 것이 있다. 자세한 것은 이 책 제3권 제6부 제1장 '인성교육에 예절이 필요한 이유' 참조.

은 모세를 하나님의 선민 이스라엘 민족의 지도자로 세우셨는가? 왜 하나님의 선민교육을 받은 아론을 택하지 않으셨는가? 하나님은 왜 모세를 이스라엘 민족의 지도자로 세우시기 위해 40년간 이집트의 수직문화 교육을 시키셨는가?

그 이유는 모세가 이집트의 궁중에서 받은 수직문화 교육이 당시 이집트 노예였던 이스라엘 백성들이 받은 교육보다 더 큰 그릇으로 만드는 데 우수했기 때문이다. 이집트는 비록 구원받지 못한 나라였지만, 당시 왕자만이 받을 수 있는 최고의 엘리트 교육을 통해 이집트의 지혜교육과 그 나라의 율례와 법도를 철저히 전수받았다.

모세가 애굽 사람의 학술을 다 배워 그 말과 행사가 능하더라.
(행 7:22)

당시 이집트는 다른 나라에 비해 상대적으로 질과 양에서 가장 수준 높은 수직문화를 가진 나라였다. 덕분에 모세는 세상적으로도 훌륭한 왕이 될 수 있는 아름답고 큰 그릇이 준비된 사람이었다. 즉, 최상의 pre-evangelism 교육을 받은 인물이다.

이것은 당시 노예였던 이스라엘 민족이 각 가정에서 받았던 선민교육과는 비교가 되지 않았다. 더구나 그 당시에는 이스라엘 백성에게 구체적인 교육 내용인 토라도 없었다.

이것은 무엇을 뜻하는가? 조직적으로 잘 정리된 수직문화 자체는 이방인의 것이라 해도 한 인간을 아름답고 큰 그릇으

아론과 모세의 차이점

인물 교육	아론	모세
교육의 차이	하나님의 선민교육을 받은 사람	이집트의 궁중교육을 받은 사람
영적 교육	하나님의 거룩한 교육	사탄의 교육(바로는 사탄을 상징함)

교육
환경의
배경
	- 노예 집단 출신
	- 고급 엘리트 교육의 부재
	- 조직적이고 깊이 있는 수직문화 교육을 받을 수 없었음
		- 왕자 출신
		- 이집트의 고급 엘리트 교육
		  (왕자 교육)
		- 조직적이고 깊이 있는 최고의
		  수직문화 교육을 받음

리더십의 차이	이스라엘 백성을 인도할 왕의 리더십 부족	이스라엘 백성을 인도할 왕의 리더십 교육
그릇의 차이	작은 그릇	큰 왕의 그릇
하나님의 계획	모세의 보조 대변인 역할 로 사용하심	이집트의 궁중에서 왕의 그릇 으로 만드신 뒤 하나님의 종 으로 부르심

하나님은 왜 모세에게 이집트의 수직문화 교육을 시키셨는가? (답 7 참조).

로 만드는 데 절대적인 영향을 준다는 사실이다.

다만 하나님께서 그를 쓰실 때에는 이방인의 수직문화에 의해 준비된 그릇 자체는 사용하시되, 그 그릇 속에 담겨 있던 세속적 내용물은 버리게 하시고, 하나님의 성령과 말씀으로 채우신 후 사용하신다. 모세의 경우도 마찬가지다. 하나님은 모세에게 이집트에서 40년간 배운 내용물과 교만을 버리게 하시고 겸손히 낮추시기 위해 40년 동안 광야 생활을 하게 하셨다. 하나님은 이렇게 말씀하신다.

그러므로 하나님의 능하신 손 아래서 겸손하라. 때가 되면 너희를 높이시리라. (벧전 5:6)

모세의 계획은 자신이 이집트 왕이 된 뒤 눈에 보이는 세상의 힘으로 자기 백성을 해방시키고자 했다. 그러나 하나님의 계획은 눈에 보이지 않는 하나님의 힘으로 이스라엘 백성을 해방시키고자 하셨다. 그래서 모세는 하나님이 이스라엘 백성을 구원하시려고 광야로 그를 찾아 가셨을 때 네 번이나 거절하였다(출 3-4장). 자신은 과거의 모세가 아니니 "주여 보낼 만한 자를 보내소서"(출 4:13)라고 거절하였다.

세상교육은 높아지게 하는 교육이고, 하나님 교육은 낮아지게 하는 교육이다. 그래서 하나님은 모세를 40년간 애굽의 교육을 시키신 만큼 40년간 하나님의 광야교육(고난의 교육)을 시키셨다. 하나님은 그가 낮아진 이후 높이시기 시작하셨다. 그러나 그가 가진 그릇은 천하를 호령할 만한 왕의 그릇이었다.

그것은 이집트 수직문화 교육의 작품이다.

우리는 이 대목에서 다시 한 번 생각해 볼 필요가 있다. 하나님은 왜 모세를 이스라엘 민족 속에서 키우지 않으시고 이집트에서 키우셨는가? 후일 이스라엘 민족의 대 지도자로 쓰시기 위하여 갓난아기 때에 이집트의 바로 왕 수하로 들어가게 하셨다. 그리고 때가 차매 그에게 이스라엘 민족의 출애굽을 인도하는 역사적인 사건의 주인공이 되게 하셨다(출 3:10; 행 7:34).

여기에서 인간이 예측할 수 없는 하나님의 놀라운 경륜을 발견할 수 있다. 하나님의 불가항력적인 예정에 의한 한편의 대하드라마다.

질문 8: 2006년 5월 25일 통계청이 발표한 2005년 인구주택총조사 결과에 따르면 지난 10년 간 한국 3대 종교 중 불교를 믿는 인구는 3.9%, 천주교는 74.4% 증가한 반면, 개신교는 1.6% 감소했습니다.(뒤의 표 참조). 왜 개신교 인구는 줄고, 천주교와 불교 인구는 늘었을까요? 특히 왜 개신교 인구는 1.6% 줄었는데 천주교 인구는 74.4%나 크게 늘었을까요?

답 8: 개신교의 성장이 감소된 주원인은 앞서 설명한 대로 최근 현대인의 복음적 마음의 토양이 수평문화의 영향을 받아 돌밭으로 변했기 때문이다. 이런 문제는 비단 개신교만의 문제는 아니다. 모든 종교들이 다 갖고 있다. 이것은 위의 통계 자료에서 확인할 수 있다. 전체 한국의 종교 인구가 지난 20년 동안

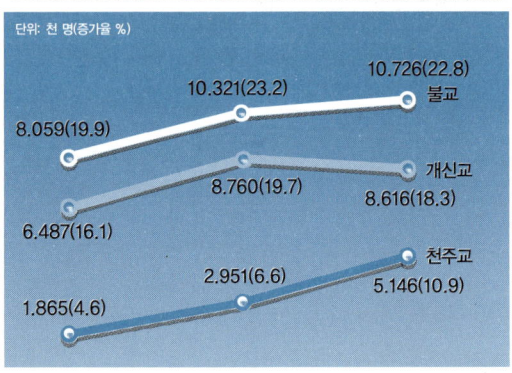

종교 인구, 20년간 어떻게 변했나

단위: 천 명(증가율 %)

- 불교: 8,059(19.9) → 10,321(23.2) → 10,726(22.8)
- 개신교: 6,487(16.1) → 8,760(19.7) → 8,616(18.3)
- 천주교: 1,865(4.6) → 2,951(6.6) → 5,146(10.9)

출처_ 통계청

종교 유형별 인구 추이(최근 20년간)

연도 종교	1985 인구/구성비%	1995 인구/구성비%	증감% 85~95	2005 인구/구성비%	증감% 95~05	1985~2005년 증감% 20년간
총 인구	40,419/100.0	44,554/100.0	10.0	47,041/100	5.6	16.4
무종교인	23,216/57.4	21,953/49.3	-10.6	22,070/46.9	0.5	-4.9
종교인	17,203/42.6	22,598/50.7	31.4	24,971/53.1	10.5	45.2
불교	8,059/19.9	10,321/23.2	28.1	10,726/22.8	3.9	33.1
기독교 (개신교)	6,489/16.1	8,760/19.7	35.0	8,616/18.3	-1.6	32.8
기독교 (천주교)	1,865/4.6	2,951/6.6	58.2	5,146/10.9	74.4	176.1
유교	483/1.2	211/0.5	-56.3	105/0.2	-50.4	-78.3
기타 종교	175/0.4	268/0.6	53.1	247/0.5	-7.7	41.1

출처_ 통계청 '2005년 인구주택총조사' 2006년 5월 25일 발표

기독교(개신교 +천주교) 인구는 처음으로 불교 인구보다 1985년 29만5000명을 추월한 데 이어, 1995년에는 139만 명, 2005년에는 303만 6천 명이 많은 것으로 나타났다.

전반기(1985~1995년) 10년간은 31.4% 성장했으나 후반기(1995~2005년) 10년간은 10.5%로 둔화됐다. 불교도 지난 20년 동안 전반기(1985~1995년) 10년간은 28.1% 성장했으나 후반기(1995-2005년) 10년간은 3.9%로 둔화됐다. 특히 유교는 20년간 총 78.3%의 감소를 보였다. 그만큼 최근에 수평문화의 영향력이 더 강해지기 때문이다.

    그런데도 유독 천주교는 어떻게 지난 10년간 74.4%나 급성장 했을까? 반면 왜 개신교는 같은 기간에 1.6%나 감소했을까? 그것은 주로 개신교 교인들이 천주교로 개종했기 때문이다(왼쪽 표 참조). 즉 대부분 수평이동이라는 점이다. 왜 개신교인들이 천주교로 개종했을까? 그 이유를 인성교육적 측면과 구원론적 측면에서 살펴보자.

첫째, 먼저 인성교육적 측면에서 그 이유를 찾아보자.

인성교육적 측면에서의 질문
1. 천주교의 무엇이 개신교인들을 그곳으로 이끌었는가?
2. 왜 개신교 교회는 천주교보다 가볍게 느껴지는가? 그 원인과 대안은 무엇인가?

2006년 10월 30일 개신교계 목회사회학연구소(소장 조성돈: 실천신학대학원 교수)는 기독교백주년기념관에서 '현대인의 마음을 사로잡은 가톨릭 성장' 주제의 포럼을 갖고, 개신교인이 천주교로 간 이유를 발표했다. 정재영 실천신학대학원 교수와 이승훈 한림대 연구교수가 함께 진행한 이 연구는 개신교에서 천주교로 개종한 개종자 16명을 심층 면접하며 조사했다.

많은 요인들이 있지만 요약하자면, 이들을 성당으로 이끈 가장 큰 힘은 '천주교는 성(聖)스럽다'는 인상이다. 반면 개신교는 '화려하고 활기차지만, 시끄럽고 가벼운' 교회 분위기 때문이다(한국일보, 나는 왜 개신교에서 가톨릭으로 갔나, 2006년 11월 23일).

그들은 경박하게 보이는 기독교 문화에 질린 것이다. 반면, 성당은 엄숙해서 그 안에 하나님이 계신다는 감동을 느낀다는 것이다. 그래서 그들은 예수님을 믿는 것이 개신교와 비슷하다고 생각하는 천주교로 옮긴 것이다.

개신교는 왜 천주교처럼 성스러운 인상을 주지 못하고, 가벼운 인상을 주는가? 개신교는 그동안 사람을 많이 모으기 위해 경쟁적으로 수평문화적 재미 위주의 가벼운 프로그램을 많이 만든 것이 화근이었

한국 현대 개신교와 타종교의 예배 분위기 차이

구분 종교별	예배 분위기	이유
천주교의 성당	엄숙함	수직문화적 예배 형식. 경건한 느낌. 수천 년간 바뀌지 않음.
불교의 불당	엄숙함	수직문화적 예배 형식. 경건한 느낌. 수천 년간 바뀌지 않음.
기독교의 예배당	대부분 분주함	수직문화적 예배 형식에서 수평문화적 예배 형식으로 바뀜. 가볍게 느껴짐.

다. 반면 천주교나 불교는 인생의 의미를 찾는 수직문화적 무거운 분위기를 그대로 수천 년 동안 지키고 있었다는 점이 성공의 비결이다.

개신교 지도자들이 잘못 생각한 점이 바로 이것이다. 교회는 인생의 의미를 찾는 하나님의 거룩성(Holiness)을 유지했어야 하는데, 이를 무시한 것이다. 특히 교회교육에서 청소년의 시선을 끌기 위해 실시하는 육을 자극하는 선정적인 율동(춤)이나 재미 위주의 프로그램들은 인생의 의미를 깊이 생각하게 하기 보다는 사람의 수준을 가볍게 만드는 독(毒)일 수 있다(물론 교회에서 재미있는 프로그램이 전혀 필요 없다는 말은 아니다. 차후 설명함).

소위 기독교문화라는 이름으로 만든 세속적인 재미문화가 주님의 몸된 교회의 거룩성을 파괴시키고 있다. 교회가 점점 세속화하고 있다. 물론 그렇지 않은 교회들도 있지만, 이런 교회들이 점점 늘고 있다는 데 문제가 있다. 흔히 기독교문화 사역자들은 이렇게 말한다.

"예전에는 자녀들이 교회의 문화가 세상의 문화보다 더 재미있어서 교회에 왔는데, 이제는 세상문화가 더 재미있어서 교회에 오지 않는다. 그러므로 교회도 세상 문화의 형식을 빌려 더 재미있는 기독교 문화를 만들어야 한다."

과연 이 말이 맞는가? 성당이나 사찰에 가는 사람들은 세상의 재미를 찾아 가는가? 아니다. 그런데 왜 유독 개신교 교인들은 교회에서 세상의 재미를 찾게 하는가? 세상의 재미를 찾기 위해 종교를 찾는 것 자체가 잘못된 발상이다. 성당이나 사찰에 가면 엄숙하여 고개가 숙여지고 마음이 정돈되는 것처럼 교회 분위기도 그래야 한다. 요란할 필요가 없다. 최소한 주일 대예배만은 거룩하고 경건하게 드려야 한다.

옥성호는 그의 책 《심리학에 물든 부족한 기독교》를 통해 오늘날 교회에 파고드는 수평문화적 요소인 심리학, 마케팅, 엔터테인먼트를 사탄의 거짓말로 폭로한다. 그 중 마케팅에 물든 대표적인 교회로 미국의 윌로우 크릭 교회(빌 하이벨스)와 새들백 교회(릭 워렌)를 소개한다. 한국의 일부 교회는 무분별하게 그들의 열린 예배를 받아들여 지난 10여년 동안 심각하게 교회의 거룩성을 파괴하고 있다(부흥과 개혁사, 2007년, pp. 19, 329). 이제 개신교는 열린 예배가 도입되면서 더욱 파괴된 주님의 몸된 교회의 거룩성을 어떻게 회복시킬 것인가를 고민해야 할 때다.

물론 교회교육에서 모든 재미 위주의 프로그램을 배제하자는 말이

**성당이나 사찰에 가는 사람들은 세상의 재미를 찾아 가는가?
아니다.
그런데 왜 유독 개신교 교인들은 교회에서 세상의 재미를 찾게 하는가?**

아니다. 그것이 주가 되어서는 안 된다는 것이다. 교회의 거룩성을 지키고 말씀과 기도(Text: 본질)를 주로 하면서 재미 프로그램(Context; 비본질)은 부산물이 되어야 한다는 말이다.

여기에서 지적하는 것은 교회가 성령이 충만하여 다이내믹해진 것, 그 자체가 아니다. 그것은 좋은 것이다. 그런데 교회의 본질과 비본질이 뒤바뀌었다는 것이다. 예를 들어 예전에는 말씀과 기도 중심의 경건하고 건강한 예배였는데, 이제 경배와 찬양 중심의 가벼운 예배로 변해가고 있다는 것이다.

여기에서 또 한 가지 지적할 것은 인성교육적 측면에서 누가 개신교에서 천주교로 가는가 하는 것이다. 주로 깊이 있는 수직문화적인 사람들이 간다. 가벼운 수평문화적 사람들은 가지 않는다. 깊이 명상하려는 종교성(Religiosity) 자체가 수직문화에 속한다.* 현대인의 마음을 사로잡은 천주교의 비밀은 여기에 있었다.

개신교는 왜 천주교처럼 성스러운 인상을 주지 못하고, 가벼운 인상을 주는가?
개신교는 그동안 사람을 많이 모으기 위해 경쟁적으로 수평문화적
재미 위주의 가벼운 프로그램을 많이 만든 것이 화근이었다.
반면 천주교나 불교는 인생의 의미를 찾는 수직문화적 경건한 분위기를
그대로 수천 년 동안 지키고 있었다는 점이 성공의 비결이다.

---

* 자세한 것은 《문화와 종교교육》(현용수, 쉐마, 2007) 참조.

둘째, 이제 구원론적 측면에서 답을 찾아보자.

구원론적 측면에서의 질문
1. 천주교로 개종한 개신교인들은 뚜렷한 구원의 확신이 있는가?
2. 그들이 뚜렷한 구원의 확신이 없다면, 개신교는 교회의 역할을 제대로 했는가?

왜 교회가 세속화되어 가고 있는가? 왜 개신교는 특히 교회학교에서 최근에 수평문화적 재미 위주의 프로그램을 많이 도입했는가? 여러 가지 이유가 있겠지만 여기서는 인성교육적 입장에서 그들의 얘기를 들어보자.

"재미있게 하지 않으면 그나마 나오는 학생들도 나오지 않습니다. 그래서 그들을 더 오래 붙잡아 두기 위해서는 '깜짝 쇼' 같은 더욱 자극적인 수평문화 방법을 도입할 수밖에 없습니다."

이것은 마치 세상의 텔레비전 방송국들이 시청률을 높이기 위해 경쟁적으로 더 자극적인 재미 위주의 프로그램을 만들어야 한다는 논리와 같다. 문제의 본질은 무엇인가? 교회는 이런 방법으로 학생들을 오게 해서는 안 된다는 것이다. 교회는 교인이 요구하는 재미를 충족시키는 곳이 아니고, 하나님이 원하시는 영혼의 갈증을 말씀과 기도로 충족시키는 곳이다. 교회는 영혼 구원이라는 교회의 본질에 충실해야 한다. 그들이 하나님께 은혜를 받아 예수님을 믿고 구원받게 해야 한다. 그리고 더욱 스스로 주님께 충성하게 해야 한다.

교회는 복음의 능력으로 현대인의 마음을 사로잡아야 한다. 교회에서 기도와 하나님의 말씀을 통하여 성령의 능력을 체험하고 예수님을

개신교와 천주교 인구 비교

연도 \ 종교	개신교 인구 수/인구 비율	천주교 인구 수/인구 비율
1995년 통계	876만명/19.7%	295만1000명/6.6%
2005년 통계	861만6천 명/18.3% (10년간 -1.6% 증가)	514만6천 명/10.9% (10년간 74.4% 증가)

자료_ 통계청 '2005년 인구주택 총조사' 2006년 5월 25일 발표

인격적으로 만났다면(고전 12:3), 교회에서 나오지 말라고 해도 나온다. 왜냐하면, 예수님을 믿으면 영혼이 구원을 받고, 그러면 세상 재미보다 훨씬 더 강력한 내면적 구원의 기쁨을 맛보기 때문이다. 이것이 개신교의 가장 큰 강점이다.

재미가 없어서 학생들이 교회를 나오지 않는다는 말은 그들의 영혼이 구원받지 못했다는 것을 말한다. 그 이유는 교회가 복음의 능력인 성령의 능력을 상실했거나, 그 능력이 약하기 때문이다. 이것은 또 교회가 말씀과 기도 중심으로 사역하지 않고 수평문화적 프로그램 위주로 시간을 재미있게 보냈다는 것을 증명한다. 물론 현대인들이 수평문화에 물들어 전도도 힘들고 은혜를 끼치기도 힘들다. 그럴수록 그렇지 않을 때보다 더 많은 말씀과 기도가 필요하지 않겠는가?

물론 아직 그렇지 않은 건강한 교회들이 더 많을 것이다. 그러나 그런 추세로 가고 있다는 말이다. 저자의 '쉐마지도자클리닉'에서 인성교육 강의를 들은 목회자들이 흔히 하는 말이 있다. 미국의 성장하는 교회 투어를 다녀온 뒤 자신들의 교회에서도 열린 예배 형식으로 전환하려고 했는데 이 강의를 듣고 잘못 생각했다는 것을 깨달았다고 말한다.

여기에서 우리는 무엇을 발견할 수 있는가? 교회학교에서 얼마나 많은 학생을 모았느냐는 양적 성장도 중요하지만, 이것보다 어떤 방법으로 모았느냐가 더 중요하다는 사실이다. 만약 수평문화의 방법으로 많은 학생들을 모았다고 해도, 그들 중에 구원의 확신을 가진 이들이 별로 없다면 오히려 하나님의 진노를 받을까 두려워해야 한다. 교회를 다닌다고 모두 거듭난 교인은 아니기 때문이다.

설사 교회학교에서 다른 학생들을 전도하기 위해 재미있는 수평문화 방법을 사용한다 해도, 일단 교회에 들어온 학생들에게 은혜를 받게 해야 할 책임은 교회에 있다.

우리가 분명히 알아야 할 것은 만약 어린 학생은 물론 어른들도 개신교회에서 성령의 능력을 체험하고 구원의 확신을 뚜렷하게 갖고 있다면 교회도 잘 참석할 뿐만 아니라, 천주교로 가라고 해도 가지 않을 것이다. 왜냐하면, 천주교는 교육의 형식인 예식이 강점이라면, 개신교는 교육의 내용인 복음의 말씀이 강점이기 때문이다.*

천주교로 개종한 기독교인이 그만큼 많다는 것은 개신교 안에 구원의 확신을 갖고 있는 교인들이 그만큼 줄고 있다는 것을 의미한다.

> **저자 주** 그렇다고 천주교에 구원이 전혀 없다는 말은 아니다. 그리고 천주교로 개종한 개신교인 모두가 구원의 확신이 없는 이들이라고는 말할 수 없다. 상대적으로 그렇다는 말이다.

개신교의 장점은 바로 영혼을 살리는 오직 믿음(sola fide), 오직 은혜(sola gratia), 오직 말씀(sola scriptura)이다. 이것이 마르틴 루터(M.

---

* 자세한 것은 이 책 제3권 제6부 제1장 II. 3. '유대교와 바울, 천주교와 개신교' 참조.

Luther)가 천주교를 박차고 나와 종교개혁을 한 이유다. 한국 개신교의 역사(1885년에 시작)가 천주교의 역사(1784년에 시작)보다 101년이 늦지만 훨씬 더 많은 교인 수를 갖고 있는 이유가 바로 여기에 있다(통계 참조).

개신교가 지난 20년 동안 전반기(1985~1995년) 10년간은 35%의 교인 증가를 보였는데, 후반기(1995~2005년) 10년간은 1.6%의 감소를 보인 것은 그만큼 현대 교회가 과거보다 말씀과 기도 중심의 건강한 교회에서 벗어나 수평문화적 프로그램 위주로 예배를 드린다는 것을 증명하고 있다.

일부 교회들이 앞 다투어 세상적인 심리학이나 마케팅 전략 혹은 엔터테인먼트 프로그램 같은 세상 방법들을 동원하여 사람들을 모으고 있다. 그래서 교회가 항상 바쁘게 돌아간다. 매주 바뀌는 현수막과 프로그램 그리고 주보 속에 광고지가 넘친다. 불교나 천주교 혹은 유대교에서는 상상을 할 수 없는 것들이다. 그런 교회 출신들이 흔히 하는 말이 "너무 바빠서 '프로그램 어지러움증'에 걸린 듯하다."고 한다.

이제 한국 교회는 교회의 본질인 영혼 구원을 위해 말씀과 기도 중심의 건강한 교회로 돌아가야 한다. 만약 교회가 말씀과 기도가 없어 구원의 방주 역할을 하지 못한다면, 그 교회는 더 이상 교회라고 말할 수 없다. 일시적으로는 교회가 성장하는 하는 것 같으나 곧 서서히 죽어간다. 미국의 교회들이 죽어가는 이유도 그 안에 말씀과 기도가 없기 때문이다. 하지만, 미국에도 현재 말씀과 기도 중심의 교회들은 계속 성장하고 있다는 사실을 기억해야 한다.

결론적으로 왜 개신교인들이 천주교로 많이 개종했는가? 인성교육의 측면에서는 수평문화적 재미있는 프로그램을 무분별하게 도입함으로써 교회의 거룩성을 잃었기 때문이고, 구원론적 입장에서는 복음의 능력을 잃어가고 있기 때문이다.

그렇다면, 개신교의 대안은 무엇인가? 천주교처럼 교회의 수직문화적 거룩성을 회복시키고, 오직 뜨거운 기도와 말씀을 통해 복음의 능력을 다시 회복해야 한다. 이런 교회들이 건강한 교회의 모델이 되어야 한다. 여기에 한국 교회의 소망과 미래가 있다.*

**개신교의 대안은 무엇인가?
교회의 수직문화적 거룩성을 회복시키고,
오직 뜨거운 기도와 말씀을 통해 복음의 능력을 다시 회복해야 한다.**

---

* 수직문화적 예배를 드리는 교회들의 성장이 둔화되는 이유와 이에 대한 대안은 《잃어버린 지상명령 쉐마》(현용수, 쉐마, 2006) 제1-2권 참조.

질문 9: 왜 1950~1970년대에는 한국의 교회가 급성장하다가 1980년대 이후 성장이 둔화되었나? 그리고 2000년대에는 마이너스 성장을 하고 있나? 그 이유를 수직문화와 수평문화가 복음적 토양에 미치는 영향을 들어 설명하시오.

답 9: 1960년대까지는 흑백 TV도 없었던 시대다. 당시 한국인 가정과 사회 전반에 한국의 전통적인 수직문화가 상당히 강했다. 이 시대에는 국민들의 마음도 대부분 옥토의 복음적 토양을 갖고 있었다. 따라서 당시에는 전도가 잘 되어 개척교회가 나날이 불어났다.

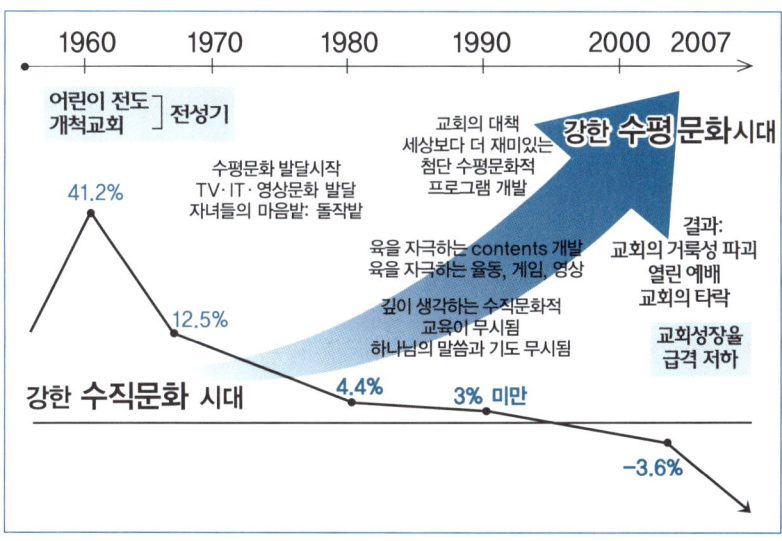

출처_ 조종남, 한국 교회 갱신과 성령운동의 방향(웨슬리의 갱신운동의 조명), 2006년 7월 15일. http://sgti.kehc.org/aula/qerson/wesley/ll.htm
_ '2005년 인구주택 총 조사 접수 집계 결과(인구부분)' 2006년 5월 25일 발표.

그러나 1970년대부터 흑백 TV가 출현하고, 1980년대부터는 컬러 TV가 보편화되면서 영상문화적 수평문화가 발달하기 시작했다. 이때부터 국민들과 자녀들의 복음적 마음밭이 황폐화되기 시작했다.

더구나 1980년대에 컴퓨터의 발명으로 매년 영상문화가 급격히 발달되더니 1990년대부터 출현한 인터넷의 보급으로 악성 영상문화적 수평문화가 자녀들을 자갈밭의 복음적 토양을 갖게 만들었다.

따라서 이 세대는 전도도 잘 안될 뿐만 아니라 신자들의 열정적인 헌신도 떨어지기 시작했다. 그 결과는 각 연대별 교회 성장률 추이 도표에 잘 나타나 있다. 즉 교회 성장률은 수평문화에 반비례한다.

너희는 이 세대를 본받지 말고 오직 마음을 새롭게 함으로 변화를 받아 하나님의 선하시고 기뻐하시고 온전하신 뜻이 무엇인지 분별하도록 하라. (롬 12:2)

IV. 인성교육 원리 적용 II –
   한국인의 인성지수 측정 도구

> **저자 주** 이 책의 인성교육의 원리와 공식을 이용한 연구 논문들이 부분적으로 미국에서 나온 적이 있다. 주로 미주 한인들이 미국 주류 문화에 동화된 결과들을 측정한 것들이다. 그래서 한국이라는 상황에 맞게 한국인의 인성지수(CQ: Character Quotient)를 측정하기 위한 '수직문화와 수평문화 가치 측정 도구'의 필요성을 느낀다. 한국인의 인성은 한국인의 수직문화에 근거하기 때문이다. 여기서 소개하는 측정 도구는 새롭게 개발한 것이다. 앞으로 이 측정 기구를 사용하여 한국의 인성교육의 연구가 더 활발해지기를 기대한다.
> 이 도구는 또한 한국인의 정체성 지수(IQ: Identity Quotient) 측정 도구로도 사용할 수 있다. 수직문화는 한국인의 정체성을 측정하는 요소들로 구성되어 있고, 수평문화는 한국인의 비정체성을 측정하는 요소들로 구성되어 있기 때문이다.
> 이 측정 도구를 사용하려면 수직문화와 수평문화에 따른 4가지 모델을 알아야 한다. 그래서 먼저 수직문화와 수평문화에 따른 4가지 모델을 설명하고, 다음에 수직문화와 수평문화 가치 측정 기구를 소개한다.

1. 수직문화와 수평문화에 따른 4가지 모델

한국인의 인성을 어떻게 측정하고 평가할 수 있는가? 지금까지의 설명에 의하면, 한국인이 얼마나 수직문화에 속해 있느냐, 혹은 수평문화에 속해 있느냐에 따라 측정하고 평가했다. 즉 2

---

* 2부 제3장 II. 2. '인성교육의 원리 적용 II – 자녀의 인성 평가 방법' 참조.

분법으로 설명했다.* 이제 인성교육학적으로 한국인을 수직문화와 수평문화의 조화에 따라 4가지 모델로 분류하고 각 모델의 장단점을 설명해 보자.

먼저 한국인을 4가지 모델로 구분하려면 수직문화 가치의 높음과 낮음, 수평문화 가치의 높음과 낮음에 따라 4등분을 해야 한다(오른쪽 도표 참조). 각 모델의 영어 약자의 뜻은 다음과 같다.

- TK: Traditional Koreans(전통적인 한국인)
- BK: Bi-Cultural Koreans(이중문화의 한국인)
- NK: Neo-Koreans(신한국인)
- HK: Horizontal Cultural Koreans(수평문화의 한국인)

모델 A, TK형(전통주의형, Traditionalist): 모든 수평문화(현대문명)를 배격하고 한국의 전통적인 수직문화만 고집하는 한국인(예: 청학동 사람들. 아직도 상투에 갓을 쓰고 한국인의 두루마기를 입는다)으로 일종의 분리주의자형이다. 미국의 아미쉬 사람들이 여기에 속한다.* 이들은 인성교육에는 성공할 수 있지만 국제 경쟁력이 약하다. 즉 내면적 자신감에는 강하나 외면적 자신감은 약하다. (내면적 자신감과 외면적 자신감에 대해서는 제2부 제4장 I, 1-2항 참조)

모델 B, BK형(이중문화형, Bi-Culturalists): 한국의 전통적인 수직문화가 강하면서도 수평문화 중 선진국의 현대 학문(현대문명)을 수용하는 한

---

* 이 책 제2부 제4장 II. 6. '마음의 옥토 만드는 데만 전념하는 아미쉬 사람들' 참조.

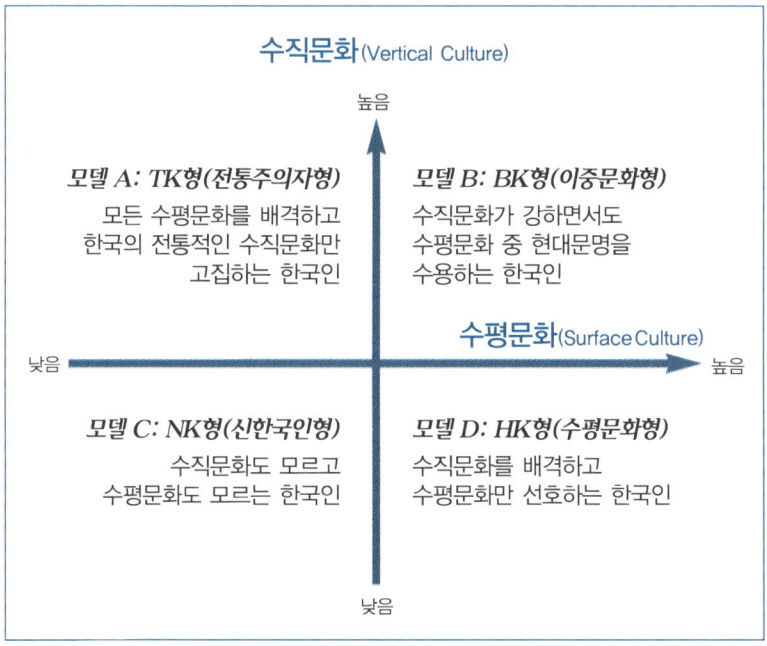

수직문화·수평문화의 4가지 모델

- **모델 A: TK형(전통주의자형)** — 모든 수평문화를 배격하고 한국의 전통적인 수직문화만 고집하는 한국인
- **모델 B: BK형(이중문화형)** — 수직문화가 강하면서도 수평문화 중 현대문명을 수용하는 한국인
- **모델 C: NK형(신한국인형)** — 수직문화도 모르고 수평문화도 모르는 한국인
- **모델 D: HK형(수평문화형)** — 수직문화를 배격하고 수평문화만 선호하는 한국인

저자 주 1. 본 모델들은 저자의 박사학위 논문의 '2세 미주 한인 문화 동화모델'을 한국의 한국인에게 적용한 것이다.* 학위 논문에서는 미주 동포가 미국 주류문화에 동화된 모델을 분류한 것이고, 본 모델은 한국에 존재하는 한국인의 수직문화 가치와 수평문화 가치를 기준으로 구별한 것이다. 따라서 본질적으로는 같으나 전자는 미국의 문화 상황에 맞추어 미국 주류문화에 동화한 정도를 측정한 것이기 때문에 약간의 차이가 있을 수 있다.

2. 이 모델들은 어느 인종이나 국민에게라도 적용될 수 있으나, 적용할 경우 한국인 대신에 측정할 대상의 민족이나 혹은 국가 이름으로 바꾸어야 한다.

* 《문화와 종교교육》, 제2부 III. 5. C. '1, 2세 미주 한인 문화 동화 모델' 참조.

국인(예: 민족사관학교 학생들-한국의 전통적인 수직문화를 갖고 있으면서도 외국어와 컴퓨터에 능함). 정통파 유대인들이 여기에 속한다. 이들은 인성교육에도 성공하고 세계 경쟁력에도 강하다. 즉 내면적 자신감도 강하고 외면적 자신감도 강하다.

모델 C, NK형(신한국인 형, Neo-Koreans): 한국의 전통적인 수직문화도 모르고 수평문화(현대문명)도 모르는 한국인(예: 한국의 전통적인 수직문화도 모르고 외국어나 컴퓨터도 못하는 한국인). 이들은 자신의 자긍심이 부족하며 정체성도 빈약하다. 그리고 세상의 경쟁력도 없다. 따라서 내면적 자심감과 외면적 자신감 모두 약하다. 그러나 인성교육적 측면에서는 수평문화에만 몰두하는 HK형보다는 낫다.

모델 D, HK형(수평문화형, Horizontal Culturalists): 한국의 전통적인 수직문화는 배격하고 현대 수평문화에만 몰두하는 한국인(예: 한국의 전통적인 수직문화는 고리타분하다며 배격하고, 현대 교육이나 수평문화, 즉 유행에 민감하고 컴퓨터 게임이나 재미있는 동영상 등에만 몰두하는 한국인). 인성교육학적으로 가장 경계해야 할 대상이다. HK형은 2가지로 분류할 수 있다. 첫째 내면적 자신감은 약하나 외면적 자신감이 높은 부류 둘째 내면적 자신감과 외면적 자신감 모두 약한 부류다. 전자는 수직문화는 약하나 수평문화 중 현대 학문에는 능하고, 후자는 수직문화도 약하고 현대 학문에도 별 관심이 없다. 수평문화 중 육적 재미만 추구하는 부류다.*

---

* 이 책 제1권 제2부 제2장 II. 3. B. '수평문화의 3단계 차원' 참조.

두 부류 모두 잔재주는 있을지 몰라도 인간의 기본적인 인성교육이 부족하기 때문에 사회생활이 힘들거나 마음이 육적 탐욕에 젖어 타락하기 쉽다.

2. 한국인의 인성지수 측정 도구: 수직문화와 수평문화 가치 측정 도구

저자 주 본 한국인의 인성지수 측정 기구를 사용하기 위해서는 설문지를 만들어야 한다. 만드는 방법은 제1권 부록 II 참조하기 바란다. 더 자세한 방법은 저자의 저서 《문화와 종교교육》(쿰란, 1993; 쉐마, 2007) 제4부 I. 1. 항과 부록 (Appendix) A와 부록 C(설문지), Part A와 Part B를 참조하기 바란다.

수직문화 가치와 수평문화 가치 측정 기구

ⓒ 현용수(Yong-Soo Hyun)

보기
A 문항: 수직문화 가치(VCV; Vertical Cultural Values)
B 문항: 수평문화가치(HCV; Horizontal Cultural Values)

인성의 본질과 정체성

1A. 나는 종교 서적이나 종교 영화를 좋아한다.
2A. 나는 역사 서적이나 사극을 좋아한다.

3A. 나는 인생의 의미를 찾기 위해 고민하는 편이다.
4A. 나는 인생에 교훈을 주는 선현들의 고사성어를 좋아한다.
5A. 나는 한국의 절기를 꼬박꼬박 기억하며 지키는 편이다.
6A. 나는 3·1절이나 6·25전쟁 기념일에는 나라를 위해 희생하신 분들에게 감사하며 추념한다.
7A. 나는 한국 민족의 역사나 문화에 관심이 많다.
8A. 나는 태극기를 소중히 여기고 그릴 줄 안다.
9A. 나는 가족의 족보나 조상들의 삶을 알려고 노력한다.
10A. 내가 노부모님을 돌보는 것은 당연하다고 생각한다.
11A. 나는 자주 바뀌는 유행에 별 관심이 없다.
12A. 나는 한복이나 국악을 선호한다.
13A. 나는 강이나 바다 혹은 산속에 가면 혼자서 깊게 생각하는 편이다.
14A. 나는 결혼 상대자로 한국인을 고집한다.
15A. 나는 여성의 순결은 결혼과 결혼 생활에 중요한 가치라고 생각한다.

1B. 나는 종교서적보다 재미있는 액션영화나 애로영화를 좋아한다.
2B. 나는 재미있고 튀는 연속극을 좋아한다.
3B. 나는 인생의 의미보다는 재미있는 것들을 추구하는 편이다.
4B. 나는 선현들의 고사성어보다 재미있고 튀는 언어들을 좋아한다.
5B. 나는 한국의 고유 절기들에 관심이 없다.

6B. 나는 다른 시대를 살기 때문에 3·1절이나 6·25전쟁 기념일에는 관심이 없다.

7B. 나는 한국 민족의 역사나 문화보다는 앞으로 어떻게 재미있게 사느냐에 더 관심이 많다.

8B. 나는 태극기의 뜻에는 별 관심이 없다.

9B. 현실과 미래가 더 중요하기 때문에 나의 가족의 족보나 조상들의 삶에 대해 관심이 없다.

10B. 부모에게 순종하고 어른들을 공경하는 것은 구시대의 것이다.

11B. 나는 자주 바뀌는 유행에 항상 첨단을 따르는 편이다.

12B. 나는 한복이나 국악보다는 양복이나 서양음악을 더 좋아한다.

13B. 나는 강이나 바닷가 혹은 깊은 산에 가도 혼자 인생을 생각하는 것은 지루해서 싫다.

14B. 나는 결혼 상대자로 사랑한다면 외국인도 상관없다.

15B. 나는 현대 여성이 순결을 지키는 것은 별 의미가 없다고 생각한다.

일상 생활 영역

1A. 나는 옷을 단정하게 입는 편이다.

2A. 나는 클래식 음악을 선호한다.

3A. 나는 할머니가 만들어 주는 한국 전통 음식을 선호한다.

4A. 나는 주로 점잖고 고상한 언어를 사용하는 편이다.

5A. 나는 어른들이나 선생님들에게 공손한 편이다.
6A. 나는 필요할 때만 휴대전화를 사용한다.
7A. 나는 어떤 일을 결정할 때 신중한 편이다.

1B. 나는 일부러 상의의 단추를 풀고 헤어진 옷을 입는 편이다.
2B. 나는 가수 서태지나 박진영 같은 록 음악이나 비트 음악을 선호한다.
3B. 나는 피자, 햄버거, 콜라를 선호한다.
4B. 나는 친구들과 말할 때 되도록 튀는 신생 유행어를 사용하는 편이다.
5B. 나는 어른들이나 선생님들에게 공손할 필요가 없다고 생각한다.
6B. 나는 하루에도 수십 번 휴대전화로 문자를 날리거나 동영상을 본다.
7B. 나는 어떤 일을 결정할 때 충동적인 편이다.

수평문화 중 현대 학문의 영역

1A. 나는 신세대답게 컴퓨터를 잘하는 편이다.
2A. 나는 신세대답게 외국어 배우기를 좋아한다.
3A. 나는 신세대답게 필요한 자료를 인터넷에서 잘 찾는 편이다.
4A. 나는 학교 공부도 열심히 하는 편이다.
5A. 나는 다른 나라와의 교류나 선진국에 유학 가는 것을 추천

하는 편이다.

1B. 나는 컴퓨터를 하지 못하지만 부끄럽지 않다.
2B. 나는 한국어를 사랑하기 때문에 외국어 배우는 것을 싫어한다.
3B. 나는 인터넷 사용에 관심이 없는 편이다.
4B. 나는 현대 학문인 학교 공부를 하는 데에는 관심이 적은 편이다.
5B. 나는 한국을 사랑하기 때문에 다른 나라와의 교류나 선진국에 유학 가는 것을 싫어하는 편이다.

제5장

수평문화를 이루는 4대 요소

I. 개인주의(Individualism)

II. 물질주의(Materialism)

III. 과학만능주의(Scientism)

IV. 쾌락주의(Epicureanism)

V. 결론

들어가며

유대인과 현대인의 차이점은 유대인은 생활이나 사상의 세대차이가 없고 현대인은 세대차이가 많이 난다는 것이다. 문화의 2가지 개념, 즉 수직문화와 수평문화 중에서 수평문화가 세대차이를 이루는 요인이 된다.

그러면 인간의 건전한 정신을 좀먹는 수평문화, 즉 미국의 세속문화(대부분의 경제 대국들도 마찬가지임)의 근본 정체는 무엇인가? 한 마디로 요약하면 인본주의다.

인본주의는 신본주의에 반대되는 단어다. 신본주의가 오직 하나님의 절대적인 능력 안에서 인간의 행복이 완성될 수 있다는 논리라면, 인본주의는 하나님 없이도 인간 스스로 행복해질 수 있다는 논리다.

그렇다면 인본주의는 무엇으로 구성되었는가? 인본주의(Humanism)에는 대략 4가지 구성 요소가 있다.

첫째, 개인주의(Individualism)
둘째, 물질주의(Materialism)
셋째, 과학만능주의(Scientism)
넷째, 쾌락주의(Epicureanism)

이 4가지 인본주의 요소들의 특성과 그 해독을 알아보자.

I. 개인주의(Individualism)

하나님은 인간을 더불어 살도록 창조하셨다. 그러나 타락한 인간은 개인의 안일과 이익을 먼저 생각한다. "개인주의는 다른 사람들을 생각하지 않고 자신의 방법만을 고집한다."(Webster's New Twentieth Century Dictionary, 1983). 남에게 봉사하는 공동사회 중심이 아니고 자아 중심적(Egoism)이다.

개인주의의 역사는 인류의 역사만큼이나 길다. 성서에서 발견되는 인류 최초의 개인주의자는 아담의 맏아들 가인(창세기 4장)이다. 가인은 질투가 많은 사람이었다. 그는 하나님께 사랑받던 자신의 동생 아벨을 죽였다. 하나님이 이 사실을 아시고 가인에게 물으셨다(창 4:9).

"가인아, 네 동생 아벨은 어디에 있느냐?"

그때 가인은 이렇게 대답했다.

"모릅니다. 내가 내 아우 아벨을 지키는 자입니까?"

그는 동생의 행방에 대해 무관심했다.

개인주의는 가인의 문화에 속한다. 현대 문명이 발달한 요즘은 옆집에 누가 사는지도 잘 모른다. 예를 들어 보자. 어느 교회 주일 예배에 꼭 나란히 앉는 두 권사, 이 권사와 박 권사가 있다고 하자. 그런데 어느 주일 이 권사가 결석을 했다. 하나님이 박 권사에게 물었다.

"박 권사야, 네 옆의 이 권사는 오늘 왜 안 나왔느냐?"
박 권사가 대답했다.
"모릅니다. 내가 박 권사를 지키는 자입니까?"

이는 가인과 같은 개인주의적 답변이다. 기독교인은 형제를 지키는 자다(brother's keeper). 육적인 형제뿐만 아니라 예수의 피로 한 형제 된 성도를 마땅히 지켜야 한다. 한 걸음 더 나아가 기독교인에게는 예수님을 안 믿는 이방인도 지켜야 하는, 즉 전도해야 할 의무가 있다. 복음에 빚진 자이기 때문이다.

> 하나님이 가인에게 물었다.
> "가인아, 네 동생 아벨은 어디에 있느냐?"
> 가인은 이렇게 대답했다.
> "모릅니다. 내가 내 아우 아벨을 지키는 자입니까?"
> 개인주의는 가인의 문화에 속한다.
> 기독교인은 형제를 지키는 자다(brother's keeper).

II. 물질주의(Materialism)

　　　　　　현대의 수평문화는 인본주의로 형성되어 있다. 인본주의를 이루는 요소 중 하나가 물질주의이다. 물질주의는 인간의 정신적인 면보다는 외형이나 물질에 더 많은 가치를 부여하는 것을 말한다. 예를 들어 우리가 어렸을 때에는 의사 선생님이 그 마을에서 존경의 대상이었다. 그 이유는 의사가 공부를 많이 했거나 재산이 많아서라기보다는 인격이나 언행에 무게가 있었기 때문이었다. 그들은 생각이 남보다 깊고 좋은 글도 잘 썼다. 그들은 의사라는 직업을 물질을 버는 수단보다도 생명을 구하는 인술로 여겼다. 마을 사람들은 고민이 있거나 마을에 일이 생기면 그분한테 가서 의논하곤 했다.

　그러나 오늘날의 의대생들은 어떠한가? 졸업하면 신부에게 열쇠 3개를 요구한다는 이야기가 나온다. 신부의 신앙이나 인격 등 내면적 가치를 중요시하는 것이 아니고 눈에 보이는 외모나 물질에 더 가치를 둔다는 말이다. 이러한 시대적 사조가 의사라는 직업에만 국한되겠는가? 전문직에 종사하는 의사, 판사, 변호사, 검사, 박사 등 현대 교육을 받은 대부분의 젊은이들이 이런 경향을 따른다.

　육군사관학교를 우등으로 졸업하고, 서울 법대에 재학 중 은행강도가 된 현직 장교가 대표적인 예이다(한국일보, *장교 40% 사명감 없이 입대*,

1995년 1월 11일). 그는 기자회견에서 "예쁜 여자와 사귀고 좋은 차를 타는 것이 소원이었다."고 말했다. 그는 결국 물질 때문에 강도짓을 한 것이다. 그에게 군인 정신이나 민족 정신, 법 정신을 묻는 것은 우문에 불과하다.

왜 그런가? 그는 단지 머리(IQ)만 좋은 사람이다. 수평문화에 물들고 수직문화가 부족하기 때문이다. 우리 사회가 왜 가난해도 성실히 사는 사람보다 머리 좋은 사람 또는 부유한 사람을 존경의 대상으로 삼는가? 잘못된 가치관 교육 때문이다. 참으로 안타까운 일이다.

"돈이 많다고 해서 행복해지지 않는다."는 사실은 한 연구조사에서도 입증됐다. USC 경제학과 리처드 이스털린 교수는 2003년 8월 25일 1500명을 대상으로 일반 사회조사 연구팀이 지난 1972년부터 2000년에 걸쳐 매년 실시한 조사결과를 분석, 이같이 발표했다. 그는 돈과 행복의 상관관계와 관련하여 "사람들은 돈을 많이 벌수록 행복해질 것이라고 믿는다."며 "하지만 조사 결과, 수입이 많아질수록 물질적인 욕구 또한 덩달아 커졌다."고 설명했다. 실제로 조사에 참여했던 사람들은 수입이 늘어나도 전보다 행복하다고 느끼는 경우가 드물었던 것으로 나타났다.

이스털린 교수는 "많은 사람들이 수입과 행복지수가 비례할 것이란 환상에 빠져있다."며 "물질적인 것에 집착하지 않는 사람들일수록 행복한 것으로 나타났다."고 결론을 내렸다. 그는 또 사람들을 행복하다고 느끼게 하는 것은 돈이 아니라 '사랑하는 사람들과 즐거운 시간을 보내는 것'과 '건강'이란 결론을 얻었다고 덧붙였다(중앙일보, '돈이 최고 아니다' USC, 1500명 조사… 수입 늘수록 욕망도 커져, 2003년 8월 25일).

유대인 부모들은 자녀들에게 물질보다 무엇을 더 귀중하게 여기도록 가르치는가? 명예와 하나님의 은총이다. 성경이 그렇게 가르치고 있기 때문이다.

많은 재물보다 명예를 택할 것이요 은이나 금보다 은총을 더욱 택할 것이니라. (잠 22:1)

그래서 유대인은 많은 직업 중에 남에게 가르치는 직업과 전문적으로 남에게 도움을 주는 랍비, 교수, 선생, 의사 및 변호사 등을 선호한다. 특히 하나님의 말씀과 하나님의 은총을 가르치는 랍비를 존경한다.

유대인 부모들은 자녀들에게 물질보다
무엇을 더 귀중하게 여기도록 가르치는가?
명예와 하나님의 은총이다.
"많은 재물보다 명예를 택할 것이요
은이나 금보다 은총을 더욱 택할 것이니라." (잠 22:1).

III. 과학만능주의(Scientism)

현대의 수평문화는 인본주의로 형성되어 있다. 그리고 인본주의를 이루는 요소 중 하나는 과학만능주의이다. 과학만능주의는 하나님의 능력보다 인간의 능력을 더 숭배하는 것이다. 과학만능주의를 설명하려면 미국의 과학이 어떻게 발달해 왔는가를 알아야 한다. 이를 위해 미국 교육철학의 원리를 먼저 알아야 한다.

미국 교육철학의 기초는 존 듀이(John Dewey, 1859~1952)에 의해 정립되었다. 그는 미국의 실험주의와 실용주의의 대표자이다. 그는 말하기를 "모든 진리는 실험에 의하여 증명되어야 한다. 증명되지 않은 진리는 진리가 아니다."라고 주장했다(1916, 1938). 이후 미국의 교육제도는 실험하고 분석하여 증명하는 논리 일변도로 발전했다. 이런 교육을 받고 자란 2세들은 무엇이든지 눈에 보이고 손으로 만져지고 과학적인 방법으로 실험된 데이타가 없으면 믿으려 들지 않는다.

미국 동포 가정에서 발생하는 부모와 자녀 간의 갈등은 한국에서 공부한 1세대의 개념적 사고방식과 미국에서 공부한 2세대의 논리적 사고방식 간의 마찰인 경우가 많다. 부모가 자녀에게 훈계하면 자녀는 부모에게 "증명하라."고 다그치기도 한다. 그러나 철학적인 사고나 종교를 어떻게 증명할 수 있는가?

가령 기독교와 불교 중에 어느 종교가 참종교냐고 묻는다면 어떻게 양 종교의 우월을 과학적으로 증명하여 대답할 수 있겠는가? 종교는 신앙이 있어야 한다. 신앙은 인간이 할 수 없는 초월적 힘을 믿는 데서부터 출발한다. 믿음은 눈에 보이지 않고 손으로 만질 수도 없다.

그리고 신앙심은 믿음의 대상에 대한 각자의 믿음에 달려 있다. 따라서 만약 과학적으로 증명된 종교가 있다면 그것은 이미 종교가 아니다.

과학만능주의가 신앙을 갖는 데 방해가 된다는 것은 또 다른 연구 조사에서도 입증됐다. 미국 바나 리서치가 성인 1000명을 2001년에서 2003년 동안 연구한 결과에 따르면, 미국인의 81%가 사후의 삶이 어떤 형태든 있음을 믿는다고 답했고, 79%는 모든 사람이 예외 없이 영혼이 있어 천국 또는 다른 곳에서 영원히 시간을 보낼 것이라고 믿고 있다. 이에 반해 고등 학문을 많이 접하고 수입이 많을수록 천국이나 지옥의 존재를 믿는 비율이 낮았다. 즉, 이들은 천국에 대한 성경에 나타난 예수님의 가르침에 갈등하고 있다(크리스천 저널, *미국인 80% 사후 생명 존재 믿어*, 2003년 11월 2일).

실제로 미국의 UCLA 학생들 중 45%가 기독교를 믿지 못하는 이유를 "예수님의 동정녀 탄생이나 부활이 논리적으로 맞지 않기 때문이다."라고 답했다(1993년). 〈한국 교회 미래 리포트〉에 의하면, 대학생이 되어 복음을 받아들이는 확률이 10년 전에는 20%에 육박했으나 지금은 4%로 현격하게 떨어졌다(코리안 크리스천 저널, *기독복음 전파율 급격 감소*, 2005년 9월 4일). 과학만능주의를 숭배하는 사람은 꿈도 잘 안 꾼다. 왜냐하면 과학 이외에는 영혼의 신비한 기적을 믿지 않기 때문이다.

오늘날 가장 전도하기 힘든 그룹 중 하나가 많이 배웠다는 대학교수 층이라고 한다. 차라리 시골 농촌의 귀신 들린 촌부에게 예수님의 이름으로 안수하여 귀신을 내쫓고 전도하기는 쉬워도 많이 공부한 엘리트를 전도하기란 정말 힘들다.

예수님께서는 부자가 천국 가는 것보다 낙타가 바늘귀로 빠져나가는 것이 더 쉽다고 말씀하셨다(마 19:24). 정말 자칭 지식인도 부자처럼 천국 가기가 이처럼 힘들지도 모른다. 그런 의미에서 부자나 지식인이 예수님 잘 믿는다면 낙타가 바늘구멍으로 빠져나가는 기적을 체험한 사람으로 더 존경해야 하지 않을까?

이밖에도 과학만능주의는 인간의 능력을 과대평가하여 하나님 없이도 인간 스스로 행복해질 수 있다고 교육한다. 이것이 인본주의이다. 이것은 인간을 교만하게 만들 뿐 아니라 온갖 수평문화를 발전시키는 원동력이 되기도 한다. 잘못된 세상 지식은 인간을 교만하게 하나 사랑(EQ)은 덕을 세운다(고전 8:1). 즉 세상 교육은 높아지게 하는 교육이고, 성경 교육은 낮아지게(겸손) 하는 교육이다.

**세상교육은 높아지게 하는 교육이고,
성경교육은 낮아지게(겸손) 하는 교육이다.**

수치

Tokayer

> 이에 그들의 눈이 밝아 자기들의 몸이 벗은 줄을 알고
> 무화과나무 잎을 엮어 치마를 하였더라. (창세기 제3장 제7절)

여기에서는 아담과 이브가 부끄러움을 알았다는 것을 말하고 있다. 인간이 다른 동물과 구별되는 점은 직립(直立)해 있다는 것, 생각하는 것, 말하는 것, 자유의사를 가지고 있다는 것, 양심이 있다는 것, 웃는 것, 그리고 마지막으로 부끄러움을 알고 있다는 점이다. 인간은 부끄러움을 의식하고 있는 유일한 생물인 것이다.

랍비들은 부끄러움에는 몇 가지 단계가 있다고 생각했다. 먼저 금단의 나무 열매를 따먹은 후부터 아담은 이브에 대해, 이브는 아담에 대해 자신의 벌거벗은 모습이 부끄럽다고 생각했다. 이것은 가장 낮은 차원의 수치인 것이다. 왜냐하면 다른 사람이 있기 때문이라고 느끼는 부끄러움이기 때문이다. 더구나 랍비들은 차원이 낮은 수치의 관념을 매우 중요하다고 생각했다. 그것은 그것이 수치의 시작이며, 이 수치가 연마(研磨)됨으로 해서 좀 더 높은 차원의 수치를 느낄 수 있다고 생각했기 때문이다.

그 다음으로 차원이 높은 수치는 자기 자신에 대해 느끼는 수치다. 즉 자신이 삐뚤어진 인간이라든가 자신이 거짓말쟁이라든가, 자신의 내면을 향해 느낄 수 있는 수치다.

마지막으로 가장 높은 차원의 수치는 물론 하나님에 대해 느끼는 수치다. 우리는 이 절에서 또 한 가지를 배울 수가 있다. 아담과 이브는 금단의 나무 열매를 따먹기까지는 죄를 모르고 정신적으로 행복에 찬 생활을 하고 있었다. 그런데 금단의 나무 열매를 따먹은 후에는 그들의 마음은 의구심이나 두려움을 알게 되고, 사물에 대하여 생각하게 되었다.

　어린이에 대해서도 같은 말을 할 수 있다. 어린이는 아주 어릴 때에는 매우 순진해서 죄를 모르지만 점점 성장하여 독립하게 되면 그들은 금방 악하게 된다. 그리고 대부분의 사람들은 자신의 마음속에서 뻔히 알면서도 낙원을 추방해 버린다. 성경은 무지(無知)가 정신적으로 순진성과 행복을 가져다주지만, 사람은 배우기 시작하면 정신적으로 동요된다는 것을 가르쳐주고 있다. 그러나 어린이가 순진하고 무지하다는 것은 허용되지만, 인간이 성장하여 힘을 얻은 후에도 무지하다는 것은 야만인이 되는 것이므로 매우 위험하다.

_탈무드와 모세오경, 동아일보, 2007

IV. 쾌락주의(Epicureanism)

현대 수평문화의 뿌리인 인본주의를 이루는 또 하나의 요소는 쾌락주의다. 쾌락주의는 고대 희랍의 에피쿠로스(Epicurus, 341?~270? B.C.) 학파에 의하여 발전되었다. 그들은 인간의 삶의 목적을 기쁨을 추구하는 데 두었다. 이러한 목표는 인간을 점차 인간의 정신적인 만족에서 얻는 기쁨이 아니고 육을 자극하여 얻는 기쁨에 취하게 하였다.

기쁨도 2가지가 있다. 아담과 하와가 죄짓기 이전에 에덴동산에서 하나님과의 관계에서 맛보았던 기쁨은 마음 깊은 곳에서 솟아나는 영혼의 기쁨(delight)이다. 정신적 수직문화에서 얻는 기쁨도 여기 속한다. 다른 하나는 육의 자극에서 얻는 쾌락(pleasure)이다. 쾌락주의가 지향하는 기쁨은 수직문화에서 얻는 기쁨이 아니라 수평문화에서 얻는 기쁨이다.

현대의 범람하는 저질 타락 문화뿐만 아니라 TV 등 영상매체 또는 어린이의 장난감은 좀처럼 인간이 조용히, 깊이 묵상하도록 놓아두지 않는다. 최근 미국 〈TV 가이드〉가 공개한 통계 자료에 의하면, 유치원에 입학하기 전 벌써 미국 어린이들은 1년에 평균 1500시간 이상을 TV와 함께 보낸다(미주 크리스천 신문, *아이들 TV 너무 많이 본다*. 1996년

12월 21일). 어린이가 게임놀이에 취하면 너무 재미있어서 좀처럼 끝낼 줄을 모른다.

쾌락주의는 태초부터 인간을 타락하게 하는 사탄의 도구로 쓰였다. 그만큼 인간의 육이 약하기 때문이다. 인류의 조상 아담과 하와가 뱀이 제시하는 쾌락주의의 꾐에 죄를 짓고 말았다.

> 여자가 그 나무를 본즉 먹음직도 하고 보암직도 하고 지혜롭게 할 만큼 탐스럽기도 한 나무인지라 여자가 그 실과를 따먹고 자기와 함께한 남편에게도 주매 그도 먹은지라. (창 3:6)

그런데 왜 1970년대 이후의 현대가 더 타락하기 쉬운가? 그것은 이제 인간의 눈과 귀 등을 포함한 6감을 자극하는 쾌락주의는 영상매체의 발달로 상상치 못할 정도로 발전되었기 때문이다. '먹음직도 하고 보암직도 하고 지혜롭게 할 만큼 탐스럽기도 한 나무'가 아담과 하와의 때와는 비교가 되지 않는다. 1970년대 이전에는 상상할 수도 없었던 선정적인 남녀 간의 성과 폭력적인 내용들이 무차별적으로 안방을 침범한다.

그 내용을 촬영하는 방법 역시 너무 자극적이다. 과학의 발달로 영상의 화질도 실제보다 뛰어나다. 거기에 사용하는 음악도 수평문화적이기는 마찬가지다. 더 세련된 편집으로 더 빠르게 더 호기심을 자극하고 더 흥분되게 하는 인간의 눈과 귀를 사로잡기에 충분하다. 우리의 자녀들뿐만 아니라 어른들까지도 유혹하고 있다. 그리고 이런 퇴폐적인 것들과 인본주의적인 지식들이 얼마나 빠르게 전 세계로 퍼져 나가는가? 그 오염 속도가 그만큼 빠르다는 것이다. 이것은 이미 다니

낮 시간에 아버지는 직장에서 일하고, 아들은 학교에서 공부한 뒤 늦은 밤 미드라쉬의 집에서 아버지가 아들에게 탈무드를 가르치는 모습. 핫시딤 정통파 사람들은 수평문화를 멀리하기 위해 가정에서 TV를 보지 않는다.

엘이 주전 539년에 예언한 것이다.

> 빨리 왕래하며 지식이 더해진다. (단 12:4)

실로 현대인은 이사야 선지자의 말씀을 다시 새겨볼 때다.

> 그 발은 행악하기에 빠르고 무죄한 피를 흘리기에 신속하며 그 사상은 죄악의 사상이라. 황폐와 파멸이 그 길에 끼쳐졌으며, 그들은 평강의 길을 알지 못하며, 그들의 행하는 곳에는 공의가 없으며, 굽은 길을 스스로 만드나니, 무릇 이 길을 밟는 자는 평강을 알지 못하느니라. (사 59:7-8)

수평문화가 인간에게 미치는 영향은 얼마나 클까? 에피소드 하나를 소개한다. 미국 L.A.에서 한국의 TV 연속 사극(史劇) '용의 눈물'이 매주 인기리에 방영되던 때의 이야기다(1997).

어느 교회 장로가 너무 재미있어서 기다리지 못하고 한꺼번에 비디오 4개(8시간 분)를 빌려 왔다. 토요일 밤, 그는 원래 1~2개만 보고 자려고 했는데 내용이 아슬아슬하게 끝나서 참지 못하고 8시간 동안 비디오를 연속하여 새벽 4시까지 시청했다. 잠깐 눈을 붙이고 아침에 교회로 갔다. 공교롭게도 그 장로님이 주일 대예배 시간에 대표 기도를 하기로 되어 있었다. 깜박 잊고 대표 기도를 준비하지 못한 그 장로는 '아차' 했다. 그러나 때는 이미 늦었다. 그는 회중 앞에서 엄숙하게 기도를 시작했다.

"다 함께 기도합시다. 거룩하신 하나님, 성은(聖恩)이 망극하나이다."
장내에는 폭소가 터졌다. 이어서 그의 다음 말이 더 웃겼다.
"통촉하여 주소서!"
여기에서 우리는 3가지를 깨달을 수 있다.

첫째, 어른도 육을 자극하는 수평문화를 절제하기 힘든데 어린이는 얼마나 더 힘들겠는가?

둘째, 수평문화의 내용이 우리의 무의식 속에 얼마나 빨리 스며드는가?

셋째, 비교적 유익한 드라마인데도 그러할진데, 하물며 육을 자극하는 해로운 수평문화는 얼마나 자녀의 영혼을 타락시키겠는가?

저자가 한국을 방문했을 때였다(1996). 중학교 2학년 남학생이 자살한 사건이 신문에 보도되었다. 이 남학생은 집에서 컴퓨터 인터넷을 통하여 음란물을 보고는 학교에 가서 친구들에게 자랑했다고 한다. 그랬더니 그 친구들은 이 학생에게 오히려 더 노골적인 성적인 사진들을 보여 주었다. 그 순간 그는 너무 큰 충격을 받았다.

그 뒤 책을 펴고 공부를 하려고 해도 그 사진의 모습들이 늘 머리에 맴돌아 공부를 할 수가 없었다. 성적은 점점 떨어졌다. 나중에 어머니에게 성적이 떨어지는 이유를 추궁당한 이 학생은 죄의식을 느껴 스스로 목숨을 끊었다는 것이다. 그러한 외설 사진을 소화할 만한 정신적인 성숙이 안 된 상태에서 접한 것이 문제의 원인이었다.

그뿐만이 아니다. 좀 극단적인 예이긴 하지만 캐나다에서 일어난 실화다. 일평생 독신으로 지내 온 천주교 신부가 외설적인 술집에서 횡사한 사건이 있었다. 이 신부는 여성 무용수의 나체춤을 보다 심장마비를 일으켜 죽었다. 그 신부에게 여성의 나체춤은 대단히 충격적이었던 모양이다. 이 사실이 밝혀지자 캐나다 오타와 주교 관구는 이런 성명서를 발표했다. "우리는 모두 죄인이며, 하나님의 자비를 필요로 하고 있다"(중앙일보, *해외 촌평*, 1998년 2월 13일).

특히 남성들이 여성의 요염한 자태에 강한 충격을 받는 데는 그 이유가 있다. 남성과 여성의 성적 동기 유발이 다르기 때문이다. 남성은 시각적 자극에 약하고, 즉흥적인 데 반해 여성은 달콤한 언어 같은 청각적 자극에 예민하고 시간적 여유를 갖고 분위기를 맞추어야 마음의 문을 연다.

어머니들은 딸들에게 남성을 성적으로 지나치게 자극하는 옷차림을 자제하고 정숙한 옷차림을 하도록 교육시켜야 한다. 기성세대는 어렸을 때 경험한 농촌의 깨끗한 교육 환경만 생각하고 자녀의 교육 환경을 방심하면 안 된다. 지금은 자녀들이 수평문화의 홍수에 노출되어 있다.

그리고 우리가 분명히 알아야 할 것이 있다.

눈은 보아도 족함이 없고 귀는 들어도 차지 아니하는도다.(전 1:8)

그런데도 세상은 쾌락에 쾌락을 더하고자 끊임없이 노력한다. 돈과 시간과 정력을 투자한다. 그 끝은 파멸이다. 사탄은 이를 노리고 있다. 그래서 만물이 모두 피곤하다(전 1:8). 이를 어찌 할꼬!

수평문화가 인간에게 미치는 영향은 얼마나 클까?
미국 L.A.에 사는 교회 장로님이 토요일 저녁 사극 '용의 눈물' 비디오를
8시간 연속으로 새벽 4시까지 시청하고 주일 예배에 참석했다.
그 장로님은 대예배 시간에 엄숙히 대표 기도를 드렸다.
"거룩하신 하나님, 성은이 망극하나이다."
장내에는 폭소가 터졌다. 곧 이어 "통촉하여 주소서."
어른도 육을 자극하는 수평문화를 절제하기가 힘든데
어린이는 얼마나 더 힘들겠는가?
인간의 눈은 보아도 족함이 없고, 귀는 들어도 차지 아니하는 법이다.

V. 결론

수평문화를 이루는 4대 요소는 첫째 개인주의, 둘째 물질주의, 셋째 과학만능주의, 넷째 쾌락주의이며 이것이 인본주의라고 설명했다. 이는 인간의 본능(식욕, 성욕, 명예욕 및 자기 보호욕구 등)을 충족시키기 위한 수단이다. 이것은 땅에 속한 것들이다. 정신세계의 이루는 가치들이 아니다.

그렇다면 이런 질문을 할 수 있다. 수평문화에 속한 인간의 성이나 물질이나 과학이 기독교인에게 전혀 필요 없다는 말인가? 그렇지 않다. 이것은 비록 수평문화에 속한 요소들이지만 하나님이 인간에게 주신 기본 본능이다. 그리고 하나님이 창조하신 것들이기 때문에 선하다(창 1-2장). 이것이 없다면 인간은 살아갈 수가 없다.

인간의 성적 본능이 없으면 어떻게 하나님의 형상을 닮은 아기를 생산할 수 있겠는가? 물질이 없다면 어떻게 하나님의 백성들이 살아갈 수 있겠는가? 과학이 없다면 어떻게 하나님이 만드신 세상을 더 아름답게 발전시킬 수 있겠는가? 따라서 우리가 감사함으로 받으면 버릴 것이 없다(창세기 1장; 딤전 4:4).

문제는 하나님의 창조물을 남용하는 것이다. 하나님의 영광을 위한 도구로 사용한다면 선한 것이지만, 개인적인 육적 쾌락 추구에만 사용한다면 악한 것이 된다. 왜 세상은 점점 더 타락하고 있는가? 하나님 없이 인간 스스로의 능력으로 행복해질 수 있다는 인본주의가 승하는 세상이기 때문이다.

결국 인간이 어디에 더 가치를 두느냐의 문제다. 자신의 삶에서 어떤 가치에 목표를 두고 살기를 원하는가? 인간의 외형적인 육인가, 아니면 인간의 내면적인 영혼인가? "육신의 생각은 하나님과 원수가 되나니 이는 하나님의 법에 굴복치 아니할 뿐 아니라 할 수도 없다. 육신에 있는 자들은 하나님을 기쁘시게 할 수 없다"(롬 8:7-8).

기독인인은 자신의 정신적인 수직문화를 지키면서 하나님이 주신 육의 것과 과학을 잘 사용해야 한다. 현대 교육의 우수성도 잘 받아들여 이를 보수 기독교교육을 지키고 발전시키는 데 사용해야 한다. 세속주의를 지향하는 이들보다도 더 잘 사용하여 그들을 능가해야 한다. 하나님의 영광을 나타내기 위함이다.

누가 이런 삶을 살고 있는가? 현대 정통파 유대인이 그 모델이다. 흔히 이방인은 모든 정통파 유대인이 세상과 담을 쌓고 사는 것처럼 알고 있다. 물론 일부는 그럴 수도 있다. 이러한 극단적인 종교인은 다른 종교 그룹에도 있는 법이다. 그러나 모든 정통파 유대인이 다 그런 것은 아니다. 대부분 자신들의 종교생활을 철저히 하면서도 세상의 정치, 경제, 문화, 교육 및 예술 등의 각 분야에서도 두각을 나타내고 있다.

내가 정통파 유대인 예시바 고등학교를 방문했을 때였다. 한 학생이 내게 한국인 야구선수 박찬호를 아느냐고 물었다. 그들은 텔레비전은 안 보아도 신문을 통하여 알 것은 다 알고 산다. 세상을 모르고 어떻게 세상을 이길 수 있겠는가?

인간의 '하늘과 땅'의 조화
Tokayer

　창세기에서도 볼 수 있듯이 하늘이 먼저 만들어진 다음에 땅이 만들어지고, 태양이 만들어진 다음에 달이 만들어진 것처럼, 이 세상에는 균형이 잡힌 조화라는 것이 있다. 유대인은 생활을 해나감에 있어서는 무슨 일이나 조화를 이루는 것을 중요시하고 있다.
　유대인에게 하늘에 속한다는 개념은 정신적인 것이고 땅에 속하는 것은 동물적인 것이다. 다음은 탈무드에 있는 창세기의 해석 중 하나다.
　인간의 육체는 대지에 속하고, 마음은 하늘에 속해 있다. 결혼행위 그 자체는 대지에 속해 있지만, 그러나 부부가 사이좋게 살아가거나 서로 사랑의 생활을 쌓아 나가는 것은 하늘에 속해 있으므로 제각각 조화가 이루어져 있다.
　어린애를 낳는 일 자체는 땅에 속해 있지만 즐거운 가정을 이루고 자녀에 대하여 어버이가 희생하는 것은 하늘에 속해 있다. 인간이 살아가는 것은 땅에 속해 있지만, 사회를 위하여 봉사한다든가 이웃과 사이좋게 지내는 일 따위는 하늘에 속해 있다.

_탈무드와 모세오경, 동아일보, 2007

인간의 성이나 물질이나 과학이 기독교인에게 전혀 필요 없다는 말인가?
이것은 비록 수평문화에 속한 요소들이지만
하나님이 인간에게 주신 기본 본능이다.
따라서 이것을 하나님의 영광을 위한 도구로 사용한다면 선한 것이지만,
개인적인 육적 쾌락 추구에만 사용한다면 악한 것이 된다.

제6장

한국인은 왜 세대차이가 많이 나는가

I. 전통적인 가치관 정립이 빈약하다

II. 입시 위주(IQ 위주)의 교육 때문이다

III. 전통문화 가치와 현대 교육에 혼동이 있었다

IV. 세대차이의 문제점: 한국인의 심각한 정체성 위기

V. 세대차이를 극복하는 방안과 세계화의 원리

VI. 결론: 인성교육의 내용과 방법을 모르는 현실과 대책

들어가며

반만 년 역사를 지닌 우리 나라는 각 성씨의 족보가 시조부터 현재까지 수백 세대를 이어 왔다. 그동안 역사 속에서 별다른 세대차이를 느끼지 못하고 살아왔다. 그런데 왜 유독 1970년대 이후에 더 많은 세대차이를 느끼는가?

이에 대한 답을 현대 교육과 유대인 자녀교육의 차이에서 찾아보았다. 그리고 한국인은 유대인과 다르게, 현대 교육을 맹종함으로써 수평문화의 생산을 부추기고, 이로써 세대차이를 더 벌리고 있다고 지적했다.

물론 여기에서 세대차이는 지식의 세대차이가 아니라 지혜 또는 사상이나 가치관의 세대차이를 말한다. 지식의 세대차이는 많을수록 좋지만 형이상학적 가치관의 세대차이는 없을수록 좋다. 왜냐하면 참된 가치관은 예나 지금이나 영원토록 변함 없는 진리이기 때문이다. 물론 모든 가치관이 다 그렇다는 것은 아니다.

그러면 왜 유독 한국인은 다른 선진국 국민들보다도 더 많은 세대차이가 생기는가? 이에 대하여 몇 가지 생각해 보자.

I. 전통적인 가치관 정립이 빈약하다

1. 한국 전통문화 가치에 관한 자료, 얼마나 빈약한가

한국인에게 심한 세대차이가 생기는 이유는 한국인의 전통적인 가치관이 제대로 정립되어 있지 않기 때문이다. 한국인이란 누구인가? 한국인의 전통적인 가치관이란 무엇인가?

독자들의 이해를 돕기 위해 나의 경험을 소개해 보겠다. 학위 논문을 쓸 때였다. 미국 문화와 비교하여 한국인의 전통 가치관을 측정하는 방법을 개발하고자 할 때 가장 힘들었던 일이 한국인의 전통문화 가치관에 관한 과학적, 학문적인 자료의 빈곤이었다. 오히려 어려울 거라 예상했던 종교심리학이나 성서신학 쪽의 자료를 구하기는 쉬웠다.

연구를 위해 미국 신학교 도서관을 찾아 갔으나 자료가 많지 않았다(1988년). 그 다음 찾은 곳이 남가주에 위치한 USC나 UCLA 도서관이었다. 그곳은 좀 나은 편이었지만 문화 부분이나 도덕 및 가치관 분야는 거의 없었다. 한국의 88올림픽 홍보를 위해 정부에서 급히 제작한 것들 몇 편이 보였다. 설사 있다 해도 경제나 정치 분야에 관한 자료들이었다. 오히려 김일성의 주체사상에 관한 서적이 많음을 보고 놀랐다. 남한의 정신적인 사상이나 도덕에 관한 서적은 거의 없었다.

유대인은 항상 자기의 것을 귀중히 여겨 끊임없이 연구하여 자료를 축적한다. 이것이 그들의 정신적 재산이다. 사진은 유대인 지혜자들이 탈무드와 성경을 연구하는 모습.

다행히 미국 선교사들이 한국에서 사역할 때 학위 논문으로 쓴 몇 편의 책들이 있었다.

   자료 수집차 한국을 방문했다(1989년). 한국에도 마찬가지였다. 외국 번역물은 많으나 한국인이나 한국 문화에 관한 자료는 거의 없었다. 어렵게 찾은 것이 김종권 씨가 딸에게 들려주는 인생 이야기 《한국인의 내훈》 외 몇 편 정도였다. 이것 역시 연세 많으신 분들이 쓴 것이라 구성이나 내용 면에서 조직적이고 학문적인 부분은 미흡했다. 그리고 현대적인 감각이 없었다. 물론 도서관에 공자나 맹자에 관한 서적은 있었다. 그러나 21세기를 바라보는 시대에 한국인이 조선 말기 봉건 시대의 삼강오륜이나 칠거지악을 어떻게 삶에 적용시키며, 어느 정도 지켜야 하는가?

   실제 현대 한국인의 도덕과 윤리적 가치관은 무엇이며, 그 실천 교육 방법은 무엇인가? 이런 주제는 기존 학자들에 의해 재정립되어 있어야 했다. 궁리 끝에 친척집에 있는 중학교 윤리 교과서를 찾아보았

인성교육의 본질과 원리: 수직문화와 수평문화

다. 그런데 거기에는 엉뚱하게 '경제 개발 5개년 계획'을 설명하고 있을 뿐, 한국의 전통적인 도덕적 가치에 관한 내용은 거의 없었다. 즉, 학교에서도 이에 대한 교육 자료나 교육 내용이 거의 전무했다.

　일본이나 미국 또는 유대인을 연구한다면 그에 관한 자료는 너무나 많다. 그런데 한국인인 우리가 한국인의 고유 가치관을 모르는 시대에 살고 있다. 이렇다 할 근거도 없이 오늘날 한국인의 가치관을 어떻게 정의할 것인가? 만약 한국인의 가치관을 유교나 불교에 근거하여 찾는다면, 중국인과 한국인과 일본인은 각각 무엇이 다른가? 아시아 국가들 대부분이 유교나 불교권에 있지만 분명히 한국인은 중국인이나 일본인과는 다르지 않은가? 어떻게 구분할 것인가?

저자가 한국학 연구를 위해
미국의 USC나 UCLA 대학교 도서관을 찾았다(1988).
영어로 된 자료가 거의 없었다.
오히려 김일성의 주체사상에 관한 서적이 많음을 보고 놀랐다.
한국에서도 제대로 된 자료를 구하기가 힘들었다.

2. 한국 전통문화 가치에 관한 자료, 왜 빈약한가
   - 내 것을 업신여기는 풍토

전통문화 가치에 대한 한국인의 인식이 부족해진 이유는 다음과 같다.

첫째, 한국 전통문화 가치에 대한 자료가 부족하다.
둘째, 한국 전통문화 가치에 대해 정리가 되어 있지 않다.
셋째, 그 자료에 근거해 정리된 한국인의 전통문화 가치관을 지키려는 의지가 약하다.

왜 이러한 현상이 벌어지는가? 단적으로 말해 내 것을 우습게 여기고 남의 것을 과대평가하는 사대주의 사상이 원인이다. 현대적 학문이 도입된 뒤 한국의 이율곡이나 정약용을 연구하는 것보다 서구의 플라톤이나 키에르케고르를 연구하는 것을 더 높이 평가했다. 그러다 보니 한국의 사상, 한국의 역사, 한국의 고고학을 연구하기 위해 본고장 한국이 아닌 일본으로 가야 하는 상황이 되었다. 가슴 아픈 현실이다.

어디 그뿐인가? 한국학을 연구하러 미국으로 건너간다. 미국 의회 도서관에서 44년을 봉직한 양기백 씨는 "한국학을 연구하기 위한 자료를 찾아 한국에서 미국으로 오는 현실이 안타깝다."고 토로했다(중앙일보, *美서 '한국 자료' 찾는 현실 안타까워*, 1996년 5월 15일, 미주판).

미국 L.A.에는 120여 인종이 함께 모여 산다. 초등학교 선생이 정기적으로 학생들에게 타민족에 관한 이해를 돕게 하기 위한 교육의 일환으로 자기 민족 음식이나 옷을 입고 오게 하여 파티를 연다. 그 때 각 민족 고유의 음악과 노래, 춤이 등장한다. 중국이나 멕시코에서 온 학생들은 자기 나라 민요를 부르고 춤을 출 줄 안다. 그런데 한국 아이들은 한복 입는 것은 고사하고 '아리랑' 노래도 모르는 아이들이 많다. 집에서 한국의 민속 음악을 가르치지 않기 때문이다. 부모들이 서양 노래는 수준 높고 한국의 '아리랑'은 하찮게 여기기 때문이다.

미국 UCLA에서 한국학으로 박사학위를 공부하는 한인 1.5세 로렌나(30세) 씨의 이야기는 우리의 마음을 아프게 한다. 자신이 한국문화원에서 한국의 문화유산과 전통을 배우러 갔을 때 한국의 전통 바지저고리를 입고 자신을 가르쳐 준 사람이 한국인이 아니라 백인이었다고 했다. 그는 묻는다. "왜 부모들은 우리가 한국어를 써야 하고 한국인임을 자랑스럽게 여겨야 한다고 강조하면서 이러한 풍습과 역사는 백인 교수와 한국에 관심 많은 백인들을 통해 배우도록 하는가?"(중앙일보, 백인 교수에게 배운 '한국 풍습', 2002년 9월 18일).

L.A. 근교 포모나 시에서 열린 L.A. 카운티 페어(박람회)의 프로그램 중 하나로 2001년 9월 29일부터 10월 1일까지 '아시아 축제'가 열렸다. 누가 한국 대표로 나갔을까? 한국인이 아닌 백인이다. 당시 대표였던 L.A. 한국문화원의 자문위원인 리처드 맥브라이트 씨는 이렇게 말한다. "내가 한국문화원 자문위원으로 한국을 대표해 이 행사에 나갔을 때 미국인들의 얼굴에서 약간 실망한 모습을 볼 수 있었다. 그들은 나와 같은 미국인이 아닌 한국 사람들을 만나 한국 문화에 대한 얘기를 듣고 배우고 싶어 한다. 그러나 불행하게도 한인들 가운데 한

유대인은 항상 자신의 것을 귀하게 여기고 세계화 하려고 노력한다. 사진은 유대인의 초막절 절기를 위해 지은 초막 앞에서 선 랍비 애들러스테인과 저자.

국 문화를 잘 아는 이들이 많지 않다. 한국을 알리는 부스에 있는 한국인들조차도 미국인들의 질문에 제대로 답을 해 줄 수 있는 이가 많지 않았다(중앙일보, 한국 문화 홍보는 한국인들의 몫, 2001년 10월 29일, 미주판).

2003년 현재 미국 대학에서 한국학을 가르치는 교수들 대부분이 백인들이다. UCLA의 한국학 주임교수도 백인(Dr. John Duncan)이고, LA카운티 미술관의 한국관 책임자도 백인(Keith Wilson)이고, 한국관이 있게 한 한국의 국보급 고미술품을 600여 점이나 수집하고 헌납한 이도 백인(Robert Moore)이다. 하버드 대학의 한국학 센터 소장도 '한국의 양반문화'를 연구한 백인(Carter Eckart)이다.

어디 이런 일이 미국뿐이겠는가? 더 이상 이런 부끄러운 일은 없어야 한다. 선진국의 상류사회에서는 자신의 뿌리를 모르는 사람을 경멸한다. 언제까지 자녀들을 서양의 사상적 노예가 되도록 방치할 텐가? 실제로 한국 학생이 국악을 하면 미국의 명문대학 입학에도 큰 도움이 된다. 이렇게 대학 입학에 도움이 된다고 해야 한국의 전통을 가르치는 현실을 어떻게 해야 좋을꼬!

2003년 현재 미국 대학에서 한국학을 가르치는 교수들 대부분이 백인들이다.
이제 더 이상 이런 부끄러운 일은 없어야 한다.
선진국의 상류사회 사람들은 자신의 뿌리를 모르는 사람을 경멸한다.
언제까지 우리 자녀들을 서양 문화의 정신적 노예가 되도록 방치해야 하는가.

II. 입시 위주(IQ 위주)의 교육 때문이다

인간은 사회적인 동물이다. 다른 사람과 더불어 살아나간다. 부모는 자녀에게 초등학교 이전에 가정의 기본적인 원리와 인간관계의 중요성과 그 올바른 방법에 대해 가르쳐야 한다. 이는 부모와 자녀의 관계, 부부간의 관계, 형제간의 관계, 나이 많은 사람과 나이 어린 사람들의 관계, 그리고 국가에 대한 관계 등을 말한다. 이것을 가르칠 때 왜 이런 관계가 필요한지 그 이유와 함께 올바른 관계를 맺기 위한 방법을 구체적으로 가르쳐야 한다. 그리고 그 후에 세상 학문을 강조해야 한다.

그러나 한국의 입시 위주 교육 때문에 가정이나 학교에서 전통문화 가치의 중요성이 무시되었다. 이는 영재교육만을 강조해 온 잘못된 2세 교육철학의 산물이다. 다시 말하면 수리, 언어, 추리 및 논리를 중심으로 한 입시 위주의 교육은 참된 인간다운 인간교육의 부재 현상을 낳았다. 이러한 현상은 조상 대대로 내려온 전통문화의 맥을 잇지 못하고 세대차이를 심하게 만들었다. 이는 곧 한국인의 문화 및 역사의 단절이다.

물론 이는 기독교교육의 시각에서, 한국 전통문화 가치가 한국적 샤머니즘이나 불교 등의 이방 종교의 문화를 뜻하는 것이 아니고 평양

신학교에서부터 시작되어 100여 년 동안 내려오는 한국인의 전통적 기독교 문화를 말한다. 여기에는 설사 복음이 전수되기 이전의 한국 민족문화 가치라 하더라도 성경의 가르침에 위반되지 않는 인간에 유익한 보편적 가치들이 포함될 수 있다. 이미 한국인의 전통적 기독교 문화 속에는 이런 보편적 가치들이 다수 포함되었다고 보아야 한다.

왜냐하면, 한국 기독교인이라 해도 신앙은 기독교인이지만 삶은 의식, 무의식 속에 서양적이 아닌 한국적인 한국인으로 살기 때문이다. 즉 한국 문화를 가진 한국인 기독교인으로 살기 때문이다(손님 대접하는 습관, 장유유서 등). 앞으로 이를 선별하여 한국인 기독교에 맞도록 재정립하고 이를 자녀에게 체계적으로 잘 가르쳐 지키게 하는 것이 필요하다.

**우리가 우리의 것을 업신여긴다면,
누가 우리의 것을 존경하겠는가?**

III. 전통문화 가치와 현대 교육에 혼동이 있었다

한국 현대사는 서양 문물에 대한 개방에서부터 시작되었다. 서양의 문물은 한국의 개화에 커다란 공헌을 했다. 한국인의 세계관을 넓혀 주었고, 의식의 구조를 바꾸어 주었다. 그러는 사이 내 것과 서양의 것에 대한 올바른 가치의식이 정립되지 못한 채, 혼동 상태에 빠지게 되었다. 어떻게 생각하면 한국 사람들은 서구문화를 비판 없이 따라가는 것이 교육 받은 사람들의 자세인 것처럼 여겨왔다. 물론 여기에는 미신을 지나치게 믿는 등 우리의 많은 부분이 현대 문명에 뒤떨어진 탓도 있었다.

한국인에게 세대차이가 생기는 이유는 그동안 우리의 전통문화를 지켜야 좋을지, 아니면 발전된 서구문화를 따라가야 좋을지에 대한 확실한 과학적 및 교육학적 답을 주지 못했기 때문이다. 나는 이에 대한 확실한 해답을 주기 위해 과학적인 실험연구를 했다

'전통 한국인의 가치 측정 및 미국화된 한국인의 가치 측정 도구(Traditional Korean Cultural Value Scale & Americanized Korean Cultural Value Scale, Yong-Soo Hyun, 1990)'와 '종교성 측정 도구(Intrinsic-Extrinsic Religiosity Scale, Allport & Ross, 1967)', 그리고 '영적 만족감 측정 도구(Spiritual Well-Being Scale, Palouztian & Ellison,

유대인 회당을 방문하면 의사, 교수, 판사 등 유명인들을 많이 만난다. 생업으로 바쁜 이들이지만 자신들의 전통을 철저히 지키려고 노력한다. 사진은 기도회 시간에 여호와의 말씀인 토라를 높이 들고 말씀을 읽는 정통파 유대인들. 말씀을 읽을 때나 말씀이 운행할 때, 모두 자리에서 일어나 경외감을 표한다.

1982)'로 미주 한인 1세 및 2세 대학생과 청년들을 측정했다.

그 결과 다음과 같은 사실을 발견했다.

"한국인이 한국의 전통문화 가치를 많이 가지고 있으면 가지고 있을수록 바울 같은 내재적 종교성이 현저히 높고, 영적 만족감이 현저히 높다. 반면, 한국의 전통문화 가치를 갖고 있지 않고, 미국 문화에 동화되면 될수록 바리세인 같은 외재적 종교성이 현저히 높고, 영적 만족감이 현저히 낮다."(Hyun, 1990)* 전통문화 가치는 수직문화이며, 이것은 곧 한국인의 정체성을 형성하는 가치다.

---

* 철학적 및 심리학적 이유는 저자의 《문화와 종교교육》(쉐마, 2007) 참조.

온고지신(溫故知新)이란 옛말처럼 우리의 전통문화 가치를 지키며 새것을 더해 가는 것이 최선이라는 사실이 과학적으로 밝혀진 이상, 유대인의 교육 방법을 따르는 것이 바람직하다. 이것은 벌어지는 1세와 2세와의 세대차이를 막기 위해서다. 결국 이는 한 걸음 더 나아가 1세와 2세와의 신앙적 세대차이를 막기 위해서다.

"한국인이 전통문화 가치를 많이 가지고 있으면 가지고 있을수록 바울같이 내재적 종교성이 현저히 높고, 영적 만족감이 현저히 높다"는 사실을 발견했다."
(저자의 학위 논문 결과)

IV. 세대차이의 문제점:
한국인의 심각한 정체성 위기

1. 한국 민요는 모르고 서양 민요에 심취한 자칭 엘리트들

　　　　　　미국에서 만난 어느 한국 유학생의 부끄러운 고백이 생각난다. 각 나라에서 온 유학생끼리 모이는 국제학생회의 크리스마스 파티에 참석했을 때였다. 친교 시간에 순서에 따라 나와서 자기 나라 민요나 가곡을 부르기로 하였다. 각자 자기 나라 노래를 멋지게 불렀다. 이제 한국인 학생 차례가 왔다. 그는 그 자리에서 지성인답게 '로렐라이 언덕'을 멋지게 불렀다. 그랬더니 독일 사람이 듣고 있다가 "이 노래는 우리 나라 노래인데 왜 당신이 부르느냐?"고 말했다.

　그 다음 부른 것이 '산타루치아'였다. 이번에는 이탈리아 사람이 나서서 "이 노래는 우리 나라 것인데 왜 당신이 부르느냐. 당신네 나라에는 민요가 없느냐?"라고 다그쳤다. 얼굴이 붉어진 그가 한참만에 '아리랑'을 불렀다. 그랬더니 주위 사람들이 박수를 치면서 "바로 그것이다!" 하고 외쳤다. 여기에서 한국인이 왜 국제화에 어려운가에 대한 또 다른 면을 볼 수 있다.

　그는 한국의 지식인이라면 이 정도 노래는 부를 수 있다는 것을 다

박찬호 선수가 미국에서 인기를 끈 이유는 선수로서의 뛰어난 기량 외에 한국적인 예의를 보여 주었기 때문이다. 사진은 박 선수가 등판하기 전 심판대와 관중석을 향해 공손히 인사하는 모습. 이 장면이 미국 각 언론에 보도되었다. 가장 한국적인 것이 가장 세계적이다.

른 나라 사람들에게 뽐내기 위해서 서양 노래들을 불렀다고 고백했다. 괜한 열등의식에 서양 노래를 부르면 수준이 높고, 한국 것을 부르면 수준이 낮다고 생각한 그 학생, 한국의 엘리트라고 생각하는 사람 중에 이런 사람이 어디 한둘이겠는가?

1995년 8·15 광복절은 광복 50주년 희년을 맞이하여 세계적인 한국 음악인에 의하여 대대적인 '광복 50주년 축전 음악회'가 잠실벌에서 펼쳐졌다. 이 음악회를 지켜보던 김용진 교수(서울대 작곡과)는 "음악회가 진행될수록 내가 독일에 와 있는지 이탈리아에 와 있는지 착각을 일으키게 했다."고 토로했다. 왜냐하면, 음악회 때 연주되었던 음악들이 영국 왕실의 '불꽃놀이'나 베르디의 오페라 중에 나오는 2중창 등으로 남의 나라 연주회였다는 것이다(중앙일보, *광복 50주년 축전 음악회 왜 우리 작품 하나도 없나*', 1995년 8월 17일, p. 5).

　이런 현상이 어찌 음악뿐이랴? 이는 한국이 50년 전 일본으로부터 주권은 찾았지만 그 후 정신적인 사상은 서양에 지배당하고 있음을 스스로 노출시키는 것이 아닌가? 진정한 희년의 기쁨은 주권과 영토의 회복, 사상의 회복, 그리고 온 민족의 3·1만세 운동 같은 기독교 정신의 회복에서 오게 된다.

　한국의 청소년들도 미국의 유행가는 많이 알면서도 우리나라 동요인 '자장가', '반달' 그리고 '고향의 봄'은 잘 모른다. 언제까지 우리의 후손을 문화적, 사상적 국적 없는 고아들로 남겨 둘 것인가? 이렇게 자신의 민족적 철학이나 사상이 없이 단순히 머리만 좋아서 외국에서 학위만 받은 사람들이 한국의 정계, 학계 및 재계에서 주도권을 잡고 있으니 국가의 미래 지향적 계획이 제대로 되겠는가?

　그 후유증은 미래 한국을 책임질 자녀들을 멍들게 한다. 한국의 전북 전주 시내 중산·화산 초등학교 6학년생 100명을 대상으로 조사한 바에 의하면(조사자: 오현옥 교사) 79명이 발렌타인데이(2월 14일), 화이트데이(3월 14일), 블랙데이(4월 14일) 및 빼빼로데이(11월 11일)의 의미와 날짜는 정확히 알고 있는 반면, 한국의 4대 국경일 가운데 삼일절과 광복절을 아는 초등학생은 각각 42%와 34%였고, 제헌절과 개천절에 대해서는 7~8%만이 정확한 지식을 가졌다. 4대 국경일 모두 정확하게 알고 있는 학생은 4명뿐이었다(중앙일보, *화이트데이 알지만 개천절은 몰라요*, 2003년 3월 14일, p. B-8). 더 위험한 것은 이런 현실을 알고도 아무런 조치도 취하지 않는 무관심한 사람들이 소위 지도층 자리에 그대로 버티고 있다는 데 있다.

> "1995년 광복 50주년 희년 음악회에서 불렀던 곡들이
> 서양곡 일변도여서 음악회가 진행될수록
> 내가 독일에 와 있는지 착각을 일으키게 했다."
> (김용진 칼럼, 서울대 작곡과,
> '광복 50주년 축전 음악회 왜 우리 작품 하나도 없나')

2. 자녀들은 정체성 없는 사상적 국제 고아로 전락

이제 세계를 지구촌이라고 부른다. 그러나 각 민족마다 자기 민족의 정신적인 집이 있다. 정체성이 있다. 지구촌이라는 한 동네에 속한 여러 집 아이들이 공원에서 놀다가도 날이 저물면 각자 자기 집으로 돌아가야 한다. 다른 나라 아이들은 모두 자기 집을 분명히 알고 잘 찾아가는데 한국인 아이는 자기 집이 어디에 있는지도 모르고 미국 집이나 독일 집, 이탈리아 집을 기웃거리다가 그 곳에서 "여기는 너희 집이 아니다."라고 손을 저으니까 다시 일본 집이나 중국 집을 기웃거리는 신세가 되었다. 그러나 그곳에서도 거절당한다.

내 것을 귀하게 여기지 못하는 민족은 병든 민족이다. 이런 민족에게는 내 것이 없다. 정신적인 내 집이 없다. 내 것은 업신여기고 남의 것만 끊임없이 모방하기 때문이다. 나의 정신적 정체성이 없는 사람은 사

상적 고아다. 이런 사람은 마음이 항상 공허하여 갈증을 느낀다.

저자는 4명의 아들을 모두 미국에서 낳아 미국에서 키웠다. 미국은 약 200여 종족들이 모여 사는 나라다. 아들들이 초등학교에 다닐 때였다. 그 학교는 학생들에게 각 민족들의 다양한 문화를 체험시키기 위해 매년 '국제의 날'을 주관한다. 한 달 전 교장 선생님이 학생들에게 이렇게 광고한다.

"국제의 날에는 여러분 자신들의 고유 전통 의상을 입고 오고, 고유 전통 음식을 만들어 와서 나눠 먹고, 고유 전통 민요를 부르세요."

그날이 되면 일본 학생들은 기모노를 입고 오고, 스시를 만들어 오고, 일본 전통 민요를 부른다. 중국 학생들도 중국 전통 옷을 입고 오고, 중국 전통 음식을 만들어 와서 다른 학생들과 나눠 먹고, 중국 전통 민요를 부른다. 멕시코 학생들이나 아프리카 케냐 학생들도 모두 자신들의 전통 복장을 하고, 전통 음식을 만들어 와서 다른 학생들과 나누어 먹고, 자신들의 민요들을 부른다.

그런데 한국인 자녀들은 아예 입고 갈 한복이 없다. 김치찌개도 짜고 맵다고 가져가지 않는다. 그리고 한국의 민요는 전혀 모르기 때문에 부를 수가 없다. 그날은 한국인 자녀들이 한국의 수직문화를 모르는 국제 사회의 정신적인 고아가 된다.

그 이유는 할아버지 할머니와 부모 세대들이 자식들에게 우리의 수직문화를 전수하지 못했기 때문이다. 전 세계에 이런 민족은 한국민족밖에 없다.

한국인은 자신의 부모, 우리 민족의 문화 그리고 우리 민족을 먼저 사랑해야 한다. 이것은 자신의 부모, 우리 민족의 문화나 우리 민족이

다른 사람의 부모, 다른 민족의 문화나 다른 민족보다 상대적으로 더 훌륭하기 때문에 사랑하라는 것이 아니다. 사랑의 우선 순위를 자신의 부모이기 때문에, 우리 민족의 문화이기 때문에 그리고 우리 민족이기 때문에 먼저 우리의 것을 사랑하고 다음에 남의 것을 사랑해야 한다는 뜻이다. 우리가 우리 것을 존중하고 지켜주지 않는다면 누가 우리 것을 존중하고 지켜 주겠는가?

하나님은 아무리 가난해도 내 부모를 귀하게 여기는 사람, 내 민족의 문화 가치를 소중하게 여기는 사람, 내 민족을 귀하게 여기는 민족을 축복하신다. 왜냐하면 하나님은 하나님의 예정 가운데 '나'를 '내 가정'의 일원으로 또한 '한국인'으로 태어나게 하시고 살게 하셨기 때문이다. 우리 1세가 이 정도인데 우리의 자녀들은 얼마나 더 하겠는가? 지금 한국인의 정체성이 심각한 위기에 처했다.

**내 것을 귀하게 여기지 못하는 민족은 병든 민족이다.
이런 민족에게는 내 것이 없다.
내 것은 업신여기고 남의 것만 끊임없이 모방하기 때문이다.
나의 정신적 정체성이 없는 사람은 사상적 고아다.**

3. 할아버지 세대의 문화를 싫어하는 민족은 한국 민족밖에 없다

오늘날 한국의 많은 젊은이들이 부모 세대를 싫어한다. 할아버지 할머니 세대는 더 싫어한다. 어른 세대를 업신여기는 경향이 뚜렷하다.

2007년 가을, 저자가 한국의 모 중·고등학교 전교생이 모인 자리에서 강연을 한 적이 있었다. 그 학생들에게 수직문화와 수평문화에 대해 설명하고 이렇게 물었다.

"여러분들은 왜 할아버지 할머니들을 그렇게 싫어합니까? 왜 할아버지, 할머니들이 좋아하는 한복, 한국 음식 그리고 국악을 그렇게 싫어합니까? 여러분들의 할아버지 할머니들이 잘못한 것이 무엇이 있습니까? 그들은 한국의 반만 년 역사 가운데 가장 처절한 시대를 살았던 분들입니다. 일본 식민지 시대에 처절한 굴욕의 삶을 살아야 했고, 피맺힌 6·25 전쟁을 겪은 세대입니다. 너무나 배가 고파 죽기를 각오하고 밤낮으로 일했습니다. 자식들한테 먹일 양식이 없어 통곡하며 살았던 세대입니다. 그렇게 어려운 환경 속에서 여러분들의 부모님을 교육시켰습니다."

저자는 다시 물었다.

"그런데 왜 할아버지 할머니를 그렇게 싫어합니까? 여러분이 짐승이 아니라면 한 번 생각해 보세요. 무슨 원수가 졌다고 할아버지 할머니가 좋아하시는 것은 모두 싫어합니까?"

이에 대해 다 함께 생각해 보자고 호소했다.

"자신의 아내를 사랑하면 아내가 사랑하는 물건도 존중해 주고 사랑하는 것처럼, 어머니를 사랑한다는 뜻은 바로 어머니가 아꼈던 물건들도 존중하고 사랑해야 합니다. 어머니가 아끼던 인두, 한복, 수정과, 청국장도 존중하고 사랑해야 합니다. 그분들이 즐겨 불렀던 국악과 춤도 존중하고 사랑해야 합니다. 그런데 왜 할아버지, 할머니나 부모 세대가 좋아하던 것들을 모두 싫어합니까?"

한국은 이제 10~20년만 지나면 한국의 전통 음식은 물론 모든 전통 문화들이 사라질 위기에 있다. 청국장이나 수정과도 없어질 것이고, 국악도 없어질 것이고, 한복도 사라질 것이다. 이미 벌써 많은 것들이 사라졌지만 말이다.

물론 젊은 세대만 탓할 수도 없다. 기성세대도 서양 학문에 속아 우리의 수직문화가 자녀의 인성교육에 그만큼 중요한지 모르고 그들에게 가르치지 않았기 때문이다. 이를 어찌할꼬!

사상적으로 국제 고아가 된 민족은 국제화의 테이블에서 앉을 자리가 없다. 어느 선진국도 문화와 사상 없는 국제적 고아를 진정한 대화의 상대로 여기지 않기 때문이다. 한국인이 이러한 심각한 정체성의 위기를 하루 빨리 극복하지 않으면 한국의 미래는 어두워질 뿐이다.

따라서 우리는 하루 빨리 한국인의 좋은 전통을 체계화하고 정리해야 한다. 그리고 자녀들에게 가르쳐야 한다. "자신의 머리로 전통의 뜻을 생각하지 않는 사람은 다른 사람의 인도를 받는 장님과 같다." 탈무드에 나오는 말이다.

**자신의 머리로 전통의 뜻을 생각하지 않는 사람은
다른 사람의 인도를 받는 장님과 같다.
- 탈무드 -**

V. 세대차이를 극복하는 방안과 세계화의 원리

저자 주 이 주제는 제7부 제2장 I '세계화의 원리 I : 지구촌 발전과 한국인의 세계화 원리와 방안'에서 자세히 다루기 때문에 여기에서는 생략함.

VI. 결론: 인성교육의 내용과 방법을 모르는 현실과 대책

한국에 지존파 사건, 막가파 사건 및 미국 유학을 갔다 온 교수가 자기 아버지를 죽인 폐륜적인 사건이 연이어 일어나자 '도덕 실종'이란 단어가 수년 간 한국 매스컴을 장식했다. 그리고 여러 전문가들은 가정의 도덕성을 회복시켜야 한다고 주장한다. 그러면서 가정의 인성교육을 강조한다. 맞는 얘기다.

깜짝 놀란 30대 젊은 엄마가 자녀들에게 가정교육을 시키지 않으면 그들이 커서 막가파가 되겠구나 생각하고 두 아이를 불러 방안에 앉혀 놓는 데 성공했다. 그런데 막상 앉혀 놓기는 했는데 무엇을 어떻게 가르쳐야 할지 인성교육의 내용과 방법이 떠오르지 않는다. 그래서 한참 아이들을 쳐다보다가 하는 한마디.

"너, 이 다음에 커서 엄마 칼로 찌르면 안 돼!"

저자가 모 언론사 주최로 유대인의 자녀교육에 관한 교육 강좌를 실시한 적이 있다. 강의가 끝난 뒤 미국 명문대 출신인 30대 중반의 기자가 이런 말을 했다.

"현 교수님, 사실 우리 세대가 가장 불쌍합니다. 우리는 부모님에게 효도하기 위해 시키는 대로 학교와 학원만 열심히 다녔습니다. 그래서 일류대학은 나왔는데 막상 자식을 낳고 보니까 무엇을 어떻게 가르쳐야 할지 막막합니다. 그러니 돈 벌어 학교에 보낼 수밖에요."

왜 그런가? 부모 세대가 자손대대로 내려오는 한국인의 가치관을 자녀들에게 안 가르쳐 한국인의 올바른 인성교육의 전수에 실패했기 때문이다. 그러면, 왜 가르치지 않았는가? 어른들이 서양 학문에만 취해 우리 것을 모두 잃고 학교교육에만 투자했기 때문이다. 그 결과 가정의 인성교육 내용과 방법이 실종됐다. 막상 가정에서 부모가 자녀들을 가르치려 해도 무엇을 어떻게 가르친다는 말인가? 참으로 딱한 노릇이다.

대안은 무엇인가? 더 늦기 전에, 부모 세대가 모두 떠나기 전에 우리의 것을 연구하고 잘 가꾸어 후손에게 신앙과 함께 유산으로 물려주어야 한다. 그 방법이 바로 이 책에서 말하는 유대인의 선민교육의 내용과 방법이다. 자녀교육은 수능시험(SAT)만으로 되는 것이 아니다.*

한 가지 더 심각한 문제가 있다. 젊은 세대 부모가 자녀를 가르치는 교육의 내용과 방법을 모르면 배우려고 노력을 해야 하는데 배울 생

---

* 위의 II. '입시 위주(IQ 위주)의 교육 때문이다' 결론 부분 참조.

각을 전혀 하지 않는다는 사실이다. 가정교육이 없는 교육은 실패할 수밖에 없다. 자신의 자녀는 자신이 가르쳐 자신의 제자를 삼아야 한다. 특히 인성교육은 더하다. 그런데 그저 남에게 맡기려고만 한다. 이제 부모가 먼저 배워야 한다.

한국에 폐륜 사건이 연이어 일어나자 30대 젊은 엄마가
가정교육을 시키려고 두 아이를 불러 방안에 앉혀 놓았다.
그런데 인성교육의 내용과 방법이 떠오르지 않았다.
그래서 한참 아이들을 쳐다보다가 하는 한마디.
"너, 이 다음에 커서 엄마를 칼로 찌르면 안 돼!"
어른들이 서양 학문에만 취해 우리 것을 모두 잃고
학교교육에만 투자했기 때문이다.

> 하나님이 천지를 창조하실 때
> 마지막 날 인간을 만드신 것은
> 인간의 오만함을 없애기 위해서였다.
> _마빈 토카이어, 탈무드 잠언집

제3부

인성을 해치는 현대 교육: 현대 교육과 유대인 자녀교육의 차이점

제1장
현대 교육과 유대인 자녀교육 무엇이 다른가:
인성교육 측면

제2장
인성교육과 공교육:
무너진 한국 공교육의 원인 분석과 대안 제시

제1장 현대 교육과 유대인 자녀교육 무엇이 다른가 - 인성교육 측면

I. 현대 교육과 유대인 교육의 목적 차이

II. 현대 교육과 유대인 교육의 강조점 차이

III. 현대 교육과 유대인 교육의 내용 차이

IV. 현대 교육과 유대인 교육의 장소 차이

V. 현대 교육과 유대인 교육의 교사의 차이

VI. 현대 교육과 유대인 자녀교육의 결과 및 결론

VII. 잘못된 미국 교육철학을 대변하는 시

들어가며

유대인은 자손대대로 신앙의 세대차이를 막는 데 성공했다. 그러나 기독교의 역사를 보면 시대마다 다른 민족이 성령의 촛대를 잡았다. 왜 그런가? 각 민족마다 자손들에게 세대차이 없는 신앙을 전수하는 데 실패했기 때문이다. 세대차이는 기독교교육의 적이다.

세대차이는 인간의 수평문화에 의해 만들어진다. 그렇다면 수평문화에 의한 세대차이는 왜 생기는가? 그 근본 원인은 잘못된 현대 교육철학의 맹종에 있다. 현대 교육은 부모와 자녀 간의 세대차이를 점점 더 넓히고, 유대인의 자녀교육은 세대차이를 없애도록 최대한 노력한다. 그런 차이는 어디에서 연유된 것인가? 그 이유를 현대 교육철학과 유대주의 교육철학의 차이점에서 알아보자.

I. 현대 교육과 유대인 교육의 목적 차이

현대 교육과 유대인 자녀교육은 교육의 목적이 서로 다르다. 현대 교육의 목적은, 개인의 재능이나 잠재력을 계발하여 유능한 인간으로 만드는 데 있다. 영어로 '교육'은 'education' 이다. 이는 라틴어 'educare'에서 유래한다. 'educare'는 'e'와 'ducare'의 합성어다. 'e'는 '나오다(out),' 'ducare'는 '인도하다(lead)'를 뜻한다. 즉, 교육이란 '이끌어 내다(lead out)'란 뜻이다.

이는 '교사'란 의미의 희랍어 '디다스칼로스(didaskalos)'의 어원에서도 잘 나타난다. '디다스칼로스'란 뜻은 학생의 재능이나 잠재력(the talents and potentialities)을 계발시키는 것이 주 임무다(Wilson, 1993, p. 290). 다시 말하면, 영재교육이다. 현대 교육의 목적 자체가 인간다운 인간, 즉 전인교육을 위한 것이 아니고, 생존경쟁을 위한 이성에 의한 논리와 지식을 발달시키는 교육에 주력하고 있기 때문이다. 따라서 현대 교육의 커리큘럼도 이성에 의한 논리와 지식의 발달에 치중되어 있는 것이 현실이다.

그러나 유대인 자녀교육의 목적은 세상 학문이나 기술교육이 아니고 자녀들을 거룩하게(Holiness) 키우는 데 있다(Barclay, 1959a, p. 14). 거룩(Holy)이란 무엇인가? 거룩이란 '구별되었다'는 뜻이다. 따라서 '거룩'에 이르는 교육이란 세상을 위한 삶에서 하나님을 위한 삶으로 구별시키는 것이다(Swift, 1919, p. 60). 유대인은 하나님이 택한 거룩한 선민이다. 유대인이 거룩하게 된 것은 그들의 행위가 의롭기 때문이 아니고, 하나님이 '너는 내 것'이라고 택하셨기 때문이다(레 20:26; 신 7:6-7; 엡 1:4). 이는 마치 똑같은 공장에서 나온 컵이지만 이 컵이 술집의 타락한 모임에서 사용되면 사탄의 도구가 되고, 교회 성찬식에 쓰이면 여호와를 위해 구별된 거룩한 성물이 되는 것과 같은 논리다.

따라서 유대인의 성결교육이란 죄악으로 가득 찬 이방인들의 세속과 분리된 삶의 교육을 말한다. 하나님께 속한 유대인은 거룩한 선민이기 때문에 '하나님의 형상'을 닮도록 교육시킨다(Imitating the Image of God). 이러한 유대인의 선민교육 개념은 유대인이 사용하는 10여 가지의 '교육'을 의미하는 히브리 단어에서도 나타난다. 이 단어들도 대부분 '잘못을 교정하다' 또는 '선악을 분별하다'는 뜻이다(Stalnaker, 1977). 즉, 자녀에게 무엇이 선이고 악인지를 구별하는 능력을 키우고 선을 따르게 하는 것이 교육이다. 이것은 성경적 교육의 목적 자체가 인간교육임을 뜻한다. 일반 학문이 강조하는 개인의 능력을 계발하는 영재교육과 얼마나 큰 대조를 이루는가?

그들이 일반적으로 많이 쓰는 히브리어 교육 용어로 '히눅(hinukh)'이라는 말이 있다. 이 말도 단지 정해진 학업을 시키는 것이 아니고, 하나님에게 드리는 '헌신(consecration)'이나 생명을 위한 훈련을 의미한다(Donin, 1972, pp. 129-130). 또 생업의 중요성보다는 선민인 유대인으로서 자녀들에게 하나님이 원하시는 도덕과 윤리적 가치관 교육을 강조한다.

하나님은 "너희는 내게 거룩할지어다. 이는 나 여호와가 거룩하고 내가 또 너희로 나의 소유를 삼으려고 너희를 만민 중에서 구별하였

유대인은 하나님의 형상을 닮기 위해 죽을 때까지 노력한다. 사진은 기도하는 정통파 유대인 노인. 쉐마를 넣은 경문을 머리와 팔에 매고 기도복을 걸쳤다.

음이니라"(레 20:26)고 말씀하신다. 즉 "거룩하고 완전하신 하나님의 형상을 얼마나 더 많이 가까이 닮게 하여 세속과 구별시키느냐"가 자녀교육의 목표다. 이 방법으로 그들은 613개의 율법을 지켜 행한다.

똑같은 논리로 기독교인도 하나님께서 택한 백성이다. 예수님의 이름으로 회개하고 믿음으로 구원받은 기독교인도 세속과 구별되어 하나님께 속해 있다. 기독교인의 '회개'란 신학적으로 '세상으로 향하던 발걸음을 멈추고 돌아서서 하나님을 향하는 행위'를 말한다(Vine, 1985). 그 후 거듭난 기독교인은 계속하여 죄악된 세상을 등지고 하나님을 향하여 분리되어(행 20:32) '하나님의 형상'을 닮는 과정 속에 들어간다.

'하나님의 형상을 닮는 과정'을 신약에서 '그리스도를 닮는 과정' (엡 4:12-13)이라고도 말한다. 또한 이를 '성화의 과정'이라고 말한다 (Geiger, 1963; Grider, 1980). 거듭난 기독교인을 성화되도록 가르치는 것이 바로 기독교교육의 목적이다.

따라서 현대 교육의 목적을 따르면 영재교육은 가능할 수 있어도, 일정한 사상적 일치를 가질 수는 없다. 그러므로 각자 삶의 목적도 다를 뿐만 아니라 세대 간 의식의 세대차이는 더 커질 수밖에 없다. 그러나 유대인의 교육 목적을 따를 경우 모두 하나님의 형상이라는 목표를 이루어 세대차이를 막을 수 있다.

현대 교육의 목적 자체가 인간다운 인간,
즉 전인교육을 위한 것이 아니고,
생존경쟁을 위한 이성에 의한 논리와 지식의 발달 교육에 주력하고 있다.
반면, 유대인 자녀교육의 목적은 세상 학문이나
기술교육이 아니고 우선 자녀들을 거룩하게(Holiness) 키우는 데 있다.

II. 현대 교육과 유대인 교육의 강조점 차이

현대 교육과 유대인 자녀교육은 교육의 강조점이 서로 다르다. 영재교육은 공동체의 유익보다도 개인 중심 교육(a person oriented education)을 강조한다(Cooper, 1986; Joyce & Weil, 1986). 특히 미국의 교육철학자 존 듀이는 개인의 능력을 증진시키고 진리를 발견하기 위해 개인의 경험과 실험을 중요시했다(Dewey, 1938, p. 89).

그래서 현대 교육은 부모가 자녀들의 특성을 개발하고 능력을 키우기 위해 자녀들이 원하는 대로 해 주도록 권장한다. 그리고 선생은 학생을 가르치기보다 그들의 학업을 도와주는 역할을 한다(a facilitator) (Cooper, 1986; Joyce & Weil, 1986; Dewey, 1916, 1938).

미국의 초등학교에 가면 어린이들이 테이블에 둘러앉아 스스로 공부하고 교사는 주로 학생이 학업에 필요한 것을 도와준다. 또 가정에서 무슨 일이 있으면 대부분 "자녀가 원하는 대로 하라."고 충고한다. 이처럼 개인을 강조한 교육은 개인주의와 이기주의를 양산한다.

가족끼리 식당에 가도 아버지가 음식을 주문하는 것이 아니고 자녀들이 각자 먹고 싶은 음식을 주문한다. 아버지는 나중에 계산만 한다. 요즘에는 "어느 식당에 가느냐"도 자녀들이 선택한다. 자녀에게 우선권이 주어진다. 이러한 강한 개인주의 때문에 세대차이가 더욱 커질 수밖에 없다.

　유대인은 어떠한가. 그들은 자녀들이 성결한 삶을 살 수 있도록 하나님 중심 교육(God centered education)을 시킨다. 즉 자녀가 원하는 대로가 아니고 하나님이 원하시는 대로 교육시킨다. 하나님이 원하시는 대로 가르치기 위한 교육의 기준은 무엇인가? 구약 성경이다. 그들이 말하는 여호와의 율례와 법도에 대한 교과서가 토라를 기본으로 한 구약 성경이다. 그들은 가정에서나 세상만사에 어떠한 문제가 있을 때 자녀들이 원하는 대로가 아니고 하나님이 무엇을 원하시는지 성경에서 답을 찾는다. 성경에 기준을 둔 그들의 삶은 개인의 육(肉)을 절제시키고 자신보다는 남을 위한 삶, 자신이 속한 공동체의 유익을 위한 삶을 살도록 교육한다. 그리고 조상 대대로 내려오는 일치된 신앙교육을 강조한다. 이러한 유대주의 교육의 기본 요소는 유대인의 선민의식, 즉 민족주의(nationalism)를 키우는 것이다(Agus, 1941, pp. 33-34). 이것이 그들의 개인과 민족 안에서 신앙의 세대차이를 막는 비결이다.

**현대 교육은 개인 중심 교육이지만, 유대인 교육은 하나님 중심 교육이다.
그러므로 현대 교육을 받으면
개인주의와 이기주의가 팽창해 세대차이가 생기지만,
유대인 자녀교육은 성경 안에서 동일한 인성교육으로 세대차이가 없다.**

III. 현대 교육과 유대인 교육의 내용 차이

현대 교육의 내용은 주로 영어를 비롯한 언어, 수학, 논리, 과학, 경제, 법학, 의학 등이다. 이들은 주로 전문인을 양성하는 IQ 위주의 교육이다. 인간의 정신문화, 즉 영혼에 영향을 주지 못한다. 수평문화에 속한 현대 교육의 내용을 배우는 이유는 대부분 그 분야의 지적인 전문가가 되어 개인의 생업으로 삼기 위해서다. 물론 현대 학문에도 수직문화에 속하는 종교나 역사, 철학도 일부 있지만 이것들은 현재 어느 나라에서나 인기가 없는 전공 분야로 전락하고 말았다. 현대는 수직문화에 속한 분야를 전공한 사람들이 일자리를 구하기 힘든 시대이다.

이에 반하여 유대인 자녀교육의 내용은 철저하게 성경에서 출발한다. 모세오경인 토라, 선지서, 역사서, 성문학 및 탈무드다.* 그리고 성경적 EQ(감성 지능) 교육을 철저히 시킨다. 이 교과 커리큘럼은 인간의 영혼을 위한 수직문화 중에서도 가장 깊은 영혼의 수직문화에 속한 교육의 내용들이다. 어려서부터 성경교육을 받은 자녀들은 커서도

---

* 《유대인 아버지의 4차원 영재교육》(현용수, 동아일보사, 2006), 제2부, 제2장, II '토라와 탈무드', 참조.

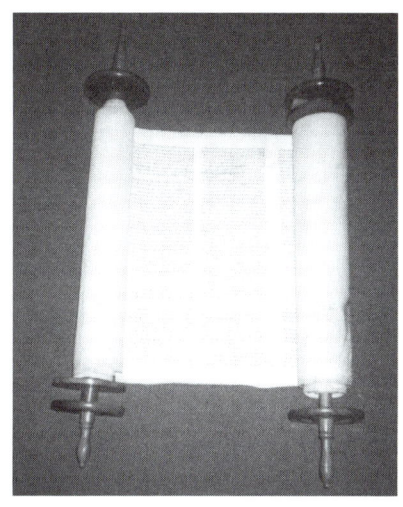

유대인 부모의 소원은 자녀를 하나님의 말씀 맡은 자로 키우는 것이다. 따라서 그들의 교육 내용은 성경이다. 사진은 유대인의 성경인 토라(두루마리 성경).

말씀의 길을 떠나지 않는다. 그리고 언제나 하나님 우선 중심의 신본주의 사상에 젖어 살게 된다. 이러한 철저한 신본주의 사상을 가질 때 수평문화의 유혹에서 초연할 수 있다.

또한 현대 교육의 내용은 세상 지식을 본받게 한다. 그러나 성경교육은 하나님의 지혜를 얻게 한다(잠 2:6-7; 전 2:26). 아무리 이 세상 지혜가 많다 해도 하나님의 지혜를 따라갈 수는 없다. 이 세상 지혜는 하나님에게는 미련한 것이기 때문이다(고전 3:19).

**현대 교육의 내용은 세상 지식을 본받게 하지만,
성경의 내용은 하나님의 지혜를 얻게 한다.
이 세상 지식과 지혜는 하나님에게 미련한 것에 불과하다.**

IV. 현대 교육과 유대인 교육의 장소 차이

현대 교육과 유대인 자녀교육은 교육의 장소가 서로 다르다. 현대 교육은 자유스럽고 민주적인 교육 환경을 강조하며, 교육 장소도 이러한 환경을 갖춘 전문기관, 즉 학교나 학원에 의존한다(Dewey, 1916, pp. 20-21). 그러므로 오늘날 부모는 자녀들을 보낼 학교나 학원을 찾고, 등록금과 학원비만 내주면 자신들의 의무를 다한 것처럼 착각한다.

그러나 유대인이 최우선으로 삼는 교육 장소는 가정이다. 가정이야말로 그들의 신성한 성전이요, 모든 인간교육의 센터이다. 가정에서 아버지와 어머니가 직접 자녀들에게 하나님의 말씀을 가르쳐 자녀를 '말씀 맡은 자'로 키워 자신들의 영적 제자로 삼는다. 유대인이 전 세계를 방랑하면서도 이방문화에 물들지 않고 열조가 물려준 신앙의 세대차이를 막았던 핵심 방법이 바로 가정교육에 있다. 미국의 보수 기독교 가정에서 자녀들을 세속적인 일반 학교에 보내지 않고 집에서 성경 공부와 학교 공부를 겸하여 시키는 '가정학교(home schooling)'를 선택하는 경우가 늘고 있는 이유도 바로 여기에 있다.

V. 현대 교육과 유대인 교육의 교사의 차이

현대 교육과 유대인 자녀교육은 교사가 서로 다르다. 현대는 전문가 시대이다. 현대 교육에서는 자녀교육을 전문가에게 맡기라고 가르친다. 오늘날 부모들은 자녀가 태어나기 전부터 아이를 맡아줄 전문가를 찾아다닌다. 이렇게 전문가에 대한 의존도가 높다 보니, 이제는 가정에서 부모가 자녀에게 무엇을 가르쳐야 하는지 잊어버렸다. 분명히 알아야 할 것은 각 분야의 전문가가 가르치는 현대 교육의 내용은 수직문화가 아니고 수평문화에 속한다는 점이다.

유대인은 어떠한가? 가정에서 교사는 부모 자신이다(Donin, 1972; Levi & Kaplan, 1978; Kling, 1987). 하나님께서 부모에게 부여한 가장 큰 의무도 자녀에게 여호와의 말씀을 가르치는 것이다(신 6:4-9). 유대인 가정의 구조는 개념부터 성경적이다. 성서에 의하면 아버지는 사상과 권위와 힘의 상징이다. 유대인 선생은 상당한 권위를 가진 자이며, 대단한 존경의 대상이다(Benson, 1943, p. 25). 어머니는 사랑, 정서, 눈물의 상징이다. 자녀는 희망의 상징이다.

유대인은 지혜롭기 때문에 언제나 희망이 있는 곳에 모든 정성을 쏟는다. 특히 유대인의 아버지는 희망을 심기 위해 자신의 자녀에게 열조의 신본주의 사상을 어려서부터 가르친다. 이스라엘 국가(國歌) 제목

유대인 가정에서는 아버지가 자녀의 선생님이다. 따라서 자녀들은 아버지의 신본주의 사상을 닮아간다. 사진은 평일 가정에서 자녀들에게 성경을 가르치는 정통파 유대인 아버지. 자녀들이 얼마나 아버지를 신뢰하고 따르는지 감탄할 정도다.

도 '희망(Hope)'이다. 그들은 자신들이 하나님의 선민이라고 믿기 때문에 어떠한 환란 속에서도 항상 희망이 있음을 확신한다. 희망을 잃지 않는 민족, 희망을 품고 사는 민족. 희망은 그들의 보이지 않는 저력이다. 유대인 아버지는 자신의 사상과 권위와 힘을 자녀에게 전수하기 위해 직접 자녀들을 가르친다. 물론 그들도 학교에서 전문교육을 시키지만 가정에서의 종교교육을 우선으로 가르친다는 말이다.

배움을 받는 학생은 가르치는 사람을 닮는다. 그런데 오늘날 자녀들은 전문가에게만 배우기 때문에 부모를 닮지 않고 세속의 선생을 닮는다. 이것이 부모와 자녀 간에 세대차이가 벌어지는 원인이 된다.

몇 년 전 한국에 왔을 때 어느 아버지가 나를 찾아와 하소연을 했다(1992). 아들이 공부는 뒷전이고 시위에만 앞장선다고 했다. 그분의 말을 들어보니 이랬다. 아들이 고등학생일 때 명문대 학생에게 과외를 받게 했다. 다행히 아들은 원하는 대학에 입학했다. 문제는 그 다음이었다. 대학생이 된 뒤 집에 잘 안 들어오던 아들은 경찰에 쫓기고 있었다. 알고 보니 과외 선생의 사상이 좌경화되어 아들에게 학교 공부만 가르친 게 아니라 공산주의 학습까지 시켰던 것이다. 누구를 탓하랴. 학생은 스승을 닮는 법이다. 당신은 자녀의 스승 노릇을 잘 하고 있는가?

현대 교육의 교사는 학교의 전문가이지만,
유대인 교육의 교사는 가정의 부모다.
오늘날 부모는 자녀가 어릴 때부터 전문가에게 맡기려고만 한다.
전문가가 가르치는 현대 교육의 내용은 수직문화가 아니고
수평문화에 속한다는 점을 명심해야 한다.

VI. 현대 교육과 유대인 교육의 결과 및 결론

현대 교육과 유대인 자녀교육은 교육의 결과도 다르다. 영재교육에 치우친 현대 교육은 고도의 인본주의를 발달시켰다. 또한 인간의 안일과 쾌락을 자극하는 고도의 수평문화를 창조하는 데 앞장섰다. 이미 언급한 바와 같이 인본주의란 개인주의, 물질주의, 과학 만능주의, 쾌락주의 등이다. 모두 세대차이를 만드는 요인들이다.

현대인은 과거의 전통을 배우고 보전시킬 여유도 없이 미래의 새것만을 위해 한없이 줄달음치다가 자신을 잃어버리는 미아(迷兒)의 시대에 살고 있다. 김형석 교수의 말대로 우리는 행복이라는 새를 잡기 위하여 새를 따라 조금 더, 조금 더 산속으로 들어가서 결국 자신도 모르는 사이에 깊은 산 속에서 길 잃고 헤매는 미아와 같이 되었다.

현대 교육이라는 매력에 빠져 자신의 뿌리나 사상을 잃어버린 현대인의 모습이다. 전공은 있는데 뚜렷한 사상은 없다. 서울대 박우희 교수는, 서울대가 당면한 가장 큰 교육의 문제점이 '서울대 정신의 실종'이라고 개탄했다(중앙일보, 1994, 10월 14일). 오늘날 지성인은 철학의 빈곤 상태에 살고 있다.

현재 미국의 각 학교에도 돈을 많이 버는 학과는 인기가 있으나 철

현대 교육과 유대인 자녀교육의 차이

교육 분류 교육 요소	현대 교육	성경적 유대인 자녀교육
교육의 목적	영재교육 — 유능한 인간 개인의 잠재 능력 계발	성결교육(Holiness) 하나님의 형상을 닮음
교육의 강조점	개인 중심 교육 (A Person Oriented Education)	하나님 중심 교육 (God Centered Education)
교육의 내용	언어·수리·과학 등 IQ 위주의 지식 교육, 수평문화	토라(성경)와 탈무드 EQ교육·수직문화
교육의 장소	전문기관 — 학교, 학원	가정
교사	전문인	부모
교육의 결과	개인주의·이기주의·과학 만능주의 물질 만능주의·쾌락주의 인본주의: 인간의 힘으로 행복 추구	하나님의 거룩에 이름 신본주의 사상으로 무장
장점	영재화·일시적 세상적 출세	선악을 분별, 인간다운 인간이 됨 남을 돕는 삶(가인과 같지 않음)
단점	자기 중심(가인과 같음, 창 4:9) 인간성 상실, 도덕 무시 인간의 욕심에 가치를 둠 물질·명예·권력 위주	세상 경쟁에서 뒤지기 쉬우나 유대인은 지혜와 지식교육 강조 (마 10:16; 골 2:8)
최종	오직 세상 학문, 끝없는 욕구 마침내 타락. 인간의 한계	인성교육 + 세상 학문(갈 4:3) 마침내 승리. 하나님을 위한 삶

현재 대학들은 수평문화인 전문직(IQ) 교육에만 신경을 쓴다. 수직문화인 철학, 역사, 종교 등은 뒷전이다. 대학에서 법학과 철학 강의의 인기도를 비교한 기사(조선일보, 1998년 3월 3일).

학이나 사상 등 정신적인 아이디얼리즘을 가르치는 학과는 쇠퇴일로에 있다. 미국의 유명 신학교들도 마찬가지이다. 학생이 점점 줄어 경영난에 봉착하여 한국 학생 유치에 적극적이다.

유대인은 어떠한가? 유대인은 자녀들에게 성결교육을 시킴으로써 자녀를 '복 있는 사람'(시 1:1)으로 양육한다. 유대인식의 '복 있는 사람'은 누구인가? 매사에 선악을 분별하는 사람이다. "복 있는 사람은 악인의 꾀를 좇지 아니하며, 죄인의 길에 서지 아니하며, 오만한 자의 자리에 앉지 아니한다"(시 1:1). 이러한 사람은 세상에서도 신용이 좋기 때문에 처음에는 어려움이 있을지 몰라도 나중에는 출세할 수 있다. 이집트에서 요셉이 그랬고, 바빌로니아에서 다니엘이 그랬다.

그렇다면 유대인은 세상 학문을 안 배우는가? 그렇지 않다. 그들은 자신의 수직문화를 배우고 지키며 현대 교육의 우수성을 받아들이는 민족이다. 그들은 자신들에게 필요한 수평문화만 배운다. 그들의 가정에도 컴퓨터가 있다. 이 점이 한국의 '청학동 사람들'의 삶과 다르다. 청학동 사람들은 자신들의 전통을 지키는 데는 성공했지만 현대 문명의 이기를 거부했기 때문에 사회나 국가 혹은 국제사회에서 경쟁력을 상실했다.

유대인들이 세상 학문인 수평문화를 배우는 이유는 무엇인가? 자신들의 수직문화를 더 잘 지키기 위해서다. 결국 여호와의 영광을 위해 배운다. 그들은 현대에 만연한 수평문화에 지배당하는 것이 아니고 자신들의 강한 신본주의적 정신문화, 즉 수직문화를 가지고 세상의 수평문화에 속하는 현대 학문을 지배한다. 이것이 그들이 역사 속에서 사라지지 않고 버텨 온 비결이다.

오히려 지식을 습득하는 교육 방법은 유대인이 훨씬 더 앞서 있다고도 볼 수 있다. 왜냐하면 그들은 수천 년 동안 전수되어 온 그들 나름대로의 특이한 교육 방법들을 가지고 있기 때문이다. 그들의 전통적인 교육 방법은 인간을 생각하게 만드는 귀납법식 질문 교육이다.

유대인의 경우 지식에서는 과거와 현대 사이에 세대차이가 있지만, 지혜에서는 세대차이가 없다. 지식은 세상 교육에서 얻지만 지혜는 사상교육에서 얻기 때문이다. 따라서 현대 교육과 유대인의 자녀교육의 차이점은 지식교육과 지혜교육의 차이라고도 할 수 있다.

지식은 시대에 따라 큰 차이가 있다. 요즘 컴퓨터는 6개월만 지나도 구식이 된다. 그러나 지혜는 시대의 변화에 영향을 받지 않는다. 유대인이 4200년 전 가졌던 지혜는 현재에도 동일한 가치를 지닌다. 진리는 어제나 오늘이나 영원토록 변하지 않는 법이다.

현대 교육은 자녀에게 지식교육만 시키고, 유대인은 가정에서 변하지 않는 지혜교육을 먼저 한다. 유대인에게 토라와 탈무드는 지혜의 원천이다. 또한 지식은 학교와 책에서 얻지만 지혜는 삶의 경험에서 얻는다. 그래서 유대인은 삶의 경험이 많은 부모나 연장자의 말에 귀를 기울인다. 유대인은 엘리트 지식인이 타락했을 때, "틀림없이 대학에서 지식만 배우고 지혜는 배우지 못한 모양이구먼!" 하고 혀를 찬다.

"여호와 그분은 인간을 슬기롭게 하시는 분"(잠 2:6, 현대어 성경), "지혜를 얻으려고 애쓰거라. ……지혜가 너를 감싸 주리라. 여인을 사랑할 때 그 여인에게 빠지듯 그렇게 지혜를 사랑해 보아라. ……지혜가 너를 영화롭게 하리라"(잠 4:5-8, 현대어 성경).

재물은 4·29 폭동으로 없어질 수 있지만 지혜는 누가 망가뜨리거나 훔쳐갈 수 없다. 요즘 시대에 지식은 기하급수적으로 발전하나 지혜는 오히려 옛날만 못하니 세상이 어지러울 수밖에 없다.

유대인의 경우 지식에서는 과거와 현대 사이에 세대차이가 있지만,
지혜에서는 세대차이가 없다.
지식은 세상 교육에서 얻지만 지혜는 사상교육에서 얻기 때문이다.
따라서 현대 교육과 유대인의 자녀교육의 차이점은
지식교육과 지혜교육의 차이라고도 할 수 있다.

VII. 잘못된 미국의 교육철학을 대변하는 시

미국의 베스트셀러이며 한국에도 널리 알려진 《영혼을 위한 닭고기 수프》(Canfield and Hansen, 1993, p. 119)에 소개된, 미국 현대 교육의 철학을 잘 대변하고 있는 시 한 편을 소개하고자 한다. 이 시는 오늘날 미국의 교육와 유대인의 자녀교육이 얼마나 다른가를 잘 보여 준다.

부모 되는 법(On Parenting)

– 칼릴 지브란 –

(이 시는 잘못된 미국 교육철학을 대변한다.
유대인 자녀교육법과 얼마나 다른가를 염두에 두고 읽기 바란다).

당신의 아이는 당신의 아이가 아닙니다.

그들은 하나님의 아들딸들입니다.

비록 아이들이 당신과 함께 있지만

그들은 당신의 소유물이 아닙니다.

당신의 생각을 아이에게 주려고 하지 마세요.

왜냐하면 아이들은 자신의 생각을

가지고 있기 때문입니다.

당신은 자녀들의 몸을 집에 둘 수는 있지만

그들의 정신은 속박할 수 없습니다.

왜냐하면 아이의 정신은

내일의 집에 살고 있기 때문입니다.

그 집은 당신이 방문할 수 없고 꿈 속에서조차

갈 수 없는 내일의 집입니다.

부모가 아이들처럼 되려고 노력은 할 수 있지만

아이들을 당신처럼 만들려고 하지는 마세요.

(이하 생략)

저자 주 한국도 이와 같은 잘못된 미국의 교육철학을 비판없이 받아들여 부모와 자녀 사이에 심한 세대차이가 나게 했다. 더 심각한 것은 이 시의 저자가 하나님이란 단어를 사용했기 때문에 수많은 기독교인들이 속고 있다는 점이다. 그러나 유대인 부모는 하나님의 형상을 닮고 자녀는 조상들과 부모를 닮게 만든다.

> 하나님은 바르게 사는 자를 시험해 보신다.
> 탈무드에는 랍비 요나단의 말을 이렇게 적고 있다.
> "도공은 이미 망가진 그릇을 손가락으로 두드려 시험해 보지 않는다.
> 그러나 잘 만들어진 그릇은 손가락으로 이리저리 두드려 보면서
> 시험해 본다. 이와 같이 하나님도 이미 잘못된 악한 자는
> 시험하지 않으시고, 바르게 살아가는 착한 사람을
> 시험해 보는 것이다."
>
> _마빈 토카이어의 유대인 격언집

제2장

인성교육과 공교육: 무너진 한국 공교육의 원인 분석과 대안 제시

I. 문제 제기:
   미국 사립학교에서 성공한 열린 교육이 왜 공립학교에서는 실패했는가
II. 미국 교육을 먼저 바로 알자
III. 실패한 열린 교육 vs. 성공한 열린 교육: 원인과 대안
IV. 결론 및 최종 대안
   유대인 교육에서 배우는 지혜
V. 인성교육과 IQ교육을 반석 위의 지은 집에 비유

I. 문제 제기: 미국 사립학교에서 성공한 열린 교육이 왜 공립학교에서는 실패했는가

1990년대 한국은 미국의 공립학교에서 시행하는 열린 교육을 흉내 내다가 부작용만 경험하고 10년도 못 되어 거의 문을 닫았다. 당시 각 초등학교에서는 답답하다고 막힌 벽을 헐고, 학생들에게 과제를 내주며 스스로 문제를 해결하도록 했다. 벽을 허무는 것이 열린 교육인가.

열린 교육은 미국의 공립학교에서 이미 실패한 모델이었다. 그런데도 미국 것이라면 무조건 좋게 보고 한국은 이 모델을 도입했다. 왜냐하면 이론적으로 생각하면 열린 교육이 주입식 교육보다 창의력을 키워주고 자발적으로 공부하게 하기 때문이다. 그렇다면 미국의 열린 교육은 모두 실패했는가? 아니다. 대부분 공립학교에서는 실패했는데 대부분 사립학교에서는 성공했다. 그 이유가 무엇일까? 열린 교육은 무엇이며 어떻게 하는 것인가?

여기서 열린 교육을 구체적으로 알기 위해 다음 3가지를 조명해 보자.
첫째, 미국의 교육 방법과 한국식 교육 방법의 차이를 실례를 들어가며 설명한다.

둘째, 미국인과 한국인의 삶의 의식을 비교하고 대조하기 위해 우리 집의 자녀교육 사례와, 한국에서 교육 받은 아버지와 미국에서 교육 받은 아들의 가치관 차이를 또 다른 두 가정의 실례를 들어 설명한다.

셋째, 이를 분석하여 열린 교육의 장단점을 파악하고 즉, 그것이 왜 좋고 왜 나쁜지를 분석하여 한국 공교육의 실패 원인을 찾아보고 그 대안을 제시한다.

1990년대 한국은 미국의 공립학교에서 시행하는 열린 교육을
흉내 내다가 부작용만 경험하고 10년도 못 되어 거의 문을 닫았다.
당시 각 초등학교에서는 답답하다고 막힌 벽을 헐었다.
벽을 허무는 것이 열린 교육인가.

II. 먼저 미국 교육을 바로 알자

1. 미국의 열린 교육과 한국의 주입식 교육의 차이

한국에서 시행한 열린 교육은 미국 교육이다. 그리고 기존의 한국 교육은 주입식이라고 할 수 있다. 두 교육의 차이는 무엇인가? 교사가 가르치는 교육의 내용을 '뱀'으로 가정하고 두 나라의 교육 방법을 예로 들면서 설명해 보자.

○ 교육의 내용: 과목 – 초등학교 자연, 주제 – '뱀'

A. 미국 교육의 예
1) 개요

열린 교육은 교사 중심의 주입식 강의가 아니고, 교사가 학생들 스스로 문제를 발견하게 하고 그들 스스로 참여하게 하는 토론과 연구를 통해 문제를 풀어가도록 도와주는 교육 방법이다. 이는 존 듀이의 실험주의 교육철학에서 나온 것이다. 이는 사물을 보는 관찰 능력, 분석력, 통합 능력 및 IQ 증진과 창의력을 키워주기 위해 매우 좋은 방법 중 하나다. 미국에서는 교사가 거의 매일 학생에게 숙제를 내 준다. 그리고 그 숙제들의 점수와 중간 고사 및 학기말 고사의 점수를 합하여 학기말 종합 점수를 매긴다. 학생이나 학부모로부터 불공정하다는 비판을 피하기 위해 모든 자료를 잘 보관해 둔다. 초등학교 때는 점수화하지 않고 합격(proficient)이냐 불합격(not-proficient)이냐로 결정하고, 중·고등학교에서는 점수화하지만 A, B, C, D로 평가한다.

2) 교육 내용을 전달하는 방법

교사: "다음 주 자연 시간에는 뱀에 대해 공부하겠습니다. 뱀에 대해 조사(Research)해 오세요."

학생: 집에 돌아와 엄마와 도서관에 가서 뱀에 관한 책 4~5권을 고른다. 잘 모를 경우 사서에게 부탁한다. 그리고 집에 와서 그 책들을 참고로 보고서(paper)를 작성한다. 서론에 이어 뱀의 정의, 뱀의 종류, 뱀의 서식처, 뱀의 독성 및 요약과 결론 등으로 구성한다. 쓸 때는 그 정보를 어디에서 얻었는지 논문 작성법에 의해 책 제목, 저자, 연도, 페이지 등을 정확하게 기입한다(footnote). 그리고 그림도 그려 넣고 도표도 삽입한다. 그럴 경우 창의력을 발휘하여 더 잘 표현하면 점수를 더 잘 받는다. 한국 도서관은 주로 공부하는 곳이지만 미국에서는 주로 책을 읽고 빌리는 곳으로 사용된다.

교사: 강의로 가르치기보다는 주로 평가하는 데 시간을 많이 할애한다. 학생의 잘못된 철자법이나 형식에 맞지 않는 부분을 일일이 성의 있게 지적해 주고 점수를 매긴다. 때로는 발표하게 하고 잘된 숙제는 벽에 전시해 놓는다. 어려서부터 논문 쓰는 법

(Research Method)을 철저히 가르친다. 논문 쓰는 법은 학문의 기본이다. 답을 빨리 빨리 주는 것보다는 많은 질문으로 답을 유도한다(Brainstorm). 그룹 토의나 그룹 프로젝트를 주어 팀이 협력하여 문제를 풀도록 한다. 이는 인간관계 계발과 리더십 향상, 토론 중의 시너지 효과, 학습 의욕 동기 유발, 창의력 및 협동 정신을 키우는 데 도움이 된다.*

B. 한국 교육의 예

1) 개요

한국 교육은 교사가 강의 내용을 일방적으로 가르치고 학생은 듣는 데 익숙하다. 성적도 대개 중간 고사와 학기말 고사만 잘 보면 기말 종합점수가 잘 나온다. 시험은 대부분 객관식으로 OX 문제, 가로 채우기나 4지선다형을 많이 낸다. 설사 주관식 문제를 출제한다 해도 자신의 의견을 묻는 문제나 창의력 적용에 해당하는 문제는 거의 없다.

그리고 시험을 보기 전에 공부 잘하고 정리를 잘하는 친구의 노트를 빌려 보면 좋은 점수를 딸 수 있다. 교사에게도 이런 시험 문제지 평가가 손쉽고 시간도 단축된다. 그리고 모든 시험들을 점수화한다. 미국 교사들이 숙제 평가에 많은 시간을 할애하는 반면, 한국 교사들은 행정업무(예: 상위 기관에 내는 보고서 작성 등)에 많은 시간을 할애한다.**

---

* 물론 이 예는 원칙을 소개하는 것이고 주마다, 학교마다, 교사에 따라 차이가 있을 수 있다.
** 물론 한국도 수행평가 도입으로 약간의 변화가 있다고 하나 여기서는 주입식 교육을 중심으로 서술한다.

2) 교육 내용을 전달하는 방법의 예

교사: 준비해 온 교육 내용인 뱀의 정의, 뱀의 종류, 뱀의 서식처 및 뱀의 독성 등을 칠판에 빼곡히 쓰면서 그것을 학생들이 받아 적도록 한다. 그리고 대충 설명한 뒤 이렇게 광고한다. "다음 주에는 뱀에 대해 시험을 봅니다. 공부해 오세요."

학생: 열심히 노트한 것을 집에 가서 시험보기 전에 달달 외운 뒤 시험을 치르고 교실을 나온다. 그 뒤 배운 것들 대부분은 잊어버린다. 반면 미국 학생들은 매일 내준 숙제를 해야 하기 때문에 항상 바쁘다. 덕분에 학생들은 배운 내용을 오랫동안 생각하고 기억하게 된다.

교사: 강의안을 만드는 데는 많은 시간을 할애하나 평가는 객관식이기 때문에 출제나 채점이 비교적 간단하다. 그것도 한 학기에 두 번이면 된다. 대신 잡무가 많다고 한다.

C. 미국 교육과 한국 교육의 장점 비교

먼저 미국의 열린 교육과 한국의 주입식 교육의 장점을 알아보자. 교육은 학문을 하는 것을 전제로 한다. 학문은 교수와 배움(Teaching and Learning)을 통해 이루어진다. 이를 4가지로 요약하면,

① 기존의 축적된 지식을 습득하는 방법
② 어떤 주제를 설정하고 그 주제의 답을 찾는 방법
③ 습득한 지식을 삶과 현장에 적용하는 방법

④ 어떤 문제를 제기하고 그 문제에 대한 가설을 설정하고 그 가설이 옳은지 그른지 테스트하여 진리를 찾는 연구

유능한 교사는 학생이 이 4가지를 효과적으로 성취할 수 있는 능력을 키워 준다. 한국의 주입식 교육은 4가지 중 ①기존의 축적된 지식을 습득하는 방법에 매우 효과적일 수 있다. 교육의 내용 전달 방법에서 대부분 교사 중심의 강의에 의존하기 때문이다. 이 방법은 짧은 시간에 많은 양의 지식을 집중적으로 전달할 수 있다. 그리고 대부분 학생들은 배운 것들을 외워야 하기 때문에 암기능력이 발달된다.

여기서 한 가지 확인하고 갈 것은 한국에서는 암기교육의 효과를 너무 과소평가하는 분위기인데 실제로는 그렇지 않다는 점이다. '암기 위주' 교육이 잘못된 것이지 '암기' 자체는 교육에 꼭 필요하다.

왜냐하면 흔히 IQ 높고 수준 높은 학생들이 할 수 있는 분석능력(analysis), 통합능력(integration), 적용능력(application) 및 창의력(creativity)을 강조하지만, 그것들도 축적된 기본 지식이 없을 경우에는 별 효력을 발휘할 수 없기 때문이다. 따라서 지식을 축적하려면 반드시 암기가 필요하다. 유대인도 암기를 상당히 강조한다. 다만 암기 방법은 별개의 문제로 여기서는 생략한다.

이에 반해 미국식 열린 교육은 두뇌를 더 조직적이고 창의적으로 사용하는 ②, ③, ④번에 월등히 효과적이다. 열린 교육 방법 자체가 교사가 학생 스스로 지식을 습득하고, 문제를 해결하고 어떤 주제를 연구하도록 도와주기 때문이다(Self-Learning). 즉 교사 중심이 아니고 학생 중심 교육(a student oriented education)이다. 학생은 이런 교

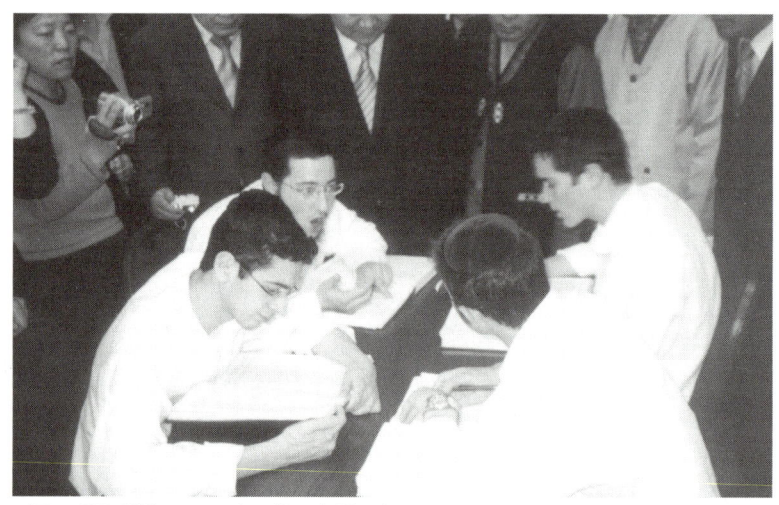

미국 교육은 학생 스스로 연구하는 방법을 가르치고 토론을 많이 시킨다. 반면 한국 교육은 대부분 교사가 학생에게 강의하는 주입식 교육이다. 또한 유대인은 교육의 내용은 집에서 공부해 오게 하고 학교에서는 주로 토론을 많이 한다. 사진은 쉐마교사대학 현장 실습 시간에 유대인 학생 네 명이 탈무드 논쟁법으로 토론하는 모습.

사 밑에서 학습 과정을 통해 어떤 사물이나 주제에 대해 학문적으로 접근하는 방식을 어려서부터 철저히 훈련받음으로써 학문적 소양의 기본이 튼튼해질 뿐만 아니라 사물의 관찰능력이 높아지고, IQ도 계발되며, 분석적이고, 종합적이고, 창의적인 능력이 계발된다. 지식을 습득하는 과정도 주입식보다는 시간이 좀 더 많이 걸리긴 하지만, 스스로 답을 찾았기 때문에 습득한 결과가 더 확고하고 오래 지속된다.

단기적인 성과 면에서는 한국의 교사 중심의 주입식 교육이 우수하지만, 장기적으로는 미국의 열린 교육이 훨씬 더 효과적이다. 특히 미국식 교육은 학년이 올라가면서 학문을 연구하는 능력에 가속도가 붙게 한다. 그 결과 미국 학생들이 저학년 때는 한국 학생들에게 뒤지는 것 같으나 대학에 들어간 이후에는 인종에 관계없이 세계를 석권하는 똑똑한 인물들이 많이 나온다. 반면 한국의 학생들은 저학년 때는 미국 학생들을 능가하는 것처럼 보이나(아는 것도 많고, 수학도 잘 하고) 점점 학년이 올라가면서 응용력과 창의력에서 뒤지므로 인재가 나오기 어렵다.

물론 학생에 따라 학생 중심의 열린 교육이 적합하기도 하고 부적합하기도 하며, 한국의 교사 중심의 주입식 교육이 적합하기도 하고 부적합하기도 하다. 더 자세한 평가와 비판은 Ⅲ. '실패한 열린 교육 vs. 성공한 열린 교육: 원인과 대안'에서 언급한다.*

**단기적인 면에서는 한국의 교사 중심의 주입식 교육이 우수할 수 있지만
장기적으로는 미국의 학생 중심 교육이 훨씬 더 효과적이다.
미국식 교육은 학년이 올라가면서 학업에 가속도가 붙어
미국 학생들이 저학년 때는 한국 학생들에게 뒤지는 것 같으나
대학에 들어간 이후에는 세계를 석권하는 똑똑한 인물들이 많이 나온다.**

---

* 유대인의 IQ교육은 또 다른 방법이다. 자세한 내용은 저자의 《유대인 아버지의 4차원 영재교육》(동아일보, 2006) 참조.

2. 위기를 넘긴 나의 자녀교육 체험기(1980년대 초반)

A. 쌍둥이 엄마가 미국에서 열 받은 이유

나는 아들 넷을 모두 미국에서 낳아 미국에서 키웠다. 셋째, 넷째가 쌍둥이다. 둘 다 나이가 차서 백인 동네에 있는 공립 초등학교에 입학시켰다. 그런데 한 학기가 지날 무렵, 쌍둥이 중 첫째 아이는 책을 잘 읽는데, 둘째 아이는 ABCD도 모르는 문맹자였다. 의아하게 생각한 아내는 동네 엄마들한테 자문을 구했다. 그 후 아내는 간호사로 밤일을 하면서 낮에 시간을 내어 룸마더(Room Mother, 학교 교실에서 무료로 학생들을 도와주는 자원봉사자)로 그 학교에 갔다.

교실을 찾아갔을 때 놀라운 사실을 발견했다. 쌍둥이들은 같은 학년인데도 반이 서로 달랐다. 알고 보니 같은 학년에도 반이 여럿 있고 같은 반이라도 똑똑한 아이들 그룹과 그렇지 못한 그룹으로 나뉘어 있었다. 큰 아이는 잘 가르치는 선생님 반의 최상위 그룹에 속해 이미 3학년 수준의 공부를 하고 있었지만, 둘째 아이는 소위 '엉터리 선생님' 반에서 최하위 그룹에 속해 버싱(Busing)*으로 온 학생들(흑인 지역과 멕시칸 지역에서 버스로 통학하는 학생들)과 어울려 줄곧 장난만 치고 있었다. 그러나 누구 한 사람 이를 말리지 않았다.

놀란 아내는 둘째 쌍둥이 아들을 끼고 가르치다가 함께 봉사하는

---

* 미국 캘리포니아 주 L.A. 교육구 공립학교에서는 흑인 지역과 남미계 지역의 학생들이 백인 지역 학생들에 비해 상대적으로 학업 성취도가 떨어지자 이를 해소하기 위해 막대한 예산을 들여 흑인 지역과 남미계 지역 학생들을 버스로 백인 지역 학교로 통학하게 한다. 일종의 인종통합제도다.

미국은 학업평가에 따라 우열을 가려 그룹으로 공부한다. 그리고 각 반마다 교사, 보조교사 및 룸마더가 있다. 사진은 저자의 아들이 초등학교 1학년 때(왼쪽 하단) 반 전원이 함께한 모습.

백인 부모들(동네 이웃들)로부터 어떻게 아들을 좋은 선생님 반으로 옮길 수 있는지를 알아낸 뒤 교장 선생님에게 요청하여 다음 해에 첫째 아들이 속한 좋은 선생님 반에서 함께 공부하도록 했다. 그 결과 이듬해 초기에는 책을 읽을 줄 몰라 최하위 그룹에 속했던 쌍둥이 둘째가 몇 달 뒤 중간 그룹으로 올라가고 9개월이 지나자 최상위 그룹에 속하게 되었다.

그 뒤 계속 두 아들은 대학에 진학할 때까지 상위 그룹에서 공부했다. 물론 아내가 교장 선생님에게 아들을 좋은 선생님 반으로 옮겨 달라고 부탁했을 때 촌지를 전하거나 이후 물질적으로 감사 표시를 한 적은 전혀 없다.

공립 초등학교에 입학시킨 쌍둥이가 한 학기가 지났을 때
첫째 아이는 책을 잘 읽는데 둘째 아이는 ABC도 모르는 문맹자였다.
알고 보니 같은 학교에도 반이 여럿 있고 같은 반이라도
똑똑한 아이들 그룹과 그렇지 못한 그룹으로 나뉘어 있었다.
미국 교육은 결코 평준화가 아니다.

B. 저자 가정의 사례에서 배울 점

여기에서 자녀교육을 위해 배울 점은 무엇인가?

첫째, 미국 학교는 같은 반이라 해도 수준에 맞추어 상·중·하 그룹으로 나뉜다.

둘째, 같은 학교 같은 학년이라 해도 가르치는 선생에 따라 학생의 학업 성취도가 천차만별일 수 있다. 따라서 좋은 이웃 학부모로부터 정보를 잘 얻어야 우수한 교사가 가르치는 반을 선택할 수 있다.

셋째, 미국의 교사들은 학생의 자유를 침해하지 않기 위해 혹은 학부모들에게 비판받지 않기 위해 학생이 수업 시간에 놀거나 불량해도 별로 제지하지 않는다(체벌이 없음). 대부분 그냥 방치한다. 대신 과도하게 자주 칭찬을 한다. 학부모가 교사를 찾아가 자녀에 관해 물어 보면 대부분 "그 학생 좋다(He is fine)."만 연발한다. 선악의 분별력을 안 가르쳐 준다. 이 모두 잘못된 것이다. 한국은 이런 잘못된 것들만 받아들

이고 따라간다. 참으로 안타깝다. 잘못된 것을 한번 받아들이면 그것을 다시 고치기는 매우 힘들다.

넷째, 자녀가 어릴 때 어떤 교육을 어떻게 받느냐는 학교보다는 부모의 몫이란 점을 명심해야 한다. 만약 나의 아내가 쌍둥이 둘째의 학업 진도를 관찰하지 않고 학교에도 가지 않았다면 어떻게 되었을까? 매 학년마다 항상 제일 낮은 수준의 그룹에서 장난만 치고 있었을 것이다. 생각만 해도 끔찍하다. 그렇다고 누가 관심을 두겠는가? 관심 둘 사람은 부모 이외에 아무도 없다.

실제로 한인 동포 자녀들이 탈선하는 가장 큰 이유 중 하나가 부모들이 자녀를 학교에만 맡기고 무관심하기 때문이다. 따라서 부모는 자주 선생님을 찾아가 상담하고 자녀가 필요한 부분이 무엇인지 찾아내고 해결해 주어야 한다.

다섯째, 부모가 할 수만 있으면 자녀와 자신을 위해 학교에서 자원봉사자로 일을 해주는 것이 좋다. 이것은 남을 돕는 봉사 정신에도 좋을 뿐만 아니라 초등학교에서 봉사하는 동안 교사와 학생들 그리고 동네 학부모들로부터 미국의 기본적인 수직문화를 많이 배울 수 있다. 더구나 그곳에는 각 인종의 학생들이 모두 있어서 다양한 문화를 접하고 배울 수 있는 좋은 기회다.

봉사하는 데는 설사 영어를 잘 못해도 상관없다. 오히려 그곳에서 영어를 더 많이 배울 수도 있다. 미국의 유대인 학부모는 극성스러울 만큼 학부모 모임이나 학교 행사에 적극적으로 참여한다. 그러면서 자신들의 권리를 주장하여 더 좋은 학교로 발전시킨다. 뿐만 아니라 부모가 학교에서 봉사를 하면 자녀에게 얼마나 큰 도움이 되겠는가? 첫째는 자녀를 살필 수 있고, 둘째는 엄마를 매우 자랑스럽게 생각하여 스스로 자신감이 넘치게 된다. 그리고 셋째, 교사도 그 어머니의 자녀는 더 관심을 갖게 된다. 왜냐하면 아무리 공정하게 한다 해도 인간은 누구나 눈에 보이는 사람을 먼저 배려하기 때문이다.

여섯째, 미국 교사들은 부모로부터 촌지를 전혀 받지 않는다. 그러나 학부모들이 교사에게 감사 표현은 한다. 학기가 끝나고 크리스마스 때가 되면 학부모가 담당 교사에게 감사 카드와 함께 약 5달러 내외(한화 5천~6천원 정도) 정도의 선물을 한다. 주로 선물용 초콜릿이나 캔디다.

한국은 무엇이 다른가? 촌지를 주는 시기 및 액수가 다르다. 학기 전 혹은 학기 중에 촌지를 주고 그 촌지의 액수가 많다는 데 문제가 있다. 즉, 불순한 동기인 대가성 뇌물 의혹이다. 그렇다고 '스승의 날'에 휴교를 하거나 기념하지 않는 것도 찬성하기 어렵다.

'스승의 날'을 기념하는 것 자체가 학생들의 인성교육에 매우 긍정적인 효과를 준다. 스승의 가르침에 감사하고 스승을 존경하는 인성의 기본을 가르치기 때문이다.

문제는 '스승의 날' 그 자체가 아니고 이를 악용하여 대가성 뇌물을 주는 잘못된 행동이다. 해결책은 무엇인가? '스승의 날'은 살리되 대가성 뇌물은 차단해야 한다.

위의 예는 약 20년 전의 일이다. 현재는 캘리포니아 초등학교들은 수준별로 나누지 않고 섞어서 공부하되 읽기나 수학 과목 등만 학생의 수준에 맞게 그룹으로 나뉘어 공부하는 학교가 늘고 있다. 그리고 주입식 강의 분량을 30~40% 정도로 늘린 곳도 있다. 그 이유는 다음 2가지다. (물론 이 역시 각 학교와 교사에 따라 다르다.)

첫째, 가정의 파괴로 사회가 많이 변했기 때문이다. 이혼 가정이 늘고, 부부가 맞벌이를 하기 때문에 자녀를 방치하는 경우가 많다. 부모가 숙제를 도와 줄 수 없으므로 교사가 수준 높은 숙제를 내주기도 힘들다. 자연히 교육의 질이 떨어졌다. 반면 사립학교 학부모들은 이혼율이 훨씬 적고, 자녀들의 숙제를 잘 도와주며, 학교 발전에 적극 참여한다. 이것은 무엇을 뜻하는가? 결국 참된 교육은 유대인처럼 가정이 중심(center)이 되고 학교는 도와주는 입장에서 운영되어야 한다는 것이다.

둘째, 학부모들이 학생들의 학업 성취도 수준으로 그룹을 만들 경우 하위 그룹 학생들은 항상 처지기 때문에 수준 높은 그룹들과 섞도록 요구하여 그것을 따르고 있는 경우가 있다(그래도 아직까지 우수한 학생들은 별도로 지도한다). 중학교나 고등학교는 수준 높은 반(Gift, Honor's program or AP class 등)을 따로 운영하고 있다.

대체로 연륜이 많은 교사들은 젊은 교사들보다 더 수직문화가 강하고 사명감이 있으며 가르치는 데 원칙에 충실하고(strict) 지구력이 강하다. 미국에서도 그런 교사들이 점점 은퇴하므로 학부모들이 아쉬워하고 있다. 반면 젊은 교사들은 노교사들보다 가르치는 테크닉은 뛰어날지 모르나 수직문화와 사명감이 약하고 원칙에 융통성(flexible)이 많다. 미국이나 한국이나 수직문화를 전수할 교사가 점점 사라지고 있으니 안타깝지 않을 수 없다.

미국의 교사들은 학생이 수업 시간에 놀거나 불량해도
별로 제지하지 않고 방치한다(체벌 없음).
대신 과도하게 자주 칭찬을 한다. 선악의 분별력을 안 가르쳐 준다.
한국은 이런 잘못된 것들만 받아들이고 따라간다. 참으로 안타깝다.

3. 한국 1세 부모와 미국 교육을 받은 자녀의 의식 차이

A. 실화 1: 야구를 못해도 즐기는 아들과 열 받은 아버지

한국에서 온 S목사님은 미국에서 낳은 아들이 열 살이 되자 동네 야구 클럽에 가입시켰다. 그런데 아들은 운동신경이 둔한지 아무리 가르쳐도 늘 큰 시합에 출전할 선수 선발에서 탈락했다. 아버지는 아들이 출전하지 못한 경기에는 가고 싶지 않았으나 아들이 너무 졸라 그 클럽이 하는 큰 시합(리그전)을 보러 갔다.

하지만 아버지는 경기 내내 유쾌하지 않았다. "내 아들이 선수로 뛰어야 하는데……" 아들이 빠진 경기에는 별 흥미가 없었다. 더구나 한국 아이들끼리의 경기도 아니고 백인 아이들끼리의 경기였다. 그런데

옆자리 아들은 너무나 달랐다. 있는 힘을 다해 소리를 지르며 자기 팀을 응원했다. 그렇게 좋아할 수가 없었다. 보다 못한 아버지가 한마디 했다.

아버지: 이놈아, 창피한 줄 알아라. 남은 나가서 선수로 뛰는데…….
아들: 아버지 왜 그러세요? 나는 쟤들이 얼마나 자랑스러운데요. 쟤들이 잘 하면 되잖아요.
아버지: 너는 아버지에게 미안하지도 않니?
아들: 미안하긴 뭐가 미안해요. 쟤들은 쟤고, 나는 나지요.
아버지: 그걸 말이라고 하니, 애비한테?
아들: 내가 운동을 못하면 어때요? 대신 즐기면 되지요.

B. 실화 2: 축구 못하는 남의 아들까지 응원하는 미국 부모들

나의 둘째 아들이 여섯 살쯤 되었을 때였다. 학교 룸 마더들에게 정보를 들은 아내가 동네 아이들끼리 하는 축구 클럽에 아들을 가입시켰다. 그곳에서 일하는 코치나 스태프들은 모두 학부모이자 자원봉사자들이다. 그중에는 현직 교사, 검사, 의사, 변호사도 있고, 목수나 페인터 및 상하수도 수리 기술자도 있었다. 일주일에 한 번씩 연습을 했다. 쉬는 시간에 선수들이 먹을 간식은 엄마들이 순서를 정해 준비해 간다.

먼저 아이들(남녀가 함께 운동함)에게 유니폼을 입힌 뒤 운동장에서 공 차는 연습을 시켰다. 그리고 두 팀으로 나누어 실제 축구시합을 했다. 그런데 사건이 생겼다. 선수들 모두 이기겠다는 의지로 열심히 뛰는데 내 아들만 운동장 한쪽에 서서 손가락을 입에 댄 채 징징거리며 30분 내내 공만 쳐다보았다. 공을 따라가기는커녕 공이 자기 앞에 와도 찰 생각을 안 했다. 공이 아들 근처에 갈 때면 우리 부부와 온 학부모들이 아들 이름을 부르며 목이 터져라 "빨리 차라!"고 소리쳐도 아들은 꿈쩍도 안 했다. 때문에 아들이 속한 팀은 상대팀보다 선수 한 명이 부족한 셈이었다.

우리 부부는 민망하기도 하고 다른 선수들과 그 부모들에게 미안하기도 했다. 더구나 타민족들 앞에서 한국인으로서 자존심도 상했다. 다음 시합 때는 뛰겠거니 생각하고 야단을 안 쳤다. 야단치면 더 안 뛸 것 같아서……. 그런데 다음 시합 때도 그냥 경기 시작부터 끝까지 아들은 움직이지를 않았다. 이유를 물어도 대답이 없다. 고집이 셌다. 그러기를 네 번(한 달간) 정도 했다. 간신히 달래서 내보내기는 하는데 운동장 가운데로 들어가면 도대체 움직이지를 않으니 속수무책이었다. 그래도 그 많은 시선 속에서도 매번 경기 내내 움직이지 않는 뚝심 하나는 대단했다. 웬만하면 울면서 나올 텐데…….

6~7세 자녀들이 경기를 하면 학부모들의 함성이 천지를 진동한다. 그리고 시종 폭소가 터진다. 공을 헛차고 넘어지는 아이, 급하면 아예 공을 껴안고 뛰는 아이, 별의별 아이들이 다 있기 때문이다. 어른들 경기보다 더 재미있다. 물론 선수들이 다 자신들의 자녀들이니 더 재미있을 수밖에 없다.

드디어 다섯 번째 경기 때였다. 역시 아들은 경기장 가운데서 다른 사람들의 시선은 아랑곳하지 않고 가만히 서 있었다. 그런데 경기 중간쯤 되었을 때 기적이 일어났다. 다른 선수가 찬 공이 아들 앞으로

미국 교육은 체력 단련을 강조한다. 학교뿐 아니라 동네에서도 이웃 어른들이 자녀들에게 운동을 가르친다. 사진은 저자 아들(앞줄 왼쪽에서 두 번째)이 여섯 살 때 속한 축구팀이다.

오니까 나가서 냅다 반대편 쪽으로 차버렸다. 학부모들과 선수들이 일제히 일어나 서로 껴안고 자기 일처럼 기뻐했다. 너무 흥분하여 경기가 중단될 정도였다. 끝나고는 아들 옆으로 가서 모두 한마디씩 격려해 주었다.

"훌륭했어(You are gteat!)".

그날은 온통 아들의 날이었다. 그 후 아들은 자신감을 얻어 빠르게 잘 뛰더니 연말에는 타지역끼리 하는 리그전 선수로도 뽑혔다. 역시 기다린 보람이 있었다.

C. 실화 3: 미국식 성공은 하고 싶은 일을 하는 것

우리 동네에 한국인 내외가 3형제를 키우며 살고 있었다. 그 집 아버지는 한국 해군 출신으로 분위기부터 엄격했다. 식료품 가게를 운영하는데 강도가 들면 돈은 줘서 일단 위기를 넘긴 뒤, 바로 차를 타고 뒤따라가서 강도의 차를 뒤에서 들이받아 잡는 분이다. 성질도 불처럼 급했다.

그 집 아들들은 공부를 잘 하는데도 아버지는 거의 매일 집에 들어오면 아들들에게 공부를 안 한다고 야단을 쳤다. 그래서 부부싸움이 잦았다. 그 집에서 첫째와 둘째 아들은 감히 아버지에게 말도 못 붙이는데 막내는 달랐다. 아버지가 그 아들만 유독 귀여워했기 때문이다. 하루는 막내아들이 아버지에게 큰마음 먹고 물었다.

막내아들: 아버지, 아버지는 늘 우리에게 미국에서 성공해야 한다고 말씀하시는데 성공한다는 게 무엇입니까?
아버지: 이놈아, 남들처럼 공부 잘 해서 박사도 되고, 의사도 되고, 변호사도 되고, 대통령도 되는 게 성공이지.
막내아들: 저는 그렇게 생각하지 않습니다.
아버지: 네 생각이 뭔데?
막내아들: 제가 어렸을 때 하고 싶었던 것을 커서 성취하는 것이 성공입니다.
아버지: 이놈아, 무슨 얘긴지 예를 들어 봐라!
막내아들: 만약 제가 잔디 깎는 것이 건강에도 좋고 남도 도와주는 일이어서 장래 희망이 잔디 깎는 일을 하고 싶었다면, 커

서 픽업 트럭을 한 대 사서 공구들을 챙겨 잔디 깎는 일을 하는 것이 성공이지요.

아버지: (버럭 화를 내며) 이놈아, 그것을 말이라고 하냐!

막내아들: (얻어 맞을까 봐 피한다.)

D. 배울 점: 한국 교육을 받은 부모와 미국 교육을 받은 자녀의 의식은 어떻게 다른가

실화 1 한국에서 교육 받은 아버지와 미국에서 교육을 받은 아들 사이의 차이를 극명하게 보여 준다. 한국 교육을 받은 아버지는 아들이 선수로 뛰지 못해 속이 타는데 아들은 태연히 야구를 즐기며 아버지의 약을 더 올린다. 그리고 아들은 야구를 못한다는 열등의식이 전혀 없다.

미국에서 자란 자녀들은 남과 비교하는 것을 대단히 싫어한다. '나'는 '나'인데 왜 남과 비교하느냐고 말한다. 한국에서처럼 샘이 많지도 않다. 즉 쓸데없는 경쟁 때문에 스트레스를 받는 일이 없다. 한국 자녀들에 비해 비교의식이 적고 나름대로 자긍심이 높다. 자신을 귀중하게 여긴다. 그만큼 자기 주장이 강하다.

실화 2 나의 아들이 운동장에 있을 때, 어느 한 사람도 그 아이가 있으면 우리 팀에 불리하니까 그만 나오라는 말을 하지 않았다. 설사 아들이 속한 팀이 져도 아들에게 눈치 주는 사람이 없다. 웬만하면 벤치에 앉아 구경이나 하라고 할 텐데(리그전이 아니면 선수 선발 없이 같은 또래면 누구나 참여시킨다). 만약 이런 일이 한국에서 있었다면 우리 내외는 물론 아들까지 왕따를 당하고 망신만 당하고 집으로 갔을 것이다.

그 후에도 거리에서 만날 때마다 계속 수치심을 느꼈을 것이다.

그러나 그들은 오히려 우리 내외가 미안해 할까 봐 격려해 주었다. "다음 번에는 잘 할 테니 꼭 데리고 나오라."고 했다. 코치는 우리에게 "어릴 때 경기하는 이유는 이기는 것이 목적이 아니라, 서로 함께 경험하고 자라는 것이 목적이다(팀워크)."라고 설명해 주었다. 그래서 어느 누구도 탈락자가 없다. 느리고 좀 처져도 기다려 주는 이웃들, 이것이 미국의 성숙한 EQ(감성 지수)적 교육의 힘이다. 고마운 나라 고마운 이웃이다.

이 사례에서 강조하고 싶은 것은 자녀에 대해 쉽게 포기하지 말라는 것이다. 만약 아들이 운동에 소질이 없다고 일찍 포기했다면 피차 얼마나 큰 상처를 입었겠는가? 일평생 축구를 싫어했을지도 모른다. 나중에 알았지만 아들은 운동에 둔한 것이 아니라 오히려 센스도 있고 몸놀림이 매우 빨랐다. 그래서 리그전 선수로 뽑혔던 것이다.

사람에 따라 두뇌 발달은 4가지 유형으로 분류된다.

첫째, 어릴 때부터 어른이 될 때까지 계속 똑똑한 사람

둘째, 어릴 때부터 어른이 될 때까지 계속 아둔한 사람

셋째, 어릴 때는 똑똑하다가 성장해서는 별로 두각을 나타내지 못하는 사람

넷째, 어릴 때는 무척 둔한 것 같았으나 크면서 점점 똑똑해지는 사람

에디슨이나 아인슈타인은 네 번째에 속하는 사람이다(물론 늦은 아이들 가운데도 두뇌의 기능에 차이가 있지만). 따라서 교육은 인내를 갖고 용기를 주며 기다리는 것이기도 하다.

실화 3 한국인 1세와 미주 한인 2세가 말하는 성공의 의미는 얼마나 다른가? 1세대는 과시문화 때문에 자녀의 직업도 자녀의 능력이나 적성에는 상관없이 무조건 남에게 뒤지지 않는 의사, 변호사, 장군, 박사 등이기를 강요한다. 그리고 그것이 이루어지지 않았을 때는 창피하게 생각한다.

반면, 미국인은 자녀들이 자신의 능력을 최대한 발휘하기는 하되, 안 될 때에는 능력과 적성에 따라 진로를 결정하게 한다. 즉, 자신들이 하고 싶은 일을 하게 한다. 그리고 서로 상대방의 직업을 존중해 주고 자신의 생업에 자부심을 느낀다. 수입도 노조에 가입한 청소부나 집 수리공의 봉급이 교수보다 많은 예가 허다하다.

즉, 대부분 사무실에서 근무하는 화이트칼라보다 작업 현장에서 일하는 블루칼라가 돈을 더 잘 버는 경우가 많다. 두 번째 이야기에서 보듯이 커뮤니티 봉사에는 직업에 귀천이 없이 서로 동등하게 나와 자신의 재능(취미)대로 분담하여 일한다. 그리고 많이 배우고 높은 지위에 있는 사람이라도 자원봉사를 많이 하고 공과 사를 명확하게 구분한다. 물론 미국도 공부를 더 많이 해서 얻은 직업에 대해 존경하지 않는 것은 아니지만, 한국처럼 지나친 과시문화나 수치(체면)문화가 없기 때문에 상대적 우월감이나 열등감이 적다는 뜻이다.

학교공부도 마찬가지다. 설사 공부를 못하는 자녀를 둔 가정에서도 부모나 자녀 모두 대부분 지나친 열등의식이 없다. 공부를 잘 못하면 기술을 가르치거나 장사를 가르쳐 일평생 행복한 삶을 살 수 있도록 도와준다. 또한 공부 잘 하는 자녀를 둔 가정에서도 부모나 자녀 모두 대부분 지나친 우월감이 없다. 자신을 자랑하여 남을 무시하거나 깔보지 않는다. 겸손한 태도를 보인다. 이것이 미국의 문화다. 한국도 이런 문화가 자리 잡지 않으면 아무리 좋은 교육 개혁이라 해도 성공하기 힘들다.

반면 한국은 각 개인이 학벌의 영향을 얼마나 받는가? 한국직업능력개발원이 교육인적자원부의 의뢰로 ㈜미디어리서치와 함께 실태조사를 한 결과에 따르면, 응답자의 70.6%는 학벌주의로 인해 심리적 박탈감을, 57.4%는 열등감을 느낀다고 답했다. 이번 조사는 기업체의 대졸 직원 450명, 공공기관 대졸 직원 450명, 고교생 375명, 대학생 336명 등 2186명을 대상으로 실시됐다. 조사 결과 응답자의 64.8%는 기업체 직원 채용시 학벌이 결정적 요인이라고 답했다. 학벌의 상속으로 계층간 불평등이 심화된다는 주장에 대해서도 찬성(49.6%)이 반대(22.9%)보다 배 이상 많았다. 기업의 직원 근무평정시 학벌에 대한 선입견이 영향을 미친다는 데 대해서도 찬성(59.5%)이 반대(14.5%)보다 많았다. 또 응답자의 69.9%는 학벌이 직업능력을 가늠하는 지표로 적절치 못하다고 답했으며 학벌은 개인 간 공정경쟁의 결과라는 주장에 대해서는 반대(40.8%)가 찬성(31.2%)보다 많았다(중앙일보, "학벌 때문에…" 국민 10명 중 7명 '심리적 박탈감', 2003년 11월 25일).

- 아버지와 아들 간의 세대차이 -
"아버지, 성공한다는 게 무엇입니까?"
"이놈아, 남들처럼 공부 잘 해서 박사, 의사, 변호사 되는 게 성공이지"
"아니죠. 만약 나의 장래 희망이 잔디 깎는 일을 하고 싶은 것이었다면, 커서 픽업 트럭을 한 대 사서 공구들을 챙겨 잔디 깎는 일을 할 때 그게 꿈을 이룬 성공이지요."
"야 이놈아, 그것을 말이라고 하냐!"

III. 실패한 열린 교육 vs. 성공한 열린 교육: 원인과 대안

1. 왜 미국에서 공립학교는 실패하고 사립학교는 성공했는가

위에서 열린 교육을 구체적으로 알기 위해 먼저 미국의 교육 방법과 한국식 교육 방법의 차이를 실례를 들어 설명했다. 또 미국인과 한국인의 의식 차이를 알기 위해 저자 가정의 자녀교육의 예와 또 다른 두 가정의 예를 들어 설명했다. 종합평가 결과는 미국의 열린 교육 학습 방법이 한국의 주입식 교육 학습 방법보다 더 우수하다. 그런데 왜 미국의 공립학교는 실패하고 사립학교는 성공하고 있는가? 그 이유는 구체적으로 무엇인가?

이제 위의 자료를 토대로 더 구체적으로 열린 교육의 장점과 단점이 무엇이며, 그 이유가 무엇인지를 분석하여 한국에서 열린 교육이 실패한 원인을 찾아보고 이를 개선할 수 있는 대안을 제시해 보자.

첫째, 열린 교육도 학교에 따라 다르다.
미국의 사립학교는 대부분 종교교육을 바탕으로 인성교육을 제대로 시키는 기독교 학교, 천주교 학교 및 유대교 학교들이다. 그들은 학교 설립 목적이 성경의 가치관을 기본으로 한 강한 인성교육 위에 열린 교육을 시키는 것이기 때문에 인성교육과 IQ교육에 모두 성공하고 있다. 특히 이들은 자신들의 종교 외에도 전통이나 역사, 철학, 사상, 고전, 효도 및 고난 등 수직문화의 가치관을 대단히 강조한다.

이에 반해 미국의 공립학교에서는 인성교육의 근본 가치관이 되는 종교교육을 철저히 금하고 있다. 뿐만 아니라 수직문화도 안 가르친다. 이렇게 미국의 공립학교에서는 인성교육, 즉 수직문화 교육 없이 IQ교육만 시켰기 때문에 설사 IQ교육에 성공했다 해도 가정이나 교회에서 이를 가르치지 않으면 인성은 이미 파괴되어 있기 쉽다. 왜냐하면 열린 교육 자체가 남보다 자아를 중요시 여기게 하는 첨예한 IQ교육이기 때문에 이기주의와 개인주의가 극도로 늘어날 수 있다. 그리고 또래의 강한 세속적 수평문화가 계속 침투하기 때문에 이런 성향은 더욱 심화될 수 있다. 이럴 경우 인성과 IQ교육 모두 실패하기 십상이다.

또 다른 질문이 있다. 미국의 사립학교가 모두 종교교육을 가르치는 게 아니다. 그런데 그들은 어떻게 열린 교육에 성공하는가? 그 이유도 역시 수직문화 교육과 관련하여 생각해 볼 수 있다. 비록 학교에서는 종교적 인성교육을 시키지 않더라도 그 학교의 이사들과 교사를 비롯한 구성원은 대부분 수직문화 교육을 받은 사람들이고, 자신의 수직문화 정신으로 교육하는 사람들이다.

뿐만 아니라 학생들의 부모들도 가정에서 자녀들에게 종교적 인성교육을 강하게 시킨다. 설사 그들이 비종교인이더라도 그들 대부분 가정에서 서구 전통의 좋은 인성교육의 내용, 즉 수직문화를 잘 가르치는 이들이 대부분이다. 따라서 사립학교는 이런 교육을 받은 자녀들이 모이기 때문에 성공할 수밖에 없다.

이외에도 공립학교 학생들의 집안과 사립학교 학생들의 집안은 무엇이 다른가? 일반적으로 사립학교 학생들은 가정에서 좋은 인성교육을 받는 경우가 많다. 그런 집안의 부모들은 인격과 지성(학력), 도덕과 윤리적 수준, 직업, 자녀들에 대한 관심도 등이 일반보다 월등히 높다. 일단 사립학교에 보내려면 경제적 부담이 매우 크기 때문에 대부분 중·상류층 이상이다.

미국의 대부분 사립학교는 학교와 가정에서
인성교육을 기본으로 열린 교육을 시키므로 IQ · EQ교육 모두 성공한다.
반면 공립학교는 인성교육 없이
IQ교육만 시키기 때문에 실패한다.

둘째, 열린 교육형 아이와 주입식 교육형 아이

학생들 중에는 2가지 타입, 자율적인 학생이 있는가 하면 타율적인 학생이 있다. 자율적인 학생은 학생 스스로 자신의 일을 능동적으로 해 나간다. 반면, 타율적인 학생은 누가 일일이 가르쳐 주고 챙겨주지 않으면 잘 움직이지 않는다. 즉 수동적인 사람이다.

열린 교육은 어떤 학생에게 좋은가? 학업에 동기 유발이 강한 자율적인 학생들에게다. 그들은 책임감이 강하고, 지적 성취욕이 높으며, 호기심이 많은 학생들이다. 그들에게는 열린 교육이 가장 좋은 교육 방법 중 하나다. 그리고 자녀의 숙제를 도와 줄 수 있는 부모가 있는 가정이 유리하다. 설사 그들이 공부를 잘한다 해도 가정에서는 인성교육을 꼭 시켜야 자녀가 IQ와 EQ교육 모두 성공할 수 있다는 점을 잊어서는 안 된다. 그래야 그들이 자신이 배운 교육 내용을 남을 위해 그리고 인류를 위해 사용할 수 있다.

그러면 열린 교육은 어떤 학생에게 맞지 않는가? 스스로 뭔가를 하고 싶어 하는 동기유발이 적은 타율적인 학생들이다. 책임감이 부족하고 스스로 공부하기 싫어하는 아이들에게는 열린 교육이 더욱 방종하게 만든다. 이런 아이들은 깊이 생각하는 것을 싫어하고 육을 자극하는 쾌락에 쉽게 빠진다. 또 가정에 자녀의 숙제를 도와주는 이가 없으면 더욱 불리하다. 왜냐하면 열린 교육 자체가 교사가 가르치지 않고 학생 스스로 참여하여 공부하게 하는 개념이기 때문이다.

공부에 흥미를 잃은 학생들은 어디에 빠지는가? 마약, 술, 임신, 자살, 강간, 도둑질, 총기 상해 등과 관련되기 쉽다. 자신들만 퇴폐해지는 것이 아니라 다른 학생들에게도 나쁜 영향을 준다. 또래의 저급한 세속적 수평문화를 창조하기도 하고 이를 주위 학생들에게 오염시키기도 한다. 더욱이 인성교육을 시키지 않는 학교에서 아이들이 무엇을 보고 배우겠는가? 미국의 많은 공립학교들이 총기류 탐지기를 설치하여 공항처럼 보안검사를 하고(Security Check), 상주경찰을 두는 이유가 여기에 있다. 이런 학교에서 인성은커녕 IQ교육도 실패하기 십상이다. 한국이 이런 교육을 답습하고 있는 것은 아닌지 안타깝기만 하다.

한국과 미국의 학습 방법이 다르기 때문에 한국식에 잘 적응하는 학생이 있는가 하면 반대로 미국식에 잘 적응하는 학생이 있다. 암기능력이 좋으면 한국식이 유리하고, 창조력·응용력에 강하면 미국식

미국의 사립학교는 인성교육의 내용인 수직문화나 종교교육을 시키며 IQ교육을 시키기 때문에 성공할 수 있다. 반면 공립학교는 IQ교육만 시키기 때문에 실패한다. 정통파 유대인 학교에서는 인성교육을 위해 종교교육을 70% 이상 가르친다. 사진은 정통파 유대인 학교에서 아침 수업 전에 기도하는 학생들.

이 유리하다. 그래서 한국에서는 공부를 잘 하던 학생이 미국으로 유학 와서 어려움을 겪기도 하고, 한국에서는 두각을 나타내지 못하던 학생이 미국에 와서 뛰어난 성과를 내기도 한다.

대안은 무엇인가?

첫째, 학교에서 인성교육을 시켜야 한다. 특히 종교 중심의 사립학교들이 인성교육에 강하다. 한국에서도 좋은 크리스천 학교들에는 비리학생이 거의 없다. 성경을 가르치고 기도를 드리고 예배를 드리기 때문이다.

둘째, 특정 종교가 싫다면 자신들의 수직문화를 가르쳐 인성교육을 해야 한다. 이 안에는 예절교육도 포함되어 있다.

셋째, 공부하기 싫어하고 책임감이 부족한 학생들에게는 차라리 주입식 교육이 더 효과적일 수 있다. 그들 중에는 타율적인 사람들이 많기 때문이다.

넷째, 인성의 평가와 학업 성취도에 따라 건전한 학생들과 분리시키 것도 방법이다. 그들에게 맞는 교육 프로그램을 개발하여 선도교육과 일반교육을 함께 시켜야 한다. 미국에서는 학교에서 퇴학당한 학생들만 가르치는 학교가 따로 있다.

학생에 따라 책임감과 지적 성취욕이 강한 학생들에게는
열린 교육이 효과적이지만,
공부하기 싫어하고 책임감이 없는 학생들에게는
차라리 주입식 교육이 더 효과적일 수 있다.

셋째, 열린 교육도 교사에 따라 다르다: 급진주의에 이용될 위험성

열린 교육의 가장 큰 약점은 무엇인가? 물론 교사가 교육 내용의 주제를 정하지만, 학습 진행 방법이 교사 중심이 아니고 학생 중심이라는 점이다. 위에서 밑으로 전수하는 수직적 교육 방법이 아니고 밑에서 위로 보고하는 역 수직적 교육 방법이다. 학생들의 의견을 너무나 존중해 준(a person oriented) 나머지 인간의 기본 윤리와 도덕(율례와 법도)에 맞지 않아도, 그들의 창의력을 키워준다는 명목하에 새로운 것을 얘기하면 무조건 칭찬해 주고 계속 연구하도록 도와준다. 그리고 학생들의 급진적 생각을 규제 없이 풀어주는 경우가 많다. 이것은 언뜻 보기엔 열린 마음 같지만 대단히 위험한 일이다.

예를 들어 "왜 결혼은 남자와 여자가 한 쌍으로 해야 하는가? 동성끼리 결혼하면 어떤가?" "왜 여자가 처녀성을 지켜야 하는가? 아예 처녀막을 제거하면 어떤가?" "왜 결혼 후 서로 순결을 지켜야 하는가?" 젊은 세대는 "우리가 어른 세대보다 더 많이 배웠는데 왜 어른들의 말을 들어야 하는가?" 등의 질문을 제기한다. 그리고는 기존 질서에 반하는 논리를 개발하여 합리화시킨다.

이런 교육을 받은 사람들이 사회에 진출하면 동성애자가 늘고 그들의 권익을 찾겠다며 시위와 정치를 하여 법을 바꿔 버린다. 이성이 성숙하지 못해 분별력이 없는 청소년들은 이를 유행처럼 따른다. 반인륜적 및 반도덕적 논리가 독버섯처럼 자란다.

어린 여자아이들이 순결을 귀하게 여기기는커녕 귀찮은 존재로 여기고 용돈을 벌기 위해 양심의 가책 없이 몸을 파는 일이 벌어진다. 결혼하고도 사랑이 식으면 쉽게 헤어진다. 이혼율이 급증한다. 아무런 죄의식도 없다. 왜냐하면 구시대의 낡은 것에서 해방되었다는 행복감에 사로잡혀 있기 때문이다. 이것이. 방종이다.

그뿐인가? 미국에서는 동물의 생명을 너무 귀하게 여긴 나머지 인간의 생명보다도 더 귀하게 여기는 경향이 있다. 법원에서는 동물을 죽인 죄와 사람을 죽인 죄를 분별하지 못하고 터무니없는 법 집행을 남용하고 있다. 델라웨어의 한 법정에서는 신생아를 죽인 여자에게 단지 징역 30개월 형을 내렸는데(Boyer, 1998), 반면 위스콘신 주 제네

스빌의 한 법정에서는 스트레스를 해소하기 위해 5마리의 고양이를 죽인 사람에게 징역 12년 형을 내렸다(Milwaukee Journal Sentinal, 1998). 선악의 구별을 분명히 가르치지 않는 열린 교육에서 자란 사람들의 작품이다.

물론 짐승의 생명도 중요하지만 감히 어떻게 사람의 생명에 비할 수 있겠는가. 이는 전체를 대변하는 중심 주제(central theme)와 일개 가지에 불과한 부주제(sub-theme)의 차이를 모르는 오류다. 현재 미국이나 한국에서는 부주제를 너무 강조한 나머지 중심 주제를 상실하여 세상이 거꾸로 가는 경우가 많다.

열린 교육이 정해진 윤리 안에서 이루어질 때 자연과학이나 수리 및 언어 영역에서는 창의성을 키우는 데 효과적일 수 있다. 하지만 인성교육의 가치관을 더 많이 다루는 인문학에서는 정해진 윤리가 웬만큼 강하지 않으면 대단히 위험할 수 있다. 특히 교사 자체가 급진 자유주의에 빠져 비윤리적이고 비도덕적인 관점으로 어떤 주제를 연구하게 하면 선악의 분별력이 없는 학생의 인성은 삽시간에 망가진다.

학생들이 처음에는 거부감을 느끼지만 합리화하는 과정에서 기존 질서를 파괴하는 데 점점 쾌감을 느끼고 새것이 더 멋있게 보이기 시작한다. 그래서 교사가 중요하다. 교사가 무조건 전통을 무시하고 반대하는 태도를 보이면 학생들은 이것을 신선하게 여기고 따르게 되는데 그것이 인성교육에 독이 된다.

한국은 이런 급진적 자유주의의 영향을 많이 받은 나라 중 하나다. 그 이유는 한국적 전통사상을 배우지 못한 학생들이 외국에 가서 잘못된 학자들의 잘못된 이론에 무조건 심취하여 학위를 딴 뒤 그것을 한국 대학의 강단에 그대로 전해 학생들을 오염시킨 경우가 많기 때문이다.

그리고 언론들은 그것들을 여과 없이 새것인 양 앞 다투어 소개한다. 무조건 기존의 것과 다른 것은 신선하게 여기는 풍조가 안타깝다.

그러나 인성교육을 시키는 사립학교 학생들은 자신들의 종교적 윤리와 도덕적 가치관을 가정이나 교회 및 학교에서 강하게 배우기 때문에 정해진 율례와 법도의 틀을 벗어나지 않는다. 교사나 부모가 보수적이어서 수평문화를 안전하게 차단한다. 오직 하나님과 부모를 공경하고 이웃에게 봉사하기 위해 과학, 문학 및 예술 등을 공부하기 때문에 매우 건전하다. 이런 경우 같은 열린 교육의 방법을 사용하지만 보수를 지키기 위한 IQ계발과 창의력 신장에 주력하기 때문에 매우 유익하다.

똑같은 칼도 목수가 쓰면 유익하지만 도둑이 쓰면 해로운 것과 같다. 따라서 열린 교육을 할 경우 학교의 교육철학이 뚜렷하고 가르치는 교사들은 물론 학부모들도 그 교육철학의 가치관을 따라야 한다.

**인성교육이 잘된 교사가 열린 교육을 하면 성공할 수 있지만,
자유주의에 빠진 교사가 잘못하면 세상을 거꾸로 가게 한다.**

넷째, 한국의 교사들은 학문하는 기본 방법이 미숙하여 열린 교육을 감당하기 힘들다.

한국의 교사들은 전반적으로 칠판에 쓰고 강의하는 능력은 미국 교사들보다 나을지 몰라도 학문에 대한 기본 원리 이해와 실제 훈련이

부족하여 열린 교육을 감당하기 힘들다. 그 이유는 어려서부터 그렇게 배우거나 훈련을 받지 못했기 때문이다. 즉 교사 스스로 열린 교육을 할 만한 능력이 전반적으로 미흡하다.

주제에 대한 자료 수집 및 연구 방법, 숙제(논문) 작성법, 숙제 평가(모든 교사가 글쓰기와 문법에 익숙해야 한다), 교실 운영(class management), 질문하는 방법, 그룹 토의 방법 등이다. 특히 미국 교사들은 무척 꼼꼼하고, 일관성이 있으며, 원리 원칙에 충실하고 그리고 정직(honesty and integrity, 두 단어의 차이는 제1부 제1장 I. '인성교육의 정의와 인성의 요소' 참조)에 철저하다. 그리고 아무리 학생들이 괴롭혀도 화를 내지 않고 참는 인내가 대단하다.

대학에서는 숙제 중에 남의 글을 하나라도 인용하고 출처를 밝히지 않으면 퇴학을 당할 수도 있다(남의 글 도용죄). 한국에서는 우등생이던 학생이 미국에 와서 어려움을 겪는 경우가 경우가 바로 연구 방법, 창의성 및 정직성 문제 등 때문이다. 한국에서는 사소하게 생각했던 것들도 미국에서는 중대한 사건으로 비화되는 경우가 많다. 특히 정직성이나 준법정신이 그렇다.

또한 학원을 많이 다닌 학생들은 적응하기가 더 힘들다. 미국은 누가 일일이 가르쳐 주는 환경이 아니고 스스로 알아서 모든 문제를 해결해야 하기 때문에 대단히 힘들다. 대부분 책과 우수 저널을 통해 답을 얻어야 한다. 저자도 미국에 와서 30년 간 미국 직장생활도 해 보고, 공부도 하고, 교수 생활도 하여 이제는 웬만큼 적응했지만, 아직도 가끔은 한국에서의 습관이 드러날 때가 있다.

다섯째, 한국은 한 반의 학생 수가 많아서 열린 교육을 하기가 힘들다.

한국은 아직도 한 학급당 학생 수가 너무 많아서 교사가 일일이 학생들 개개인에게 조직적이고 효율적인 지도와 평가를 제공하기 힘들다. 미국 학교는 거의 매일 숙제를 내 주고 평가를 하기 때문에 평가를 위한 시간이 매우 많이 필요하다. 평가할 때도 논문 작성법에 의한 구조(structure)와 단어 선택 및 문법을 끊임없이 계속 빼곡히 지적해 주는 교사가 훌륭한 교사다. 대충 대충이 없다.

한국은 학습의 결과를 중요시하지만, 미국은 학습 결과뿐 아니라 학습 과정도 매우 중요하게 여긴다. 이것이 미국의 힘이다. 그리고 숙제를 낼 때 한국처럼 단답식이나 괄호 안에 넣기 등의 간단한 문제보다 글로 자신의 의견을 표현하는 것을 많이 하기 때문에 평가 시간이 훨씬 더 걸린다.

여섯째, 한국에서는 학업 성취도에 따라 그룹을 편성하기 어렵다.

한국에서 미국식 교육을 할 경우 학부모들의 이기적인 교육 풍조 때문에 미국처럼 학업 성취도에 따라 그룹을 편성하는 것이 거의 불가능할 것이다. 같은 반에서 자신의 자녀가 제일 낮은 수준의 그룹에 앉아 있는 것을 어찌 보고 있겠는가? 뿐만 아니라 한국 학부모는 자기 자녀의 머리가 둔하고 게으른 것은 탓하지 않고 무조건 교사만 탓할 가능성이 많다.

미국의 학부모나 학생은 그것을 그대로 인정하고 학교의 방침에 따르고 협조해 준다. 부모가 교사와 친하다고 자녀의 그룹을 바꾸는 것이 아니라 학업 성취도 혹은 IQ검사에 의하여 바뀐다. 즉, 학부모가 자신의 권리를 주장하기도 하지만 교사의 권위를 최대한 인정한다.

또한 학교에서 교사가 미국처럼 그룹 수준에 맞는 숙제만 내주고 스스로 그것을 풀게 하고, 대신 수업 시간에 숙제만 평가하고 있다면 교사가 봉급만 받고 논다고 싫어할 것이다. 한국 학부모는 교사가 한시도 가만 있지 않고 입을 움직여야 잘 가르치는 줄 알고 있기 때문이다.

**한국에서 미국식 교육을 할 경우
학부모들의 이기적인 교육 풍조 때문에
학업 성취도에 따라 그룹을 편성하는 것이 거의 불가능할 것이다.
같은 반에서 자신의 자녀가
제일 낮은 수준의 그룹에 앉아 있는 것을 어찌 보고 있겠는가?**

2. 그래도 미국 공립학교가 한국 학교보다 나은 이유

A. 미국은 하향 평준화가 아니고 인재를 키울 줄 안다

그래도 미국의 공립학교가 한국 공립학교보다 우수하다. 앞서 여러 가지 이유를 설명했지만 그밖에도 미국은 인재를 키울 줄 안다는 점이 중요하다. 빌 게이츠 같은 인재 한 사람을 키우면 전세계로부터 일 년에 수억 달러를 벌어들인다. 미국이 다른 나라들보다 힘이 있고 역동적인 이유는 과학, 경제, 문학, 의학, 언론 및 예술 분야에 인재가 수없이 많다는 데 있다.

미국의 인재는 어떻게 키워지는가? 미국 학교는 어린이들이 입학하면 먼저 테스트를 하고 그 성적에 맞게 그룹(track)을 정한다. 때로는 IQ테스트로 정하기도 한다. 낮은 반(lower track)에는 산만하고 학습의욕이 떨어지는 어린이들이 있고, 높은 반(higher track)에는 똑똑하고 집중력과 학습의욕이 강하고 호기심이 많은 어린이들이 있다.

같은 학년, 같은 반이라도 그룹에 따라 학업 성취도나 교재(Resources)가 다르다. 낮은 그룹 학생들은 기초(basic level)만 배우는 데 비해, 높은 그룹 학생들은 능력에 따라 더 상위 학년 수준의 내용(advanced level)을 배운다. 그래서 같은 교문으로 들어오더라도 우수한 학생과 그렇지 않은 학생들이 들어가는 교실이나 그룹이 다르다.

우수한 학생들은 언제나 우수한 학생들과 만나 수준 높은 공부를 하지만, 이보다 떨어지는 학생들은 뒤떨어진 아이들(left behind) 그룹에 속해 교육을 받을 수밖에 없다. 즉, 학교가 학생을 개인적으로, 학교 위주로, 주별로 같은 학년 학생끼리 비교 평가(한국의 수능시험 같은 제도)를 자주 해서 우수한 학생들의 권리를 인정하고 그들을 보호해 주고 최대한 키워준다.

많은 학생들이 고등학교 때 대학에서 가르치는 수준의 교과 내용을 공부하고 경우에 따라서는 어린 나이에 대학도 들어간다. 그 결과 설사 미국 전체의 학력 평균 수준은 한국보다 낮아도 소수 상위권 엘리트들(a creative minority)이 국가를 세계 최강국으로 발전시키는 데 성공했다.

능력별 평가 제도는 우수한 학생에게만 좋은 것이 아니다. 처진 학생이라도 학습의욕이 있고 성실하면 학습동기를 부여하여 더 상위권으로 올라갈 수 있는 기회를 제공한다(위의 저자 사례 참조). 한국에서 처음 이민 온 학생들은 최하위 그룹에서 시작하지만 시간이 지나면 대부분 상위 그룹으로 올라간다. 그리고 정부는 처진 학생을 구제하기 위하여 언제나 연구하고 노력한다.

미국에 살면서 실제로 가장 의아하게 생각하는 것이 하나 있다. 미국은 어떻게 민족적 뿌리가 다양한 타민족 이민자들 모두를 수용하면서도 질서를 유지하며 세계 최강의 힘을 발휘할 수 있는가 하는 점이다. 미국에는 영어도 못하고 문화도 완전히 다른 다양한 소수 민족들이 많이 살고 있다. 언어만도 200여 종이 넘는다. 그들은 일반적으로 한국인 이민자에 비하면 학벌과 노동력, 눈치 및 의지력이 낮은 편이다(실제로 한국 이민자들은 70% 이상이 대졸자이나, 타민족의 상당수 이민자들 중에는 문맹자가 많다).

그런데 미국은 어떻게 이런 사람들에게 영어도 가르치고 줄서기(질서 의식)도 가르치고, 일자리도 알선해 주며 잘 살 수 있게 해 주는가? 그뿐인가? 정부의 보조금으로 먹고 사는 수많은 흑인촌 사람들과 남미계 이민자들이 얼마나 많은가? 단일민족인 한국 같은 나라는 상상도 못하는 일이다.

그 비결 중 하나는 바로 소수의 재능을 귀하게 여기는 영재교육 제도에서 찾을 수 있다. 미국은 능력과 자질 그리고 성실성이 보이는 사람은 누구에게나, 설사 그들이 소수 민족의 자녀들이라 할지라도, 배울 수 있는 기회를 주고 그의 잠재력을 최대한 키워 주려고 한다. 한국인에게도 예외가 아니다.

시각장애인 강영우 박사나 거지 출신 신호범 박사 그리고 청계천 바느질 공장 여공 출신 서진규 여사(하버드대 박사)가 그 예다. 강 박사는 자신이 만일 한국에 있었으면 점쟁이 아니면 안마사밖에 할 수 없는데, 자신이 기독교인이라 점쟁이는 할 수 없고 마사지사가 됐을 것이라고 말한다. 신 박사는 아직도 뒷골목에서 희망 없이 놀고 있을 것이라고 했다. 서진우 여사는 생각만 해도 끔찍하다고 했다. 한국의 교육은 이런 국제적인 인재를 키우기는커녕 박대하고 설 자리를 주지 않는 게 문제다. 그러니 이민을 갈 수밖에.

교육의 가장 중요한 과정 중 하나가 학생을 평가(evaluation)하는 일이다. 그리고 학생의 여러 가지 재능과 능력을 정확히 평가하는 방법도 중요하다. 교사가 학생을 평가하지 않고 어떻게 우열을 가릴 수 있겠는가? 한국의 가장 큰 문제는 무엇인가? 학생 평가 자체에 엄청난 부담을 느낀다.

특히 낮은 그룹에 속하는 학생들과 부모들 대부분이 평가 받기를 싫어하고 거부한다. 자신들의 권리를 주장하면서 앞서가는 학생들의 발목을 잡기 때문에 인재를 초기 단계부터 키울 수 없다. 말로 안 되면 데모 등 집단행동을 한다. 소위 하향 평준화다. 따라서 교육이 제대로 안 될 뿐만 아니라 국력이 좋아질 수 없다. 천재가 나올 수 없다. 아니 천재가 있어도 둔재로 하향된다. 그러니 돈이 들더라도 다른 방법을 찾을 수밖에.

한국에서 1973년 고교평준화를 발표할 당시 가장 큰 명분 중 하나는 "망국적 과외병을 잡겠다."는 것이었다. 그러나 역효과가 났다. 공부하고자 하는 학생들은 쉽게 하향 평준화된 공교육의 내용에서 배울 것이 없다고 사교육으로 몰렸다.

그 결과 서울 고교생 72%, 전체로는 49%가 과외 등 사교육을 받고 있다. 비용은 서울이 평균 월 48만 원, 광역시가 30만 원이다. 사교육비가 매년 조단위로 느는데 2003년 통계에 의하면 시장규모가 무려 연 30조 원이나 된다(동아일보, '공룡' *사교육: 시장규모 연 30조… '지하경제'* 수준, 2003년 10월 17일). 사교육도 경제 능력이 있는 사람에게나 가능한데 가난한 서민들은 어찌하란 말인가?

뿐만 아니라 한국은 제대로 된 건강한 인재나 부부와 자녀가 함께 있는 정상적인 가정을 중심으로 국가나 사회체제가 견고히 변하는 것이 아니고 비정상적인 사람들 위주로 변하고 있다. 호주제도 건강한 가정을 중심으로 소외당하는 사람을 구제하는 보완책이 아니라 깨진 가정 위주로 건강한 가정을 해치는(?) 방향으로 변하고 있다. 그나마도 건강한 가정들이 자유주의 풍토에 위협을 받는다. 그것도 일종의 하향 평준화다. 그러니 정상적인 사람들이 고난을 무릅쓰고 이민을 가려고 안간힘을 쓰지 않겠는가?

어떤 나라가 좋은 나라인가? 물론 소외당하는 사람들도 구제해야겠지만, 성실하고 정상적인 건강한 사람들과 가정들이 많아지고 그들이 살기 좋은 나라가 진정 좋은 나라다. 그리고 정신적 육체적으로 비정상적인 사람들과 비정상적인 가정들이 점점 줄어들고 건강한 사람들과 건강한 가정들이 점점 늘어나야 한다. 즉 상식이 통하는 밝은 미래가 보이는 나라여야 한다.

참고로 2001년 미국의 부시 행정부 때 입법화된 '어떤 아이도 뒤쳐지게 놔두지 않는다'는 'NCLB(No Child Left Behind Act)' 법령에 따른 10가지 세부 사항 중 일부를 소개한다.

(1) 보다 나은 양질의 교육과 능력 있는 교사진 제공

(2) '읽기'나 '수학' 등의 과목에서 영어 능력 여부에 따라 차별을 두지 않고 모두 동일하게 교육
(3) 아동의 영어 실력이 ESL 수업을 필요로 하는지에 대한 확인과 분반 배치의 선택
(6) 필요한 경우 개별수업(tutoring) 요구
(7) 매년 정기적 테스트를 통한 능력 향상 점검
(8) 성적에 대한 정보 제공
(9) 효과적인 교육 프로그램 선택
(10) 학습 잠재력을 발휘할 수 있는 기회 보장 등이다.

이러한 세부 사항을 발표하게 된 가장 큰 배경은 학부모들이 학생들의 교육 현장에 대한 관심을 갖지 않는 이상 '뒤쳐지는 학생'이 생길 수밖에 없다는 사실을 부모들에게 다시 한번 강하게 인식시키기 위해서다. (부시 대통령도 NCLB을 서명할 때 강조한 부분이다.) 미국 정부는 올해만 110억 달러 가량의 예산을 책정해 추진하고 있다(중앙일보, *최인성, 혜택은 '찾아내야' 주어진다*, 2003년 12월 4일).

**한국은 평가를 싫어해서 인재를 키우기 힘들다.
한국은 건강한 인재나 정상적인 가정을 중심으로
사회체제가 변하는 것이 아니고, 비정상적인 사람들 위주로 변하고 있다.
사회 전반이 하향평준화되고 있다.**

B. 원래 평준화 개념은 공산주의에서 나왔다

왜 평준화가 잘못 됐나? 원래 평준화 개념은 공산주의 개념이다. 공산주의도 민주주의라고 한다. 노동자가 주체가 되는 국가이기 때문이다. 있는 사람이나 없는 사람이나 함께 나누어 먹고, 능력 있는 사람이나 없는 사람이나 모두 평등한 기회를 갖게 하여 의사나 노동자나 봉급이 같고, 하루에 100개의 제품을 만드는 노동자나 50개의 제품을 만드는 노동자의 임금이 같다.

부모나 자식이 동급이어서 아버지 동무, 어머니 동무라고 한다. 거지나 창녀가 없는 것을 자랑한다. 유토피아를 위해서는 폭력도 수단으로 사용한다. 가난한 사람들이 있는 사람 것을 뺏어 나눠먹는 것은 죄가 안 된다.

언뜻 보기엔 이상적인 평등사회 같다. 그러나 이것은 함정이다. 개인의 능력차에 대한 보상이 없으니 위에서 독재의 힘으로 누를 때에는 열심히 일을 하지만 그 힘이 없을 때에는 놀려고 하는 것이 인간의 본성이다. 공산주의가 70여 년간의 시험 기간을 통해 완전히 실패한 사실을 인정한 이유도 여기에 있다.

공산주의적 평준화를 주장하는 환경 속에서는 무조건 똑똑한 사람, 일류대학 출신들, 부자들은 설사 그들이 자신들의 실력으로 그 위치에 올랐다고 해도 못된 사람으로 매도되기 쉽다. (물론 이런 사람들 중에는 인성교육이 잘못되어 우월감을 가지고 없는 자나 약한 자의 마음에 상처를 주려는 이도 있겠지만, 그것은 도덕과 윤리의 문제이지 형사 입건이 될 만한 법적인 죄는 아니다.) 민주주의를 착각하면 이렇게 된다. 한국이 현재 노조나 교육, 호주제 및 경제 문제에 대안 없이 혼란을 겪는 이유도 대부분 여기에서 찾아야 한다.

반면 자유민주주의는 모든 국민의 인권이 법 앞에 평등하되 능력은 개인별로 다양하게 인정하고 키워주는 경쟁 사회다. 학업이나 경제나 문화도 마찬가지다. 잘 적응하고 아이디어가 뛰어난 사람은 더 성취하고 그렇지 못한 사람은 뒤진다. 부지런하고 열심히 일하는 사람은 더 갖게 되고, 게으르고 무능한 사람은 처지게 마련이다. 물론 능력은 있지만 정직하기 때문에 가난한 특수한 예외도 있다.

가진 자가 못 가진 자를 도와주고 강한 사람이 약한 사람을 도와주고 건강한 사람이 병든 사람을 도와주는 것은 정부 시스템의 몫이 아니고 종교나 사회단체의 몫이다. 즉, 좋은 인성교육을 받은 시민들의 몫이다.*

따라서 한국의 가장 시급한 일은 공산주의적 민주주의가 아닌 자유민주주의 체제가 자리 잡히도록 국민의식이 변하는 것이다. 둔한 학생은 둔한 대로 그 사실을 인정하고 자신들에게 맞는 직업을 준비시켜야 한다. 그리고 그들 스스로 머리 좋고 공부 잘 하는 학생들에게 열등의식을 느끼지 않고 훌륭한 시민으로 행복한 삶을 살 수 있다는 자신감을 갖게 해 주어야 한다.

실제로 한국 사회에서 성공한 사람들 중에는 학벌이 좋아서 그렇게 된 사람들도 있지만, 인성과 삶의 철학이 좋아서 된 사람들도 많다. 한국의 대통령도 공고 출신, 상고 출신들이 여러 명 된다. 행복지수는

---

* 이 책 제3권 제5부 제1장, Ⅲ, 4. '선교사가 한국에 전한 북미주의 기독교 인성' 그리고 《자녀들아 돈은 이렇게 벌고 이렇게 써라》 (현용수, 동아일보, 2007) 제5장 Ⅳ. '유대인이 돈을 사용하는 8가지 법칙' 참조.

오히려 방글라데시 같은 저학력 나라들이 더 높지 않은가.

왜 교육에 평가가 필요하고 평가에 따른 학습이 필요한가? 평가의 가장 중요한 목적 자체가 학생 개개인의 실력을 파악하고 그에 맞는 교육 방법을 찾기 위해서다. 따라서 공산주의 같은 평준화는 안 된다. 학생을 지도하다 보면, 사람에 따라 공부를 많이 하면 될 아이들이 있고 아무리 해도 안 될 아이들이 있다. 바둑을 배워도 노력하는 대로 실력이 느는 사람이 있고, 아무리 노력해도 7급이나 5급에서 머무르는 사람도 있다. 이것은 누가 더 훌륭한가의 문제가 아니라 바둑에 누가 더 재능이 있느냐의 문제다.

반대로 바둑에는 무능해도 다른 재능인 축구는 바둑 잘 두는 사람보다 더 잘 할 수 있지 않겠는가? 누구나 장점과 단점이 있는 것이다. 머리가 태어날 때부터 둔한 아이들을 똑똑한 아이들과 경쟁을 시키니 그들은 얼마나 스트레스를 받겠는가? "너 자신을 알라!" 소크라테스의 명언을 실천하는 게 교육의 우선 순위다.

이것은 전 국민의 교육 의식 문화가 바뀌어야 가능하다. 즉, 머리는 남보다 좀 둔하지만 훌륭한 시민으로 사는 사람들이, 머리는 똑똑하나 비윤리적인 사람들보다 더 우대받는 사회를 만들어야 한다.

**원래 평준화 개념은 공산주의 개념이다.
한국의 가장 시급한 일은 공산주의적 민주주의가 아닌,
자유민주주의 체제가 자리 잡도록 국민의식이 변하는 것이다.
머리가 태어날 때부터 둔한 아이들을 똑똑한 아이들과 경쟁을 시키니
그들은 얼마나 스트레스를 받겠는가?**

C. 미국에서 가능한 인성교육 평가, 한국에서는 거의 불가능하다

미국에서는 학생의 인성에 대한 평가가 가능하지만, 한국에서는 학생의 인성평가가 거의 불가능하다. 미국의 아이비리그의 대학을 비롯한 우수한 대학들은 학생들의 시험 점수만으로 입학을 허락하지 않는다. 예를 들어 SAT(한국의 수능시험 제도) 총점인 1600점을 맞고도 원하는 대학에 들어가지 못하는 경우도 있지만, SAT 1100점을 맞고도 그 대학에 들어가는 학생들이 있다. 가장 큰 이유는 각 대학의 입학 전형에서 시험 점수 외에 학생의 인성과 과외 활동 및 리더십을 보기 때문이다.

의대생이 되려면 병원에서 자원봉사자로 일한 근거 자료가 있어야 하고, 법대에 진학하려면 인권단체나 법원 서기의 조수로 봉사한 근거 자료가 필요하다. 특히 스포츠 선수들이나 예능 특기자들은 많은 혜택을 받는다. 그 이유는 학교 당국에서 운동을 하거나 예능을 살린다는 게 얼마나 힘들고 시간이 많이 드는지 알기 때문이다.

운동이나 예능을 안 하고 점수만 많이 받은 학생보다는 운동이나 예능을 하고 점수를 좀 덜 받은 학생을 더 귀하게 보는 것이다. 즉, 편협한 공부벌레보다는 전인교육이 된 학생을 원한다. 그리고 운동선수들 중에도 주장으로 활동했거나 과외활동에서 회장이나 임원으로 활동했으면 리더십을 인정받아 높은 점수를 준다.

경찰서에서 봉사하는 학생이 하는 일은 술 취한 사람을 그의 집에까지 데려다 주는 것이었다. 밤 1시나 2시쯤 경찰서에서 전화가 오면, 부모는 아들을 바꿔 준다. 그러면 그는 곧 일어나 그가 있는 술집에 가서 그를 집에까지 데려다 주고 돌아와서는 다시 잠자리에 든다. 이렇게 일하면 경찰서에서는 매번 기록을 해 놓았다가 그 학생이 원하는 학교에 그것을 보내 준다. 매사가 정확하고 부정이 없다. 신용이 생명이 되는 사회, 이는 곧 미국의 힘이다.

한국도 이 제도를 도입했다. 그런데 문제가 생겼다. 학교에서 병원 봉사 기록을 가져오라고 하자, 엄마가 아들에게 "너는 학원에 가서 공부만 해라. 내가 대신 봉사하고 증명서 만들어 가지고 올게!" 한다는 것이다. 그보다 한 술 더 뜨는 것은 아예 봉사도 하지 않고 병원장한테 부탁해서 가짜 봉사 증빙 서류를 만드는 것이다. 가짜 서류를 부탁하는 이나 만들어 주는 이나 부정직하기는 마찬가지다. 현실이 이러하니 미국 같은 인성교육 평가제도가 한국에서 자리 잡을 수 있겠는가?

정직을 학생들에게 삶의 생명처럼 가르쳐야 할 학교도 각 대학에서 학생 선발에 내신성적 반영률을 높이겠다고 발표하자(2000년), 많은 중·고등학교에서 학생들의 내신성적을 올리기 위해 교사들이 미리 학생들에게 시험문제를 주고 그 문제로 시험을 치게 했다고 한다. 자신들의 학교 학생들이 공부를 못해도 A나 B학점 그룹에 속하게 해서 대학 입시에 유리하게 하기 위해서다(KBS 뉴스, *윤덕홍 교육 부총리와 공교육 해결 방안 모색 공청회*, 2003년 11월 17일). 학부모들도 이를 찬성하니 얼마나 걱정스러운 일인가?

왜 인성교육 평가에 이런 신용불량적 행위가 만연한가? 한국 사회 전반에 양심의 토양 자체가 부패했기 때문이다. 전국은행연합회에 따르면 2003년 10월 말 현재 개인 신용불량자는 359만 6000명으로 경제활동인구(2320만 명)의 15.5%에 이른다(시사저널, *신용불량자 400만 시*

대 눈앞에*, 2003년 12월 11일, p. 22). 이런 상황에서 어떻게 공정한 인성 평가를 할 수 있겠는가?

대학에서 학생 선발시 인성교육 평가를 했느냐 안 했느냐는 해당 대학들이 있는 지역의 문화에도 지대한 영향을 미친다. 명문대학의 존재가 한국에서는 부정적 영향을 미치고 미국에서는 긍정적인 영향을 미친다. 한국의 서울대가 있는 신림동이나 연세대, 이화여대 및 서강대학이 있는 신촌 지역은 술집, 노래방, 여관이 즐비한데 비해(중앙일보, 1995년 6월 3일, 1999년 8월 9일), 미국의 하버드 대학이나 MIT대학이 있는 보스턴이나 예일 대학이 있는 뉴 헤이븐 지역은 건전한 대학촌으로 자리 잡고 있다. 나는 그 이유를 한국 대학들이 IQ 평가만으로 학생들을 선발하는 데 비해, 미국 대학들은 IQ학생들 중에서도 인성교육 평가를 해서 EQ와 IQ가 골고루 발달한 학생들을 선발하기 때문이라고 생각한다.

한국에서 거의 불가능한 학생의 인성교육 평가를 미국 학교에서는 어떻게 부정 없이 공평하게 평가할 수 있는가? 이것은 미국 사회 자체가 아직도 신용사회를 유지하고 있기 때문이다. 따라서 한국 학교가 학생의 인성교육 평가에 실패한 원인을 해결하려면 근본적인 한국인의 신용불량 문제부터 해결해야 한다. 그 방법이 무엇인가? 어려서부터 깨끗한 양심에 따라 선과 악을 바로 구별할 수 있는 능력을 배양하고 이를 실천하게 하는 인성교육뿐이다.

**학교의 인성교육 평가의 실패를 해결하기 위한 근본적인 방법으로 먼저 한국인의 신용불량 문제를 해결해야 한다.
그 방법은 어려서부터 깨끗한 양심에 따라 선과 악을 구별할 수 있는 능력을 배양하고 이를 실천하게 하는 인성교육뿐이다.**

D. 미국 학교는 엄격한 규칙을 적용한다

한국 학교와 미국 학교는 여러 면에서 다르지만, 특히 법을 적용하는 데서 차이가 많이 난다. 한국 학교에서는 아무리 잘못한 학생이라 해도 부모나 학생이 잘못했다고 용서를 빌면 쉽게 해결된다. 그러나 미국 학교들은 규칙이 까다롭고 그것을 엄격하게 적용한다.

미국 학교들은 모든 규칙을 미리 학부모에게 알린다. 그 중 가장 큰 비중을 두는 것이 'No Tolerance Policy(불관용 정책)' 이다. 이것은 어느 심각한 학칙 위반 사항에 대해서는 한 번도 봐주는 일 없이 그 자리에서 퇴학을 시킨다는, 매우 강력한 조치다.

예를 들어, 학생이 남을 해칠 수 있는 무기를 소지했거나 마약과 관련된 일에 연루되면 이런 조치를 받게 된다. 이것은 선한 학생을 보호하는 차원에서 악인을 분리시키기 위한 정책이다.

이는 무엇을 뜻하는가? 미국은 공부도 잘하는 학생과 못하는 학생을 나누어 교육시킬 뿐만 아니라 인성도 좋은 학생과 나쁜 학생을 격리시켜 교육한다는 점이다. 그런데 한국은 평준화라는 이름과, 학교는 악인을 교화시켜야 할 의무가 있다는 이유를 들어 인성이 잘못된 아이들도 그대로 학교에 방치함으로써 선한 학생들이 피해를 입는 경우가 많다.

물론 미국처럼 법적용이 너무 엄격한 것도 부담스럽긴 하지만, 그렇다고 한국처럼 너무 안이한 태도를 보일 경우 악화가 양화를 구축하는 것처럼 악한 학생들이 선한 학생들에게 영향을 주어 선한 학생들도 악에 물들어 학교가 범죄의 온상이 될 가능성이 높다.

그런 면에서 일부 인권운동가들이 범죄인의 인권을 지나치게 주장하는 것도 문제다. 밝은 사회를 만들려면 선한 사람들의 안전을 보호하고 그들을 해친 사람들에게 벌을 주어야 한다. 가장 우선해야 하는 것은 힘없고 선한 사람들의 인권이다.

참고로 미국의 학교에서 일반적으로 거론하는 각종 학칙 위반 사항과 벌칙의 내용을 소개한다.

1. Vandalism: 고의적으로 학교 시설물에 손상을 입히거나 파괴하는 일
2. Graffiti: 낙서
3. Bullying: 약한 아이를 괴롭히는 행위
4. Hazing: 신입생 혹은 신참자를 괴롭히는 행위
5. Tardiness: 학교에 늦는 일(지각)
6. Physical Injury: 다른 학생을 다치게 하는 것
7. Robbery: 남의 물건을 훔치는 것
8. Drug: 마약
9. Sexual Harassment: 성희롱
10. Hate Violence: 이유 없이 미워서 저지르는 폭력. 인종 혹은 종교가 다르다는 등의 이유로 아무 잘못도 없는 다른 사람에게 폭력을 행사하는 것
11. Detention: 벌칙의 일종으로 휴식 시간 중에 혹은 방과 후에 학생을 일정 시간 동안 잡아두는 것
12. Referrals: 학생의 학칙 위반 행동에 대해 부모에게 통고하는 벌
13. Suspension: 정학

14. Expulsion: 퇴학

그렇다면 이런 질문이 생길 수도 있다. 퇴학당한 학생은 영원히 교육의 기회를 얻지 못하는가? 아니다. 그들이 다닐 수 있는 학교를 만들어 놓았다(예: Charter School). 다시 한 번 기회를 주기 위해서다.

저자의 주변에도 그 학교 출신이 몇 명 있다. 당시 부모가 받은 충격은 대단했다. 다행히 그 학생들은 교회에 나와 회개하고 착한 학생들이 되어 현재는 훌륭한 사회인으로 활동하고 있다.

어릴 때 잠시 방황했다고 그 학교 출신들을 모두 나쁘게 바라보는 편견 또한 잘못이다. 그들이 악의 길에서 돌아오도록 돕고, 돌아온 그들을 껴안아 주는 것도 좋은 인성이며 관용이다.

**미국 학교에는 'No Tolerance Policy(불관용 정책)'이 있다.
이것은 몇몇 심각한 학칙 위반 사항에 대해서는 한 번도 봐주는 일 없이
그 자리에서 퇴학을 시킨다는, 매우 강력한 조치다.**

IV. 결론 및 최종 대안:
유대인 교육에서 배우는 지혜

열린 교육에 대한 진지한 고찰 없이 무비판적으로 미국 교육을 수입한 한국의 학교가 실패하는 것은 당연하다. 문제는 실패의 후유증이다. 한국은 미국의 열린 교육에서 장점을 취한 것이 아니라 쓰레기 같은 교육 풍토만 옮겨 심어 놓아, 그나마 한국 교육의 장점까지 놓쳐 버렸다.

교실에서 학생이나 학부모나 자기의 권리주장만 할 뿐, 교사의 권위에 대한 배려가 전혀 없다. 스승을 존경하고, 예의바르며, 자발적으로 열심히 공부하는 습관, 진지한 수업 시간, 가난하면서도 친구를 돕는 의리 등도 사라졌다. 교육 정책도 표류하고 있다. 그 좋다는 인성교육을 포기했으면 IQ교육이라도 살려야 하는데 이제 그마저도 매년 퇴보하고 있다.

대안은 무엇인가? 이미 위에서 실패의 원인 분석과 함께 대안을 제시했다. 이를 간단히 요약하면, 학생의 방종과 타락을 막기 위해 가정과 학교에서 인성교육(EQ)을 시켜 먼저 사람을 만든 뒤 현대식 IQ교육(열린 교육, 이후 'IQ교육'으로 통일)을 시켜야 한다. 인성교육 없는 IQ교육은 독이 될 수 있기 때문이다. 모든 교육을 효과적으로 시키려면 부모와 교사의 잃었던 권위를 되찾아 주어야 한다. 그리고 IQ교육도 능력별로 나누어 인재를 양성해야 한다. 이제 인성교육의 내용을 무엇으로 하느냐에 따라 그리고 누가 교사가 될 것이냐에 따라 다음과 같이 몇 가지 모델을 제시한다.

첫째, 학교에서 학생들에게 인성교육의 내용으로 한국 고유의 가치관, 즉 수직문화를 가르친 뒤 IQ교육에 들어가는 모델이다. 한국의 1960년대 인성교육 방법에 미국의 열린 교육을 첨가한 것이라고 보면 된다.

민족사관학교가 좋은 예다. 이 학교는 한국의 전통과 예절, 민족 사랑을 강조하면서 IQ계발 면에서도 뒤떨어지지 않는다. 이를 위해 먼저 교사들이 민족에 대한 사명감을 가져야 한다. 이런 교사를 양성하려면 사범대학, 교육대학의 커리큘럼에 국가관과 민족관, 역사관에 대한 내용을 강화해야 한다.

민족사관학교의 단점은 학생들이 부모와 격리된다는 것이다. 부모는 단지 등록금만 보내주는 사람이 되어서는 안 된다. 일찍이 부모와 분리되어 자란 아이들은 부모의 가르침과 사랑을 받지 못했기 때문에 추억도 없고 효도를 해야 한다는 책임감도 적다. 부모보다 교사의 말을 더 잘 따른다. 아무튼 성장기 자녀를 부모와 격리시키는 것은 위험한 일이다. 민족사관학교와 비슷한 설립 목적을 갖고 있으면서 부모 슬하에서 통학할 수 있는 학교 모델이 최선이다.

둘째, 미국의 많은 사립학교들처럼 종교교육으로 인성교육을 하면서 IQ교육을 병행하는 모델이다. 한국에도 종교교육과 IQ교육을 함께 하는 사립학교들이 좋은 결과를 얻고 있다.

한국 사회는 종교교육에 거부감을 갖고 있다. '종교의 자유'라는 이유로 정책적으로도 종교교육을 배제하려고 한다. 하지만 인성을 키우는 데 종교교육만큼 좋은 내용이 없다. 인간이 행동하는 가치관은 상당 부분 자신이 믿는 종교에 근거한다. 민족사관학교도 특정 종교를 앞세우지는 않으나 이곳에서 가르치는 인성교육의 내용(수직문화)은 그 뿌리가 한국의 종교에서 나온 것임을 알아야 한다.

종교교육이 없으면 인성교육이 힘들고, 인성교육이 안 되면 도덕 불감증에 걸린다. 그 예로 미국의 바나 리서치그룹에서 실시한 조사 결과를 보자. 조사 대상자인 성인 1천여 명은 7개의 종교그룹에 속한 사람들이었다. 복음주의 기독교인, 비복음주의자이지만 거듭난 기독교인, 사유(思惟)적 기독교인(스스로 기독교인이라고 하면서 믿음과 은혜로 구원받는 것을 부정하는 자), 비기독교인, 무신론자 및 불가지론자(不可知論者), 개신교, 가톨릭이었다.

조사 결과를 보면 복음주의자(구원의 확신이 있는 보수 기독교인) 그룹은 10가지 항목 중 간음이나 동성간 성관계, 포르노, 신성 모독, 음주, 낙태 등을 인정하는 사람이 10명 중 한 명도 안 되었다. 반면, 무신론자와 불가지론자 그룹은 위의 항목이 도덕적으로 전혀 문제가 없다고 수용했고, 10개 항목 중 아홉에 문제가 없다고 말했다. 그러나 마약에 대해서만은 대부분 부정적이었다.

이 조사에서 세대 간에도 큰 차이를 보였는데 청년층에서 가장 나이가 많은 그룹인 모자이크 무늬 세대(18~19세)와 버스터 세대(20~38세)는 조사 항목이 도덕적으로 문제가 없다고 여기고 있고, 베이비 부머(39~57) 세대는 부정적으로 받아들였다. 여성은 남성에 비해 도덕성이 높았다(크리스천 저널, 미국인들 도덕 수준 하락 지속, 2003년 11월 23일).

오늘날 종교가 없다면 윤리나 도덕교육은 포기해야 할 정도다. 외래 종교가 싫다면 한국 고유의 유교교육이라도 시켜야 한다.(사실 유교도 한국인에게는 외래 종교다.) 왜냐하면 유교의 교육 내용에는 한국인에 맞는 도덕과 윤리에 대한 훌륭한 인성교육의 내용이 많기 때문이다.

셋째, 부모가 직접 자녀에게 인성교육과 IQ교육을 함께 시키는 홈스쿨링 모델이다. 미국에도 인성교육 없는 공립학교에 자녀들을 보내고 싶어 하지 않는 학부모들이 많다. 사립학교는 교육비가 너무 비싸서 보통 가정에서는 감당하기 어렵기 때문에 차선책으로 집에서 부모가 자녀에게 홈스쿨링을 한다. 주로 성경의 가치관을 갖고 있는 보수 기독교인들인데 그 수가 무려 130만 명이나 된다(조선일보, 학교 NO!… 130만 명 집에서 교육받아, 2003년 11월 11일). 저자의 주위에도 두 가정이 있는데 모두 목사 가정으로 자녀들을 수평문화에 물들지 않고 예의 바르게 잘 키웠다. 미국도 공립학교가 오죽 부실하면 그 힘든 홈스쿨링을 하겠는가?

넷째, 최고의 모델은 수천 년간 검증되어 온 유대인 교육법이다. 부모가 자녀의 직접 인성교육과 IQ교육을 하고, 학교에서는 자신들이 믿는 종교의 가치관과 함께 IQ교육을 한다. 이것은 부모가 자녀를 제자 삼고, 학교는 가정교육의 보조가 되는 패러다임이다. 현재 이스라엘에서는 공교육에서도 구약 성경을 필수로 가르친다. 그리고 가정에서도 이에 적극 협조한다. 종교교육은 그들의 강인한 정신교육이며 이것이 이스라엘 교육의 파워다.

그렇다면 왜 학교에 가는가? 유대인 학교에서 교사와 학생의 관계를 설명하기 위해 랍비 마빈 토카이어 씨의 일화를 소개한다.

내가 탈무드의 신학교에 들어가기 위해 면접시험을 보았다. 그때 "왜 여기에 입학하려 하느냐?"는 질문을 받았다. 나는 "이 학교가 좋아서"라고 대답했다. 그러자 면접을 맡은 시험관은 "만약 공부하는 것이 목적이라면 차라리 도서관에 가는 것이 좋을 것이다. 학교는 공부하는 곳이 아니다."라고 말하는 것이었다. 그래서 나는 그 사람에게 "그렇다면 구태여 학교에 입학할 필요가 없지 않은가?"라고 물었다. 시험관은 다음과 같이 말했다. "학교는 존경받는 인물을 앞에 모시기 위해서 가는 곳이야. 살아 있는 교과서를 통해 모든 것을 배워야 한다네. 학생이란 훌륭한 랍비나 교사의 언행을 지켜봄으로써 스스로 배워가는 것이지." (Tokayer, 탈무드 1, 2007a, pp. 47-48)

인성교육의 내용과 가르치는 교사에 따라 4가지 모델을 요약하면 다음과 같다.

첫째, 인성교육의 내용으로 수직문화를 가르치며 IQ교육을 함께 하는 민족사관학교 모델이다.

둘째, 종교교육와 IQ교육을 함께 가르치는 학교 모델이다. 이 둘은 학교 위주의 교육 방법이다.

셋째, 부모가 직접 자녀에게 인성교육과 IQ교육을 함께 가르치는 홈스쿨링 모델이다. 이는 부모 위주의 교육 모델이다.

넷째, 부모와 학교가 협력하는 유대인 교육 모델이다. 이는 부모가 직접 자녀에게 인성교육과 IQ교육을 함께 시키는 부모 위주의 교육에, 그들이 설립한 학교가 부모들의 자녀교육을 도와주는 방식이다.

가장 좋은 교육 모델은 가정에서 부모가 자녀를 가르쳐 제자 삼고, 학교는 이를 도와주는 유대인식 자녀교육이다. 사진은 아침기도 시간에 랍비 선생님과 함께 기도책을 읽으며 기도하는 유대인 학생들.

즉, 부모가 자녀를 가르치는 홈스쿨링 모델에 학교교육을 첨가한 교육 모델이다.

결론적으로 한국에서 공교육을 살리는 최선의 방안은 무엇인가? 원칙도 없고 비효율적인 공교육 제도 대신 국민이 낸 세금으로 이 4가지 모델을 골고루 지원하는 것이다. 궁극적으로 유대인 모델로 가기 위해 국민적 합의 아래 교육 정책을 다음과 같이 개혁해야 한다.

1) 'IQ교육 위주'의 교육에서 '인성교육 + IQ교육' 위주로,
2) 평준화에서 능력별 교육으로,
3) 학교 위주에서 가정교육 위주로,
4) 비종교교육 위주에서 종교교육 위주로 전환해야 한다.

5) 한국의 가정과 학교에서는 인성교육의 내용으로 종교교육을 시킬 경우 한국의 수직문화도 함께 시켜야 한다. 학생이 특정 종교를 가진다해도 한국인다운 한국인으로 키우기 위함이다.

따라서 한국이 유대인의 모델을 따르려면 가정이 변하고, 학교가 변하고, 학부모와 사회가 변해야 한다. 유대인들이 어떻게 슬기롭게 교육 문제를 해결하고 있는지 방법론은 앞으로 'IQ는 아버지 EQ는 어머니 몫이다' 시리즈를 참조하면 된다.

부모가 자녀를 낳아 학교에만 맡기는 것은
존경과 부러움의 대상이 아니고 경멸의 대상이다.
가장 좋은 모델은 수천 년 간 검증되어 온 유대인 모델이다.
부모가 가정에서 자녀의 EQ와 IQ교육에 교사가 되어
자녀를 제자 삼고 학교가 이를 도와주는 패러다임이다.

V. 인성교육과 IQ교육을
반석 위의 집에 비유

한국이나 미국의 공교육이 무너지는 가장 큰 이유가 인성교육 없이 IQ교육만 시켰기 때문이라고 설명했다. 자녀교육에서 인성교육이 얼마나 중요한가? 인성교육과 IQ교육의 관계는 어떠한가? 결론적으로 이를 '집짓는 목수'에 비유해 설명해 보자.

분업이 보편화되지 않은 옛날에는 목수가 집 설계에서부터 기초를 놓고 건물을 올리는 모든 과정을 담당했다. 지혜로운 목수가 지은 집과 어리석은 목수가 지은 집은 어떻게 다를까? 지혜로운 목수는 집을 지을 때 먼저 반석 같은 기초를 놓은 다음 그 위에 집을 짓는다.

여기에서 개인의 인성이 반석이라는 기초라면, IQ라는 개인의 능력은 그 위에 지어진 집이다. 즉 전인교육에서 인성교육이 먼저이고, IQ교육은 나중이다. 반석이 땅에 묻혀 눈에 보이지 않는 것처럼 개인의 인성도 눈에 보이지 않는 그의 가치관이다. 반면 반석 위에 지어진 집이 눈에 보이는 것처럼 IQ교육의 결과, 즉 개인의 재능과 능력은 실제 개인의 직업이나 생활에서 나타난다.

더 구체적으로 설명해 보자. 왜 목수에게 튼튼한 반석 같은 기초가 필요한가? 집을 짓기 위함이다. 튼튼한 반석 그 자체로는 큰 가치가

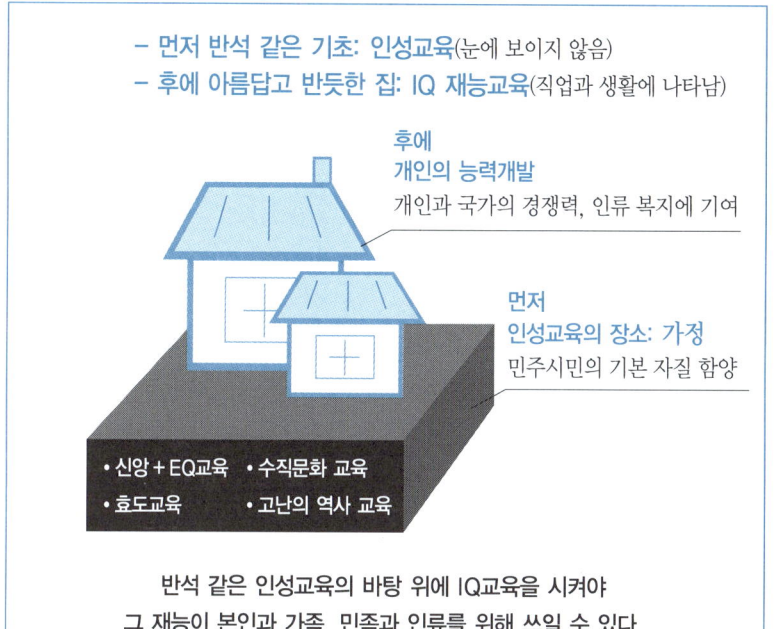

없다. 왜 집을 지어야 하는가? 개인과 가족, 사회에 유익을 주기 위함이다. 이때 반석의 가치도 함께 나타난다. 어떤 집을 지어야 하는가? 이왕이면 아름답고 반듯한 집을 지어야 한다. 판잣집 같은 허름한 집을 지으면 안 된다. 그래야 반석의 가치도 더 크게 나타난다.

　인성교육도 마찬가지다. 왜 인간에게 반석 같은 인성교육이 필요한가? IQ라는 개인의 능력이 현실의 성취로 나타나도록 하기 위해서다. 왜 IQ라는 개인의 능력이 현실의 성취로 나타나야 하는가? 개인과 가족에게 그리고 사회에 유익을 주기 위함이다. 이때 눈에 보이지 않는 인성의 가치도 함께 나타난다. 아무리 인성교육이 잘됐다 해도 그 자체만으로는 큰 가치를 발휘하지 못한다.

반석 위에 반듯하고 아름다운 집을 지어야 하는 것처럼 개인의 재능이나 능력도 유대인처럼 잘 개발하여 더 유능한 사람이 되어야 한다. 가족과 민족과 인류에 더 공헌하기 위해서다. 즉, IQ라는 개인의 능력이 더 지속적이고 성공적으로 많은 이들에게 긍정적인 영향을 미치기 위해서다. 아무리 반석 같은 좋은 인성을 가졌다하더라도 개인의 능력(IQ)이 성취되지 않는다면, 개인과 가정에게 그리고 사회에 별 유익을 주지 못한다. 오히려 짐이 되는 수가 있다.

반면, 개인의 재능(IQ)과 능력이 아무리 출중해도 반석 같은 훌륭한 인성이 뒷받침되지 않는다면, 그의 재능과 능력의 성취는 세상에서 잠깐 출세하는 것 같지만, 모래 위에 지은 집처럼 얼마 가지 않아 곧 망하게 된다. 어리석은 목수와 같다. 인성교육은 곧 개인의 그릇을 준비하는 것과 같기 때문이다.*

이런 입시 위주의 교육이나 IQ 위주 교육의 결과로 국제사회에서 경쟁력을 잃게 된다. 그 예로 미국 명문대에 입학한 한인 학생(주로 미주 한인의 자녀들) 가운데 10명중 4.4명이 중도에 학업을 그만둔 것으로 나타났다.

재미교포인 김승기(새뮤얼 김·39)씨의 컬럼비아대 사범대 박사논문인 '한인 명문대생 연구'에서 1985~2007년 하버드와 예일, 코넬, 컬럼비아, 스탠퍼드, 버클리캘리포니아대 등 14개 명문대에 입학한 한

---

* 이 책 제1권 제2부 제2장의 '인성교육의 본질과 원리: 수직문화와 수평문화' 참조.

인학생 1400명을 분석한 결과 이들 중 56%인 784명만 졸업을 하고 나머지는 중간에 그만둬 중퇴율이 44%에 달했다고 밝혔다. 유대인 중퇴율은 12.5%, 인도인은 21.5%, 중국인은 25%로 한인 학생에 비해 월등히 낮았다. 논문에 따르면 미주 한인 학생들은 대학 입학을 위해 시간과 노력의 75%를 공부에 투자하고 나머지 25%는 봉사와 특별활동에 할애한 반면 미국의 일반 학생들은 공부와 기타 활동에 반반씩 투자하는 것으로 응답해 차이를 보였다(중앙일보 미주판, '美명문대 한인 학생 10명 중 4.4명 중퇴', 2008년 10월 3일).

전인교육을 위해 어려서부터 인성교육과 IQ교육을 함께 해야 하지만, IQ개발 이전에 반석 같은 인성을 먼저 갖도록 교육시켜야 한다. 그리고 그 인성의 수준에 맞는 IQ교육을 해야 한다. 만약 인성에 걸맞지 않은 IQ교육은 스스로 화(禍)를 부를 수 있기 때문이다. 재승덕[才勝德; 재주(IQ)가 덕(인성)을 능가하면 안 된다는 뜻] 하면 안 된다.

인성교육의 장소는 기본적으로 가정이지만 학교와 사회가 함께 참여해야 한다. 여기에 대한 사회적 공동체의 합의가 있어야 인성교육이 더 효과적으로 이루어진다. 그렇지 않고 가정에서만 강조하고 학교와 사회가 협조하지 않을 때 인성교육은 한계에 부딪치게 된다.

국가적 차원에서 인성교육은 근본적으로 한 국가의 민주 시민으로서 기본 자질을 함양시키는 것이기도 하다. 세계 1등 국민의 수준은 그 사회의 인성교육의 평균 수준에 비례할 수밖에 없다. 인성교육의 중요성은 종교단체나 사회단체뿐 아니라 국가적인 차원에서 강조해야 한다. 그리고 이스라엘처럼 국가가 이에 대한 정책도 수립하고 실천해야 한다.

전인교육에서 개인의 인성이 반석이라는 기초라면,
개인의 능력(IQ)은 그 위에 지어진 집이다.
즉 전인교육에서 인성교육이 먼저이고, IQ교육은 나중이다.

부록

1. 쉐마교육 체험기 및 실천기
2. 국악 찬양

부록 1 쉐마교육 체험기 및 실천기

기독교교육학적 입장

한국의 총체적 교육 문제의 정확한 진단, 명쾌한 성경적 해법, 구체적 대안 제시

김진섭 박사(백석대학교 부총장)

- 서울대학교 농화학과 졸업
- 고려신학대학원 목회학(M.Div)
- 미국 Covenant 신학대학원 구약학(Th. M)
- 미국 Dropsie 대학교 고대근동학(M.A., Ph.D.)

이미 현용수 박사님과의 교분 속에서 '쉐마지도자클리닉'을 잘 알고 있었습니다. 제가 참석하게 된 동기는 특별히 약 2만 5천 명의 학교법인 백석대학교의 인성교육을 위해 꼭 유익할 것 같아 결단하게 되었습니다.

이론과 실제적 결단의 조화에 대한 깊은 감동의 현장

강의를 듣고 보니 올바른 교육은 집중과 반복을 위한 상당한 시간(기일)이 요구되는 원리가 금번에도 재확인되었습니다. 제가 믿고, 알고,

살고, 가르친다고 생각하고 있는 내용들에 대하여 훨씬 더 성경적이고, 도전적이면서도 문제 해결적인 강의에 깊은 감명을 받았습니다.

특별히 하나님께서 어떻게 현용수 박사님을 철저히 준비시켜서 이 총체적이고 방대한, 그러면서도 철저하고 정확한 문제 진단과 해결 방안을 제시하는지, 또한 기도의 용사로서 실제로 모든 수강자들이 무릎 꿇게 하고 하나님 앞에 회개, 결단하게 하는 모습들에서, 따라서 현 박사님이 외치는 것과 사는 것의 일치, 강의의 이론과 실제적 결단의 조화에 대한 깊은 감동의 현장이었습니다.

강의 내용을 좀 더 구체적으로 정리하면 다음과 같습니다.

(1) 한국 교회에서 실시하는 청소년과 성년교육의 총체적 문제점을 정확히 진단하고, 명쾌한 성경적 해법에 대한 감동적 이해와 이에 따른 구체적 실천 대안 제시

(2) 한국 사회 전반에 팽배한 총체적 문제점에 대한 정확한 진단과 그 역사적, 종말론적 해법에 대한 감명적 설득과 함께 구체적 실천 대안 제시

(3) 특별히 신학대학원의 원장과 신학부총장의 책임과 함께, 한국 교계와 신학계에 대한 보다 구체적인 현장인 백석대학교와 기독신학대학원에 대한 시대적 책임의식을 더욱 절감하면서 성령 하나님께서 지적하신, 그리고 회개하게 하신 문제들에 대한 구체적 실천을 위한 대안 제시

(4) 현용수 박사님의 사명과 가치에 대한 보다 더 깊은 존경과 신뢰와 그분이 진행하고 있는 사역에 대해 더 적극적으로 협력 지원하겠다는 결단을 했습니다.

우선 나와 우리 가족 그리고
내게 주신 모든 활동 영역에서 인성교육 전파할 것

(1) 한국인에게 하나님께서 일반 은총으로 심어주신 수직문화의 소중한 것들을 잘 정리하여(예: 한복, 한국음식, 한국인의 심성과 의식구조와 관련된 고전, 한국 역사와 하나님의 주권적 섭리, 예의범절 등) 우선 나와 가족부터 그리고 내게 주신 모든 활동 영역에서 글과 강연과 설교와 시범으로 확산해 나갈 것이다.

(2) 애국 애족은 성령과 역사에 정확한 좌표로서 한국(자유민주주의와 자유 시장경제를 드러내는) 국가적 주권 확립·계발과 직결되어 있기 때문에 특별히 미국을 우방으로, 이스라엘(유대인)을 하나님이 선택하신 민족으로, 세계복음화에 중심 기수로 사용하시려는 한국 교회를 계속 회개·각성하게 하고, 특별히 일본과 중국의 참된 그리스도인들과 함께, '우리는 한 가족'이라는 신앙적 슬로건으로 세계 복음화에 공동적으로 진력하도록, 맡겨주신 역할 분담에 최선을 다할 것이다.

(3) 현용수 박사님을 중심으로 계속 쉐마지도자클리닉과 또한 졸업생들이 다양하게 확산하여 구체적인 사역으로 진행하는 모든 사역을 적극 홍보, 지원하며, 세계 178개 국가의 750만 명 코리안 디아스포라를 향한 쉐마교육운동 확산, 정착에도 최선을 다해 협력할 것이다.

시간 관리, 프로그램 관리, 동역자 관리 등등에 탁월한 진행을 다시금 감사드리며 특별히 전심전력 깊은 내용을 강력한 성령님의 능력으로 모든 수강자에게 깊은 감동을 주신 현용수 박사님께 진심으로 감사를 드립니다.

영성신학적 입장

훈장도 울었습니다
송우영 훈장

- 온누리감리교회 집사
- 심전경작한문서당 훈장

막혔던 숨통을 터준 책

향촌 궁유이자 훈장인 나는 직업상 책을 가까이 해야 하며 또한 수많은 정도는 아닐지라도 매월 몇 권의 책을 소화해 내야 하는 입장에 있는 사람이다. 그것은 비단 훈장 혼자만 그러는 것이 아니라 서당에 다니는 학동들은 모두 책을 읽어야 하는 멍에를 지고 있다. 그런 관계로 현 박사님의 책을 구입해서 학생들과 읽고 토론을 하곤 했다.

흔치 않은 서당이라는 교육기관에 오는 학동들의 부모님 직업 분포는 항공기 조종사에서부터 카이스트 교수에 이르기까지 다양하다. 그래서 이른바 사회에서 말하는 엘리트 계층 사람들에게 전통교육, 즉 수직문화 교육을 설명하기란 쉽지 않다. 이런 현실적 목마름 속에서 현 박사님의 저서 《인성교육 노하우》(전3권)는 그것을 설명하기에 충분했다.

 굳이 훈장이 나서서 목에 핏대 올리며 설명하지 않더라도 책 제목만 알려주면 그들은 한결같이 읽곤 한다. 그 중에는 예수님을 안 믿는 사람도 있었는데 한결같이 책 내용이 너무 좋다는 반응을 보였다. 문장 한올 한올이 어쩌면 그렇게도 가슴의 막혔던 부분들을 콕콕 찔러가며 숨통을 열어주는지……. 마치 죽어가던 사람이 깊은 심산계곡에서 산삼을 찾은 심정이라며 이 책을 앞장서 광고하는 상황이 벌어진다.

"암덩이를 짐처럼 짊어지고 다녔는데…"

 분명 현 박사님의 책은 다른 책들과 달랐다. 내가 서당에서 학동들을 지도할 때 사용했던 옛 사람들의 생각이나 방법론 등이 정신 건강에 왜 좋은지를 설명하면서 고전 사상들이 많이 체계화되어 녹아 있었다. 이것은 우리에게 엄청난 힘을 실어 주었다. 서당이라는 울타리 속에서 살아온 관계로 강호의 일을 모르듯, 옛글의 우수성을 인정하면서도 학동들을 교습할 때 좀 더 밀도 있게 적용시킬 수 없었던 것이 서당교육의 한계이자 필자의 우둔함이었기 때문이었다.

 오만일지는 모르나, 전국적으로 서당 중에 나만큼 책을 많이 보유하고 있는 서당도 없다고 단언한다. 원전 7천 권의 장서를 보유하고 있다. 문사철(문학, 사상, 철학)에 이르러 자문을 구해 오면 답변은 3초를 넘기지 않는다. 차성 순자가 말하는 스승의 자격 4가지를 모두 갖추었으며, 1분에 3천자를 읽어내는 독서 기록을 가지고 있기도 하다.

 그러나 아이러니하게도 우리의 옛 정신을 오늘날 현대인에게 설명하기에는 많은 무지함을 감출 수가 없었다. 결국 이 무지함이 나의 업

보라고 생각하고 드러내지 못하는 암덩이를 짐처럼 짊어지고 다녔다. 이때 현 박사님의 《인성교육 노하우》를 만나게 된 것이다. 아! 얼마나 목마름의 갈증에서 살았던가.

잊었던 사람을 다시 만나고 그의 얼굴에 다시 놀라다

그리고 시간이 흘러 한동안 현 교수님을 잊고 지냈다. 그러던 어느 날 김영남 목사란 분으로부터 전화 한 통을 받고, 서울 상도동 숭실대 근처 식당에서 현 교수님과의 조우가 이뤄졌다. 오척 단신에 한고조 시대 인물지에 실린 재상 등용 기준에 합당한 분이 나를 기다리고 계셨다. 흔히 관상학(觀相學)에서 말하는 천하제일상(天下第一相)의 3가지 조건을 모두 갖추신 분이셨다. 키는 오척(五尺)을 넘지 않아야 하며, 얼굴은 하늘에 모나지 않은 달의 모양을 닮아야 하며, 웃을 때는 눈매가 하회탈 모양이 그려질 때 그 사람을 가리켜 천하제일상이라고 한다.

하늘은 항상 각 시대에 인물을 만들어서 세우신다. 사사시대에 사무엘을 세웠듯이, 고구려 시대 때는 하늘의 달을 닮은 을지문덕을 세워 수나라를 물리쳐 나라를 구하게 했고, 조선시대에는 세종대왕을 세워 불안정한 조선 500년의 뼈대를 세우게 했다. 이제 한국 교회가 길을 잃고 헤매며 눈 먼 강아지가 지푸라기 잡아당기듯이 좌충우돌하고 있을 때, 하늘은 현용수 박사님을 들어 쓰기에 이르렀다. 이러한 역사적 시대정신을 바탕으로 쉐마교육은 시대적 요구에 의해 탄생된 것이다.

상도동 이름 없는 식당에서 현 박사님을 처음 본 순간 훈장인 나는 상당히 놀랐다. 언뜻 보면 등소평 같아 보이고……. 그렇게 해서 쉐마 자체를 비로소 알게 된 것이다. 그리고 현 교수님과는 많은 '칼 대화'가 오갔다. 무식한 시골 훈장의 말을 현 교수님은 끝까지 잘 경청해 주셨다. 그리고 나를 인정해 주시고 품어 주셨다.

쉐마클리닉은 눈물 없는 나를 성령에 취해 통곡하게 했다

그 뒤 제4기 쉐마목회자클리닉에 참석했다. 며칠 동안 인성교육의 문제점과 해결 방안이란 강의를 듣는 가운데, 왜 한국의 전통교육의 가치가 기독교인에게도 필요한지 그 이유를 확실히 깨닫게 되었다. 사실 나는 훈장으로 학동들에게 한국식을 강조하면서도 이 문제들을 명확하게 논리적으로 풀지 못해 마음이 늘 답답했었다.

그래도 처음에는 나의 오만으로 '뭐 들을 것이 있겠나?' 생각하고 팔짱을 낀 채 듣기만 했다. 미국에서 신학문 교육을 받은 분의 강의가 그저 그렇겠지 생각했다. 하지만 강의가 깊어 갈수록 펜을 들지 않을 수 없었다. 노트를 할수록 그 내용에 깊이 빠져들지 않을 수가 없었다. 그만큼 영양가가 많았다는 뜻일 게다.

흔히 일반 목사님들처럼 하나님 찬양 일색의 그런 강의가 아니었다. 현 박사님의 강의는 모든 주제에 논리가 분명했다. 전통교육을 학자적 견지에서 상처내기보다는 그것을 끌어안으며 예수그리스도의 품으로 그리고는 십자가 밑으로 끌고 오는 현 교수님의 비수 같은 분석과 이론은 나를 감동시키기에 충분했다. 현 목사님의 결론은 한국인 기독교인의 정체성을 확립시키자는 것이었다.

쉐마목회자클리닉에서는 강의만 하는 것이 아니었다. 기도회도 한다. 가정과 교회와 민족을 위한 뜨거운 기도의 열기가 충만했다. 나는 좀처럼 눈물이 없는 사람이다. 아버님이 돌아가셨을 때도 울지 않았던 사람이다. 그런데 이번에 성령 충만함을 받고 다른 분들과 함께 크게 통곡하며 많이 울었다. 그리고 강의 시간에도 강의를 들으며 속으로 울었다. 나의 말랐던 눈에 눈물을 샘솟게 해주신 현 교수님께 감사드린다.

이제 마치고 돌아간다. 그동안 미진해서 항상 목에 가시 찔린 나무꾼 같았던 훈장이 진리를 깨닫고 치유함을 받은 후 어떻게 어린이, 청소년 교육을 해야 할지 한 층 더, 그들 말대로 업그레이드된 것이다. 현 교수님의 강의를 들으면서, 미루어 보건데 하나님은 아직도 우리를 버리지 않으셨음을 또 한 번 확인하는 계기가 됐다. 현 교수님께 다시 한 번 감사드린다.

그동안 미진해서 항상 목에 가시 찔린 나무꾼 같았던
훈장이 진리를 깨닫고 치유함을 받았다.
현 교수님의 강의를 들으면서,
하나님은 아직도 우리를 버리지 않으셨음을
또 한 번 확인하게 됐다.

학교와 사회에 적용

무너진 한국 교육의 명쾌한 대안을 찾았다
손광익 박사

- 영남대학교 건설환경공학부 교수
- (미)유타주립대학교 (Ph.D.)
- 연세대학교 (BS, MS)

담임 목사님께서 쉐마 1일 특별 강연을 다녀오신 후 쉐마지도자클리닉에 함께 참석할 수 있겠느냐고 권유하셨다. 3주간의 미국 출장을 한 주 앞두고 모든 일정이 여의치 않았지만 순종하는 마음으로 3박4일의 일정을 비우기로 마음먹고 먼저 12개의 테이프를 차례로 들었다.

새벽마다 "주님! 제 마음을 주장하셔서 정말 은혜로 가득 채울 수 있는 세미나가 될 수 있도록 제 마음이 옥토로 준비되게 해 주세요."라는 기도를 드렸다.

언제부터인가 온 나라가 경제 제일주의가 되면서 대한민국에서 도덕과 윤리의 기본이 사라져 버린 지 오래다. 담배꽁초 버리기, 도로무단횡단 등 경범죄에 대한 경각심을 일깨우던 시절과 줄서기, 노인공경 등 사회질서가 강조되던 시절이 있었다.

요즈음은 잘못된 행동을 하는 자녀 또래의 아이들을 타이르려면 엄청난 용기가 필요하기도 하지만, 어쩌다 용기를 내어 타일러도 빤히 쳐다보거나 혼잣말로 욕하는 아이들 앞에 나의 무력함을 고민해 보지 않은 부모는 아무도 없으리라.

교육계에 몸담고 있는 나로서는 이러한 세대 간, 또는 계층 간의 갈등을 해결할 수 있는 방법을 찾고자 사명감을 가지고 오랫동안 고민해 왔다. 그리고 서로가 공유할 수 있는 공통된 기준이 필요하다는 결론에 도달했으나 그 기준을 찾을 수가 없었다. 지금 생각해 보니 시대에 따라 그 기준이 변화하는 도덕관이나 가치관으로부터 그 공통된 기준을 찾으려 했기 때문인 것으로 판단된다.

쉐마교육을 체험하면 답이 나온다

주님께서 기도를 들어 주셨을까. 세미나가 시작되는 첫 시간부터 그동안 고민하면서 가슴 한 구석이 답답함으로 채워져 있던 부분들을 현 교수님께서 지적해 나가셨다. 뿐만 아니라 그 해결 방안까지도 명쾌히 제시하시는 것 아닌가.

현 교수님께서 찾은 해답은 간단했다. 무너진 교육의 대안은 바로 인성교육과 성경에서 찾을 수 있으며, 구원받기 전 단계(Pre-Evangelism)에서는 인성교육이, 구원받은 후 단계(Post-Evangelism)에서는 선민교육(쉐마교육)이 바로 그 해답이라는 것이다.

시대에 따라 변하지 않는 기준, 그 기준이 바로 성경(쉐마)으로 우리는 구원받은 후 하나님의 형상을 닮아가는 또 다른 차원의 기독교 교육이 필요하다는 것이었다.

말씀을 자손대대로 대물림하라는 구약 쉐마의 지상명령의 개념과 그 실천 방법은 물론, 지금 이 시대의 세대 간, 계층 간의 갈등 원인이 되는 수평문화와 그 해결책인 수직문화에 대한 개념을 명쾌하게 정리해 주셨다.

지금까지는 일사천리로 간증문을 써내려 오다가 여기서부터 막혀 버렸다. 정말 많은 문장을 쓰고 지우고 또 쓰고 지우기를 수십 차례, 왜 말문이 막힐까를 고민하다 보니 쉐마교육에 대한 정의와 각종 실천 방안 등을 나의 단어와 문장으로 정리하려고 노력하는 어리석은 나의 모습을 발견하게 되었다.

나의 고민에 공감하거나 같은 고민을 안고 있는 많은 분들은 현 용수 교수님의 책자나 세미나를 통해 쉐마교육을 꼭 한번 접해보시라고 권면하면 간단한 것을…….

목회자 클리닉을 마치고 돌아오는 길에 이런 좋은 시간을 허락하신 하나님께 드리는 감사의 기도와 찬송이 저절로 흘러나왔다. 지금까지 우리가 고민해 오던 교회와 사회의 무너진 교육 현실의 혁신적 대안이 바로 쉐마교육에 있음을 확신한다.

모든 기독교인이 쉐마교육을 통해 기독교인의 성화과정을 배우고 가르쳐 우리의 자녀들에게 말씀과 신앙을 전수할 뿐만 아니라, 예수님의 재림 때까지 하나님의 말씀을 땅 끝까지 전하는 우리의 소명을 이뤄가기를 소망한다.

자녀들도 변합니다

수평문화가 독인지도 모르고 좋아한 내가 너무 부끄럽습니다

우준범(대구 청구고등학교 2학년)

아버지가 3박4일 일정의 세미나에 참가신청을 했으니 아무 말 하지 말고 따라오라고 하셨습니다. 핑계일지 모르지만 미대 입시를 준비하고 있는 저로서는 3박4일이 너무 큰 부담이었습니다. 또 친구들과 선생님께 종교적인 행사 때문에 학교를 빠져야 한다고 말하기도 싫었습니다. 그렇지만 가정의 평화를 위해 아무 말 않고 아버지를 따라가겠다고 했습니다.

사실 3박4일이라는 시간을 이곳에서 보내는 것보다 더 두려웠던 것은 세미나 이후 아버지가 제게 유대인적인 삶을 강요하실까봐였습니다. 특히 현 교수님이 수평문화에 대해 설명하실 때는 식은땀이 흘렀습니다. 혹시나 집에 돌아가면 텔레비전 코드가 뽑히는 게 아닌가, 인터넷이 끊기는 게 아닌가, 새벽에 깨워서 교회에 가자고 하시면 어쩌나 하고 걱정도 많이 하고, 그런 상항에 대비해 대처할 말까지 준비했습니다.

하지만 현 교수님이 강의를 들으면서 생각이 바뀌기 시작했습니다. 내가 얼마나 수평문화에 물들어 있었는지, 얼마나 수직문화를 멀리했는지 나 자신을 많이 돌아보게 되었습니다. 숨을 쉬고 물을 마시듯 나도 모르는 사이에 내 삶의 일부가 된 수평문화가 독인지도 모르고 좋아한 내가 너무 부끄러웠고, 이번 기회를 통해서 나 자신을 많이 반성하고 돌아볼 수 있어서 좋았습니다.

뉴질랜드에서 유학할 때 보고 느낀 것 중 하나가 그들은 아버지와 아들 사이에 세대차이가 없다는 것입니다. 주말이면 아들이 아버지와 정원에 놓을 벤치를 만들거나 저녁에 먹을 생선을 직접 잡아오는 등 아버지와 함께 하는 것에 대한 거부반응이 전혀 없었습니다. 한국에서는 쉽게 볼 수 없는 일이어서 충격적이었고 또 많이 부러웠습니다.

강의를 들으면서 내 또래 친구들과 함께 오지 못한 것이 너무 아쉬웠지만 돌아가서 이곳에서 듣고 깨달은 것, 수평문화가 얼마나 독이 되는지에 대해 알려주고 싶은 사명감을 가지게 되었습니다.

또 항상 신앙생활을 하면서 나도 모르게 소홀히 하고, 잊고 지냈던 부분들 그리고 교회의 침체 원인을 찾을 수 있었습니다. 그리고 현 교수님의 말씀대로 산다면 나의 삶이 변하리라는 확신도 섭니다. 다만 과연 내가 해낼 수 있을까 걱정을 많이 했습니다.

3박4일의 세미나를 마치며 먼저 변화할 수 있는 계기를 마련해 주신 현 교수님께 감사의 말씀을 드리고 싶습니다. 그리고 또 이런 기회를 아버지께 소개해 주신 담임 목사님 윤희주 목사님께 감사의 말씀을 드리고 싶습니다.

 국악 찬양

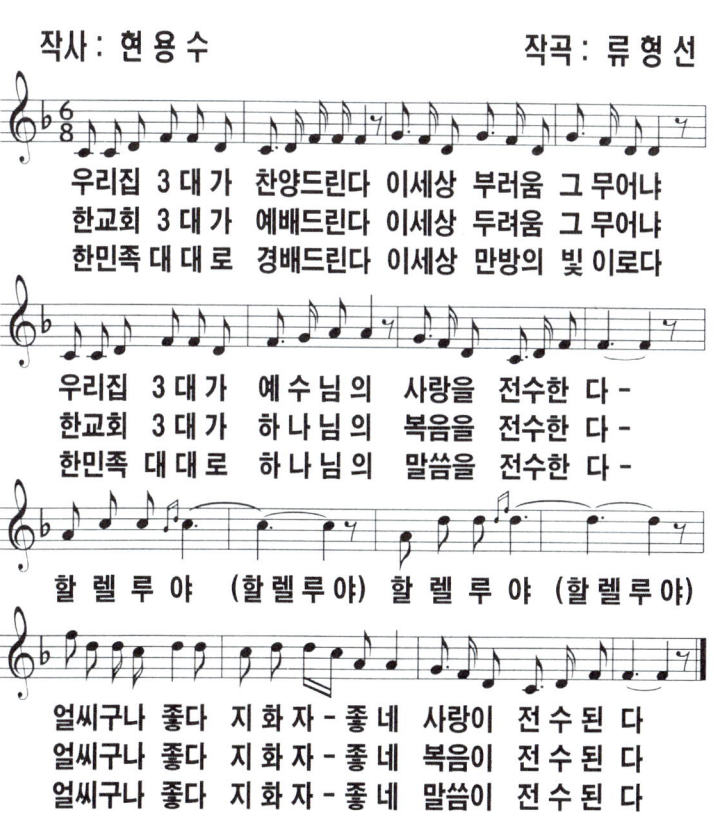

참고자료 (References)

외국 자료

Abramov, Tehilla. (1988). *The Secret of Jewish Femininity*. Southfield, MI: Targum Press Inc.

Adahan, Miriam. (1995). *The Miriam Adahan Handbook: The Family Connection*. Southfield, MI: Targum Press Inc.

_____. (1994). *The Miriam Adahan Handbook: After the Chuppah*. Southfield, MI: Targum Press Inc.

_____. (1994). *The Miriam Adahan Handbook: Nobody's Perfect*. Southfield, MI: Targum Press Inc.

_____. (1988). *Raising Children to Care*. Jerusalem, Israel: Feldheim Publishers.

Aiken, Lisa. (1996). *Beyond bashert: A guide to enriching your marriage*. Northvale, NJ: Jason Aronson Inc.

Agron, David. (1992). *Soviet Jews: A Field God Has Plowed*. Fuller Theological Seminary School of World Mission, ThM Thesis. Pasadena, California.

Agus, J. B. (1941). *Modern Philosophies of Judaism*. New York, NY: Behrman's Jewish Book House.

Allis, O. T. (1982). *The Five Books of Moses*. Translated into Korean by Jung-Woo Kim. Seoul: Christian Literature Crusade.

Allport, G. W. (1946). Some Roots of Prejudice. *Journal of Psychology*, 22, 9-39.

_____. (1950). *The Individual and His Religion*. New York: Macmillan.

_____. (1954). *The Nature of the Prejudice*. Cambridge, MA: Addison-Wesley.

_____. (1959). Religion and prejudice. *Crane Review*, 2, 1-10.

_____. (1960). *Personality and Social Encounter*. Boston: Beacon.

_____. (1963). Behavioral Science, Religion, and Mental Health. *Journal of Religion and Health*, 2, 187-197.

_____. (1966a). The Religious Context of Prejudice. *Journal for the*

Scientific Study of Religion. 5, 447-457.

_____. (1968). The Person in Psychology. Boston: Beacon.

Allport, G. W. , & Ross, J. M. (1967). Personal Religious Orientation and Prejudice. Journal of Personality and Social Psychology, 5, 432-443.

Angoff, Charles. (1970). American Jewish Literature. New York, NY: Simon and Schuster.

Baeck, Leo. (1958). Judaism and Christianity. Philadelphia: Jewish Publication of America.

Barclay, William. (1959a). Train Up A Child. Philadelphia: Westminster Press.

_____. (1959b). Educational Ideals in the Ancient World. Grand Rapids, MI: Baker House.

Barker, K. (1985). The NIV Study Bible. Grand Rapids, MI: Zondervan.

Bavinck, Herman. (1988). 개혁주의 교의학. 이승구 역, 서울: 기독교문서선교회.

_____. (1988). 개혁주의 신론. 이승구 역, 서울: 기독교문서선교회.

Bedwell, et al. (1984). Effective Teaching. Springfield, IL: Charles C. Thomas.

Bennett, William J. (1993). The Book of Virtues. New York, NY: Simon & Schuster.

Benson, C. H. (1943). History of Christian Education. Chicago, IL: Moody Press.

Ben-Sasson, H. H. Editor. (1976). A History of the Jewish People. Cambridge, MA: Harvard University Press.

Berenbaum, Michael. (1993). The World Must Know, The History of the Holocaust As Told in the United States Holocaust Memorial Museum. Boston, MA: Little, Brown and Company.

Berkhof, Louis. (1971). Systematic Theology. London: Banner of truth.

_____. (1983). Manual of Christian Doctrine. Grand Rapid, MI: Eerdmans.

Bigge, Morris L. (1982). Learning Theories for Teachers. New York, NY: Harper & Row.

Birnbaum, Philip. (1991). Encyclopedia of Jewish Concepts. New York, NY: Hebrew Publishing Company.

Bloch, Avrohom Yechezkel. ( ). Origin of Jewish Customs: The Jewish

Child. Brooklyn, NY: Z. Berman Books.

Botterweck & Ringgren, ed. (1977). *Theological Dictionary of the Old Testament, Vol. 1*. Grand Rapids, MI: Eerdman Publishing Company.

Bower, G & Hillgard, E. R. (1981). *Theories of Learning*. Englewood Cliffs, NJ: Prentice-Hall.

Boyer, Barbara. Grossberg, *Peterson Sent to Jail*. Philadelphia Inquirer, July 10, 1998.

Branden, Nathaniel. (1985). *Honoring the Self: Self-Esteem and Personal Transformation*. New York, NY: Bantam.

_____. (1988). *How to Raise Your Self-Esteem*. New York, NY: Bantam.

_____. (1995). *Six Pillars of Self-Esteem*. New York, NY: Bantam.

Bridger, David. ed. (1962, 1976). *The New Jewish Encyclopadia*. West Orange, NJ: Behrman House, Inc.

Brown, Collin, ed. (1975). *The New International Dictionary of New Testament Theology, Vol. 1*. Grand Rapids, MI; Regency Reference Library, Zondervan.

Brown, Driver & Briggs. (1979). *The New Brown – Driver – Briggs – Genesis Hebrew and English Lexicon*. Peabody, Ma: Hendrickson Publishers.

Brown, Michael. (1989). *The American Gospel Enterprise*. Shippensburg, PA: Destiny Image Publishers.

_____. (1992). *Our Hands Are Stained with Blood*. Shippensburg, PA: Destiny Image Publishers.

_____. (1994). *Our Hands Are Stained with Blood*. Translated into Korean by Hansarang World Mission College Press. Seoul: Hansarang World Mission College Press.

_____. (1990). *How Saved Are We?* Shippensburg, PA: Destiny Image Publishers.

_____. (1991). *Power of God*. Shippensburg, PA: Destiny Image Publishers.

_____. (1993). *It's Time to Rock the Boat*. Shippensburg, PA: Destiny Image Publishers.

_____. (1995a). *Israel's Divine Healer*. Grand Rapids, MI: Zondervan Publishing House.

_____. (1995b). *High-Voltage Christianity*. Lafayette, LA: Huntington

House Publishers.

Bryant, Alton. Editor. (1967). *The New Compact Bible Dictionary*. Grand Rapids, MI: Zondervan.

Calvin, John. (1981). *Genesis, the Pentateuch, Vol. I*. Grand Rapid, MI: Baker Book House.

_____. (1981). *Exodus, the Pentateuch, Vol. II*. Grand Rapid, MI: Baker Book House.

_____. (1981). *Institutes of the Christian Religion*. Translated by Moon Jae Kim, Seoul: Haemoon-sa.

Canfield, Jack. (1993). *Chicken Soup for the Soul*. Deerfield Beach: Health Communications, Inc.

Chait, Baruch. (1992). *The 39 Avoth Melacha of Shabbath*. Jerusalem, Israel: Feldheim Publishers, Ltd.

Chung, Susan. (2001). *Educational Advices, in Christian Herald*. September 23, 2001. p. 9. LA, CA.

Cohen. (1992). *The Psalms. Revised by Rabbi Oratz*. New York, NY: The Soncino Press, Ltd.

Cohen, Abraham. (1983). *Everyman's Talmud*. Translated in Korean by Ung-Soon Won, Seoul: Macmillian

_____. (1995). *Everyman's Talmud*. New York, NY: Schocken Books.

Cohen, Simcha Bunim. (1993). *Children in Halachan*. Brooklyn, NY: Mesorah Publications, Ltd.

Coleman, William L. (1987). *Environments and Customs of Bible Times*. Seoul: Seoul books.

Commonweal(Magagine). (1981). April 24.

Complete Word Study Dictionary(The). (1992). *Complied and edited by Spiros Zodhiates*. Chattanooga, TN: AMG Publishers.

Cooper, James. (1986). *Class Room Teaching Skills*. Lexington, MA: D. C. Heath and Company.

Cross and Markus. (1999). The Cultural Constitution of Personality. *Handbook of Personality*. Edited by Pervin and John. pp. 378-396, New York, NY: The Guilford Press.

Daloz, Laurent A. (1986). *Effective Teaching and Mentoring*. San Francisco,

CA: Jossey-Bass.

Darmesteter, A. (1897). *The Talmud*. Philadephia: The Jewish Publication Society of America.

Debour, Rolang. (1992). *Social Customs in Old Testaments(I)*. Seoul: Kidok Jungmoon-sa.

_____. (1993). Social Customs in Old Testaments(II). Seoul: Kidok Jungmoon-sa.

Derovan & Berliner. (1978). *The Passover Haggadah*. Los Angeles, CA: Jewish Community Enrichment Press.

Dewey, John. (1916). *Democracy and Education*. New York, NY: The Free Press.

_____. (1938). *Experience and Education*. New York, NY: Macmillian publishing Co.

Ditmont, Max I. (1979). *Jews, God and History*(한국역: 이것이 유대인이다). Translated into Korean by Young Soo Kim, Seoul, Korea: 한국기독교문학연구 출판부.

Dobson, James. (1992). *Dare to Discipline*. Wheaton, IL: Tyndale House Publisher, inc.

Doerksen, V. D. (1965). *The Biblical Doctrine of Progressive Sanctification*. Unpublished ThM. Thesis of Talbot Seminary.

Donin, Hayim Halevy. (1972). *To Be A Jew: A Guide to Jewish Observance in Contemporary Life*. USA: Basic Books.

_____. (1977). *To Raise A Jewish Child: A Guide for Parents*. USA: Basic Books.

_____. (1980). *To Pray As A Jew: A Guide to the Prayer Book and the Synagogue Service*. USA: Basic Books.

Drazin, N. (1940). *History of Jewish Education*. Baltimore: The Johns Hopkins press.

Eavey, C. B. (1964). *History of Christian Education*. Chicago, IL: Moody.

Ebner, Eliezer. (1956). *Elementary Education in Ancient Israel*. New York: Bloch publishing Co.

Emma Gee. (1976). *Counter Point, Perspectives on Asian America*.

Encyclopedia Britannica, Macropaedia, Vol. 10. (1979). Chicago, IL: Encyclopedia Inc.

Encyclopaedia Britannica, Micropaedia, Vol. V. (1979). Chicago, IL: Encyclopedia Inc.

Encyclopaedia Britannica, Micropaedia, Vol. IX. (1979). Chicago, IL: Encyclopedia Inc.

Encyclopaedia of Judaica. (1993). Decennial Books 1983-1992. NY: Mc Millan.

Erikson, E. (1959). *Identity and the Life Cycle, Psychological Issues. Vol. 1.* New York: International University Press.

Erikson, E. (1959). *Dimensions of New Identity (1st Ed.).* New York: W. W. Norton & Co.

_____. (1963). *Childhood and Society (2nd Ed.).* New York: W. W. Norton & Co.

_____. (1968). *Identity Youth and Crisis.* New York: W. W. Norton & Co.

_____. (1982). *The Life Cycle Completed.* London: W. W. Norton & Co.

Feldman, Emanuel. (1994). *On Judaism.* Brooklyn, NY: Shaar Press.

Feldman, Sharon. (1987). *The River the Kettle and the Bird.* Spring Valley, NY: Philip Feldheim Inc.

Fowler, J. W. (1981). *The Psychology of Human Development and the Quest for Meaning.* New York: Harper & Row, Publishers, Inc.

Friedman, Avraham Peretz. (1992). *Table for Two.* Southfield, MI: Targum Press Inc.

Fromm, Erich. (1989). *The Art of Loving.* NY: Harper & Row, Publishers.

Fuchs, Yitzchak Yaacov. (1985a). *Halichos Bas Yisrael, A Woman's Guide to Jewish Observance. Vol. 1.* Oak Park, MI: Targum Press.

_____. (1985b). *Halichos Bas Yisrael, A Woman's Guide to Jewish Observance. Vol. 2.* Oak Park, MI: Targum Press.

Gangel, K & Benson, W. (1983). *Christian Education: It's History & Philosophy.* Chicago: Moody Press.

Geiger, K. (1963). *Further Insights Into Holiness.* Kansas City: Beacon Hill Press.

Goetz, Bracha. (1990). *The Happiness Book.* Lakewood, NJ: CIS Publishers and Distributors.

Gold, Avie. (1989). *Artscroll Youth Pirkei Avos.* Brooklyn, NY: Mesorah Publications Ltd.

Golding, Goldie. (1988). *Arrogant Ari*. Brooklyn, NY: Sefercraft, Inc.

Goleman, Daniel. (1995). *Emotional Intelligence*. New York, NY: Bantam Books.

Gollancz, S. H. (1924). *Pedagogies of the Talmud and That of Modern Times*. London: Oxford University press.

Gordon, M. M. (1964). *Assimilation in American Life*. New York, NY: Oxford University Press.

Greenbaum, Naftali. (1989). *Honor Your Father and Mother*. Bnei Brak, Israel: Mishor Publishing Co. , Ltd.

Grider, J. K. (1980). *Entire Sanctification: The Distinctive Doctrine of Wesleyanism*. Kansas City: Beacon Hill Press.

Guder, Eileen. (1982). *We are Never Alone*. Translated by Eujah Kwon, Seoul: Voice Publishing Company.

Han, Woo Keun. (1970). *The History of Korea*. Seoul: Eul-yoo Publishing Co.

Hauslin, Leslie. (1990). *The Amish: The Ending Spirit*. New York: Crescent Books/Random House.

Hefley, James. (1973). *How Great Christians Met Christ*. Chicago, IL: The Moody Bible Institute of Chicago.

Heller, A. M. (1965). *The Jew and His World*. New York, NY: Twayne Publishers, Inc.

Heller, Rebbetzin Tziporah. (1993). *More Precious Than Pearls*. Spring Valley, NY: Feldheim Publishers.

Hertz, Joseph H. (1945). *Sayings of the Fathers(Ethics of the Fathers)*. USA: Behrman House Inc.

Hirsch, Samson Raphael. (1988). *Collected Writings of Rabbi Samson Raphael Hirsch*. Jerusalem, Israel: Feldheim Publishers Ltd.

_____. (1989a). *Genesis, the Pentateuch, Vol. I*. Gateshead: Judaica Press Ltd.

_____. (1989b). *Exodus, the Pentateuch, Vol. III*. Gateshead: Judaica Press Ltd.

_____. (1989c). *Leviticus, the Pentateuch, Vol. III*. Gateshead: Judaica Press Ltd.

_____. (1989d). *Numbers, the Pentateuch, Vol. IV*. Gateshead: Judaica Press Ltd.

_____. (1989e). *Deuteronomy, the Pentateuch, Vol. V*. Gateshead: Judaica

Press Ltd.

_____. (1990). *The Pentateuch*. Edited by Ephraim Oratz, New York, NY: Judaica Press, Inc.

Holloman, H. W. (1989). *Highlights of the Spiritual Life(N. T)*. Unpublished class syllabus of Talbot School of Theology.

Holocaust(The). ( ), Yad Vashem, Jerusalem: W. Turnowasky & Son Ltd.

Holy Bible. (NIV, KJV). (1985).

The Jewish Bible. TANAKH, The Holy Scriptures by JPS, 1985.

Hook, S. (1950). *John Dewey*. New York, NY: Barnes & Noble, Inc.

Hurh & Kim. (1984). *Korean Immigrants in America*. Cranbury, NJ: Associated University.

Hyun, Yong Soo. (1990). *The Relationship between Cultural Assimilation Models, Religiosity, and Spiritual Well-Being Among Korean-American College Students and Young Adults in Korean Churches in Southern California*. Doctoral dissertation(Ph.D.), Biola University, Talbot School of Theology, La Mirada CA. Ann Arbor: University Microfilms International.

_____. (1993). *Culture and Religious Education*. Seoul: Qumran.

_____. (1993). *Jewish Education Seminar Note*. Los Angeles, CA: SCEI.

_____. (1993). *Jewish Education Seminar Cassette Tapes*. Los Angeles, CA: SCEI.

Ives, Robert. (1991). *Shabbat and Festivals Shiron*. Beverly Hills, CA: The Medi Press.

Jacobs, Louis. (1984). *The Book of Jewish Belief*. New York, NY: Behrman House, Inc.

_____. (1987). *The Book of Jewish Practice*. West Orange, NJ: Behrman House, Inc.

Jensen, I. R. (1981a). *Genesis: A Self-Study Guide*. Translated into Korean by In-Chan Jung. Seoul: Agape Publishing House

_____. (1981b). *Exodus: A Self-Study Guide*. Translated into Korean by In-Chan Jung. Seoul: Agape Publishing House.

Josephus. (1987). *Wars of Jews, VII*. Translated by Jichan Kim, Seoul, Korea: Word of Life Press.

Joyce, B & Weil, M. (1986). *Models of Teaching*. Englewood Cliffs, NJ: Prentice-Hall.

Kaplan, Aryeh. (1983). *If You Were God*. New York, NY: Olivestone Print Communications, Inc.

Kaufman, Y. The Lawyers Unite. (Sept. 1985). *Moment* 10, 8. 45-46.

Keil & Delitzsch. (1989a). *Genesis, the Pentateuch, Vol. I*. Grand Rapid, MI: Hendrickson.

_____. (1989b). *Exodus, the Pentateuch, Vol. II*. Grand Rapid, MI: Hendrickson.

Kling, Simcha. (1987). *Embracing Judaism*. New York, NY: The Rabbinical Assembly.

Koh, Yong Soo. (1994). *A Theology of Christian Education as Encounter*. Seoul: Presbyterian Theological Seminary Press.

Kohlberg, L. (1981). *Essays on Moral Development: The Philosophy of Moral Development*. (Vol. 1). New York: Harper & Row.

_____. (1984). *Essays on Moral Development: The Psychology of Moral Development*. (Vol. 2). New York: Harper & Row.

Kolatch, Alfred J. (1981). The Jewish Book of Why. Middle Village, NY: Jonathan David Publishers, Inc.

_____. (1985). *The Second Jewish Book of Why*. Middle Village, NY: Jonathan David Publishers, Inc.

_____. (1988). *This Is the Torah*. Middle Village, NY: Jonathan David Publishers, Inc.

Korea Times(The), (Los Angeles Edition), (1989). *Korean-American Population Increase*. May 26.

Kosmin, Barry. (1990). *Exploring and Understanding the Findings of the 1990 National Jewish Population Survey*. Unpublished research paper in University of Judaism. Los Angeles: CA.

Kuyper, A. (1956). *The Work of the Holy Spirit*. trans. Henri De Vries, Grand Rapids: Wm. B. Eerdmans Publishing Company.

LaHaye, Beverly. (1978). *The Spirit Controlled Woman*. Translated by Eun-Soon Yang. Seoul: Word of Life Press.

Lamm, Maurice. (1969). *The Jewish Way in Death and Mourning*. New York: Jonathan David Publishers.

_____. (1980). *The Jewish Way in Love and Marriage*. Middle Village, NY: Jonathan David Publishers, Inc.

_____. (1991). *Becoming a Jew*. Middle Village, NY: Jonathan David Publishers, Inc.

_____. (1993). *Living Torah in America*. West Orange, NJ: Behrman House, Inc.

Lampel, Zvi. trans. (1975). *Maimonides' Introduction to the Talmud*. New York, NY: Judaica Press.

Lange, J. p. (1979). *The Book of Genesis I & II*. Translated into Korean by Jin-Hong Kim. Seoul: Packhap.

Lapin, Daniel. (2001). *Buried Treasure. Sisters*. OR: Multnomah Publishers, Inc.

_____. (2002). *Thou Shall Prosper(Ten Commandments for Making Money)*. Hoboken, NJ: John Wiley & Sons, Inc.

_____. (2004). *선한 부자를 위한 10계명[원제: Thou Shall Prosper(Ten Commandments for Making Money]*. Translated into Korean by Jae Hong Kim. Seoul: Siat Publishing Co.

Lee, Nam-Jong. (1992). *Christ in the Pentateuch*. Seoul: Saesoon Press.

Lee, Sang-Keun. (1989). *Genesis, the Lee's Commentary*. Seoul: Sungdung-sa.

_____. (1989). *Exodus, the Lee's Commentary*. Seoul: Sungdung-sa.

Lee, Sung Eun. (1985). *Conflict Resolution Styles of Korean-American College Student*. Ann Arbor, MI: University Microfilms International, A Bell & Howell Information Company.

Leedy, p. D. (1980). *Practical Research*. New York, NY: Mcmillan.

Leri, Sonie B. & Kaplan, Sylvia R. (1978). *Guide for the Jewish Homemaker*. New York, NY: Schocken Books.

Leupold, H. C. (1942). *Exposition of Genesis. Vol. I*. Grand Rapids: Baker.

_____. (1974). *Exposition of the Psalms*. Grand Rapids: Baker.

Levinson et al. , (1978). *The Season's of Man's Life*. New York, NY: Alfred A. Knopf.

Lipson, Eric-Peter. (1986). *Passover Haggadah*. USA: Thomas Nelson, Inc.

Los Angeles Times. *Annual Income, Americans vs. Jews*. April 13, 1988. p. 14.

_____. *Police Link Slain Honor Student to Theft Scheme*. 1993, January 6,

A1, 13.

_____. *Slaying of Honors Student Detailed*. 1994, April 8, A3.

_____. *2 Rabbis Accused of Molesting Girl*. 15. 1995, June 2, B1.

_____. *Hostage Drama in Moscow*. 1995, Oct. 15, A1, 4.

Lowman, Joseph. (1984). *Mastering the Techniques of Teaching*. San Francisco, CA: Jossey-Bass.

Luther, Martin. (1962). *On the Jews and Their Lies*. trans. Martin H. Bertram, in Martin Luther's Works, 47:268-72(1543). Philadelphia, Pa: Muhlenberg.

Luzzatto, Moshe Chaim. (1989). *The Ways of Reason*. Jerusalem, Israel: Feldheim Publishers Ltd.

MacArthur, John. (2001). *Successful Christian Parenting*. Translated into Korean by Ma Young Rae, Seoul: Timothy Publishing House.

Maertin, Doris & Boeck, Karin. (1996). *E.Q. Munchen*. Translated into Korean by Myong Hee Hong. Germany: Wilhelm Heyne, Veriag Gmbtt & Co.

Matzner-Bekerman, Shoshana. (1984). *The Jewish Child: Halakhic Perspectives*. New York, NY: KTAV Publishing House, Inc.

McGavran, Donald. (1980). *Understanding Church Growth*. Grand Rapid, MI: Zondervan.

Meier, Paul. (1988). *Christian Child-Rearing and Personality Development*. Translated into Korean by Jeoung Hee-Young. Seoul: Chongshin College Press.

Miller, Basil. (1943). *John Wesley*. Grand Rapid, MI: Zondervan Publishing House.

Miller Yisroel. (1984). *Guardian of Eden*. Spring Valley, NY: Feldheim Publishers.

Milwaukee Journal Sentinal. July 7, 1998.

Moment, No. 10, 8, 1985.

_____. January and February 1988.

_____. No. 9, 1988.

Morris, V. C. & Pai, Y. (1976). *Philosophy and American School*. Boston: Houghton Miffin.

Munk, Meir. (1989). *Sparing the Rod*. Brooklyn, NY: Mishor Publishing Co., Ltd.

Murray, Charles. (2007). *Jewish Genius.* Commentary, April, 2007, p. 30.

Narramore, Clyde M. (1979). *A Woman's World.* Grand Rapids, MI: Zondervan Publishing House.

Neath, Ian. (1998). *Human Memory.* Pacific Grove, CA: Brooks/Cole Publishing Co.

The New Compact Bible Dictionary. (1967). Editor; Alton Bryant. Grand Rapids, MI: Zondervan.

The New International Dictionary of New Testament Theology Vol. 1. Edited by Collin Brown, 1975, Grand Rapids, MI; Regency Reference Library, Zondervan.

Nye, Joseph Jr. (1990). *Bound to Lead: The Changing Nature of America Power.* Translated in Korean by No-Woong Park. (21세기 미국파워). Seoul: The Korea Economic Daily.

Orlowek, Rabbi Noach. (1993). *My Child, My Disciple.* Nanuet, NY: Feldheim Publishers.

Oxford Advanced Learner's Dictionary of Current English as Hornby(혼비영 영한사전). (1987). 서울: 범문사.

The Outlook, Rabbi's Aide Gets 22 Months in Prison. 1996, Jan. 20. B1.

Payne, J. B. (1954). *An Outline of Hebrew History.* Grand Rapid, MI: Baker Book House.

Pervin and John. ed. (1999). *Handbook of Personality.* New York, NY: The Guilford Press.

Piaget, Jean. (1972). *Biology and Knowledge.* Chicago, IL: The University of Chicago Press and Edinburgh: Edinburgh University Press.

Pilkington, C. M. (1995). *Judaism.* Lincolnwood, Il: NTC Publishing Group.

Paloutzian, R. F., & Ellison, C. W. (1982). *Loneliness, Spiritual Well-Being and Quality of Life. In L. A. Peplau and D. Perlman (Eds). Loneliness: A Sourcebook of Current Theory,* Research and Therapy. New York: Wiley Interscience.

Hiebert, Paul G. (1985). *The Missiological Implications of an Epistemological Shift. Theological Students Fellowship.* 8(5): 12-18.

Radcliffe, Robert J. Bloom's Taxonomy-Cognitive Domain Levels of Critical Thinking. *Peabody Journal of Education,* 3/70.

Radcliffe, Sarah Chana. (1988). *Aizer K'negdo: The Jewish Woman's Guide* to Happiness in Marriage. Southfield, MI: Targum Press Inc.

Radcliffe, Sarah Chana. (1989). *The Delicate Balance*. Southfield, MI: Targun Press Inc.

Rashi. (1996). *The Metsudah Chumash. vol. V*. Hoboken, NJ: KTAV Publishing House.

Ratner, J. (1928). *The Philosophy of John Dewey*. New York, NY: Henry Holt and Co.

Rausch, David A. (1990). *A Legacy of Hate: They Christians Must Not Forget the Holocaust*. Grand Rapids: Baker.

Reuben, Steven Carr. (1992). *Raising Jewish Children In A Contemporary World*. Rocklin, CA: Prima Publishing.

Sanders, E. P. (1995). *Paul, the Law, and the Jewish People*. Translated by Jin-Young Kim, Seoul: Christian Digest.

Scherman, Nosson. (1992). *The Complete ArtScroll Siddur*. NY: Mesorah Publication, Ltd.

Scherman, Nosson & Zlotowitz, Meir. Editors (1994). *The Chumash*. Brooklyn, NY: Mesorah.

Schlessinger, B. & Schlessinger, J. (1986). *The Who's Who of Nobel Prize Winners*. Oryx Press.

Seitz, Ruth. (1991). *Amish Ways*. Harrisburg, PA: RB Books.

_____. (1989). *Pennsylvania's Historic Places*. Intercourse, PA: Good Books.

Seymour Sy Brody, Art Seiden(Illustrator), (1996). *Jewish Heroes and Heroines of America: 150 True Stories of American Jewish Heroism*. New York, NY: Lifetime Books.

Shapiro, Michael. (1995). *The Jewish 100*. Secaucus, NJ: Carol Publishing Group.

Shilo, Ruth. (1993). *Raise A Child As A Jew*. Translated and edited by Hyun-Soo Kim, Gae-Sook Bang. Seoul: Minjisa.

Singer, Shmuel. (1991). *A Parent's Guide to Teaching*. Hoboken, NJ: Ktav Publishing House, Inc.

Skinner, B. F. (1969). *Contingencies of Reinforcement*. Meredith.

Solomon, Victor M. (1992). *Jewish Life Style*. Translated into Korean by

Myung-ja Kim, Seoul: Jong-ro Books.

Stalnaker, Cecil. (1977). *The Examination and Implications of Hebrew Children's Education Through A. D. 70*. A Unpublished ThM Thesis, Biola University, Talbot School of Theology.

Stevenson, William. (1977). *90 minutes at Entebbe Airport*. Translated into Korean by Yoon Whan Jang. Seoul: Yulwhadang.

Swift, Fletcher H. (1919). *Education in Acient Israel from Earliest Times to 70 A. D*. The Open Court Publishing Company.

Talmud. Babylonian Edition.

_____. Jerusalem Edition.

TANAKH. The Jewish Bible. The Holy Scriptures by JPS, 1985.

Telushkin, Joseph. (1991). *Jewish Literacy*. New York, NY: William Morrow and Company, Inc.

_____. (1994). *Jewish Wisdom*. New York, NY: William Morrow and Company, Inc.

Theological Dictionary of the Old Testament Vol. 1. Edited by Botterweck & Ringgren, 1977, Grand Rapids, MI: Eerdman Publishing Company.

Thurow, Lester. (1985). *The Zero Sum Solution: "Is America a Global Power in Decline?"* Boston Globe, 20 March 1988, p. A22. New York, NY: Simon & Schuster.

Tillich, Paul. (1950). *Der Protestantismus: Prinzip und Wirklichkeit*. Stuttgart: Evangelisches Verlagswerk.

Times. *Armed & Dangerous*. April 27, 1998.

Tokayer, Marvin. (1979). 탈무드. 서울: 태종출판사. 김상기 역.

_____. (1989a). 짤막한 탈무드. 서울: 기독태인문화사. 김상구 역.

_____. (1989b). 유대인의 처세술. 서울: 민성사. 신기선 역.

_____. (1989c). 탈무드의 도전. 서울: 태종출판사. 지방훈 역.

_____. (2007). 탈무드 1. 서울: 동아일보.

_____. (2007). 탈무드 2(부제: 랍비가 해석한 모세오경). 현용수 편역. 서울: 동아일보.

_____. (2008). 탈무드 3(부제: 탈무드의 처세술). 현용수 편역. 서울: 동아일보.

_____. (2008). 탈무드 4(부제: 탈무드의 생명). 현용수 편역. 서울: 동아일보.

_____. (2009). 탈무드 5(부제: 유대인의 격언). 현용수 편역. 서울: 동아일보.

Touger, Malka. (1988a). *Sefer HaMitzvot Vol. 1.* New York, NY: Moznaim Publishing Corporation.

_____. (1988b). *Sefer HaMitzvot Vol. 2.* New York, NY: Moznaim Publishing Corporation.

Tournier, Paul. (1997). *The Gift of Feeling.* 서울: 한국기독학생회출판부(IVP).

Towns, Elmer. L. Editor. (1984). *A History of Religious Education.* Translated into Korean by Young-Kum Lim. Seoul: The Presbyterian Church of Korea, Department of Education.

Toynbee, Arnold J. (1958a). *A Study of History.* New York, NY: Oxford University Press.

_____. (1958b). *A Study of History.* New York, NY: Oxford University Press.

Twerski, Abraham J. (1992). *Living Each Week.* Brooklyn, NY: Mesorah Publications, Ltd.

Twerski, Abraham & Schwartz, Ursula. (1996). *Positive Parenting: Developing Your Child's Potential.* Brooklyn, NY: Mesorah Publications, Ltd.

Unger, M. F. (1957). *Unger's Bible Dictionary.* Chicago: Moody Press.

Unterman, Isaac. (1973). *The Talmud.* New York, NY: Bloch Publishing Company.

Vilnay, Zev. (1984). *Israel Guide.* Jerusalem: Daf-Chen.

Vine, W. E. (1985). *An Expository Dictionary of Biblical Words.* Nashville: Thomas Nelson Publishers.

Wagschal, S. (1988). *Successful Chinuch.* Jerusalem, Israel: Feldheim Publishers Ltd.

Walder, Chaim. (1992). *Kids Speak Children Talk About Themselves.* Jerusalem, Israel: Feldheim Publishers.

Walker,. et al. (1985). *A History of the Christian Church.* New York, NY: Charles Scribner Sons.

Washington Post. *Dole Plan on Shutdown.* 1996, Jan. 3.

_____. *Malaysia Prime Minister Warns Jews' Influence.* October 16, 2003.

Webster New Twentieth Century Dictionary. (2nd ed.). (1983). New York, NY: Simon & Schuster.

Widiger, Verheul and Brink. (1999). *Personality and Psychopathology.*

Handbook of Personality. Edited by Pervin and John. pp. 347-366, New York, NY: The Guilford Press.

Wilson, Marvin R. (1993). *Our Father Abraham, Jewish Roots of the Christian Faith*. Grand Rapid, MI: William B. Eerdmans Publishing Company.

World Book Encyclopedia Vol. 2. (1986). Chicago, IL: Field Enterprises Educational Corp.

World Book Encyclopedia Vol. 11. (1986). Chicago, IL: Field Enterprises Educational Corp.

Young, R. (1982). *Young's Analytical Concordance to the Bible*. Nashville: Thomas Nelson.

Zlotowitz, Meir. (1989). *Pirkei Avos Ethic of the Fathers*. Brooklyn, NY: Mesorah Publications, Ltd.

Zuck, Roy B. (1963). *The Holy Spirit in Your Teaching*. Scripture Press.

인터넷 자료

Alarming facts about the Cybersex Industry. http://www.enough.org, http://www.protectkids.com. 2003년 7월 29일.

http://www.arthurhu.com

곽근우. 일본 선교: http://www.hanbyul.org 2001년 10월.

_____. 일본 선교: http://www.sion.or.kr 2003년 9월 2일.

http://la.koreadaily.com/Asp/Article.asp?sv=la&src=life&cont=life51&typ=1&aid=20080318151801600651

조종남. 한국 교회 갱신과 성령운동의 방향(웨슬리 갱신 운동의 조명). 2006년 7월 15일. http://sgti.hehc.org/aula/qurson/wesley/ll.htm

한국 자료

국민일보. 담배 피우는 시간만큼도 책을 안 읽는 나라. 2005년 6월 29일.

기독교부흥신문. 부흥회가 교인의 신앙생활에 미치는 영향. 김우영. 2003년 7월 6일.

김경진. 너 죽고 나 죽고. 크리스천 투데이, 2003년 3월 5일.

김용진. 광복 50주년 축전 음악회 왜 우리 작품 하나도 없나. 중앙일보, 1995년 8월 17일.
김정우. (1995). 1995년, 희년으로 호칭하는 것이 성경적인가. 목회와 신학, 3월호. 통권 68호. pp. 152-155. 서울: 두란노서원.
김종권. (1986). 한국인의 내훈. 서울: 명문당.
동아일보, 이슬람 뭉치나, 美-이 긴장… 말聯 57개국 정상회의 개막. 2003년 10월 16일
데지마 유로. (1988). 유대인의 사고방식. 고계영, 이시준 역, 도서출판 남성.
디지털 성결. 한국 교인 76.5% 교회 이동 경험 있다! 2004년 1월 17일.
미주 복음신문. 메아리 칼럼 연재. 1994년 12월 11일.
미주 크리스천 신문. 세계 속 한인의 어제와 오늘을 조명한다. 1995년 10월 7일. 12월 21일.
_____. 아이들 TV 너무 많이 본다. 1996년 12월 21일.
박미영. 아이 기르기를 즐기는 이스라엘식 육아법을 아세요? 라벨르(labelle), 1995년 8월호, pp. 381-393.
_____. (1995). 유대인 부모는 이렇게 가르친다. 서울: 생각하는 백성.
박우희. 현대교육의 문제점. 중앙일보, 1994년 10월 14일.
박윤선. (1980). 성경주석, 창세기 출애굽기. 서울: 영음사.
_____. (1980). 성경주석, 레위기 민수기 신명기. 서울: 영음사.
박태수(Thomas Park, MD). (1994). 미국은 과연 어디로 가고 있는가? 서울: 하나의 학사
박형룡. (1988). 박형룡 박사 저작전집 I. 서론, 교의신학. 서울: 한국기독교교육연구소.
박희민. (1996). 'IQ는 아버지 EQ는 어머니 몫이다.' 서평에서. 1997년 10월 26일.
변태섭. (1994). 한국사 통론. 서울: 도서출판 삼영사.
성경: (1984). 현대인의 성경. 생명의 말씀사.
성경: (1956). 한글판 개혁. 대한성서공회.
시사저널. 신용불량자 400만 시대 눈앞에. 2003년 12월 11일, p. 22.
심상권. (1996). 목회자의 열등감, 그 쓴뿌리의 심리적 이해. 목회와 신학, 두란노, 1996년 2월호, pp. 48-56.
양기백. 美서 '한국 자료' 찾는 현실 안타까워. 중앙일보, 1996년 5월 15일. 미주판.
옥성호. (2007). 심리학에 물든 부족한 기독. 서울: 부흥과 개혁사.
월간중앙. (2006). 억대 연봉자들이 사는 법, 특별한 그들, 무엇이 다른가? 2006년 10월 26일.

윤종호. (1995). 망국 백성의 슬픈 노래. 크리스천포스트, 1995년 8월 12일.

이기백. (1983). 한국사 신론. 서울: 일조각.

이길주. (2007). 일본이 세계 제2의 경제대국이 된 배경. 중앙일보, 2007년 12월 13일. 미주판.

이상근. (1990). 갈. 히브리 주석(8). 서울: 성등사.

_____. (1989). 창세기 주석. 서울: 성등사.

_____. (1990). 출애굽기 주석. 서울: 성등사.

_____. (1990). 레위기 주석(상). 서울: 성등사.

_____. (1994). 잠언 · 전도 · 아가서 주석. 서울: 성등사.

이야기 신한국사. (1994). 신한국사연구회, 서울: 태을출판사.

이원설. 한국인의 병리 현상. 총신목회신학원 특강, 1995년 1월 9-20일, 서울: 한강호텔.

이형용. 책 안 읽는 나라. 국민일보, 2005년 6월 29일.

일요신문. 사랑 못 받으면 세포 손상. 1997년 11월 8일, p. 8.

전인철. 책읽기 운동이 생활로 바뀌어야. 미주 크리스천 신문, 1995년 8월 19일, p. 12.

정수잔. 엄마 옛날 얘기해 주세요. 크리스천 헤럴드, 2001년 9월 23일.

정훈택. (1993). 열매로 알리라. 서울: 총신대학 출판부.

조선일보. 이혼시 편부 부양 증가. 1996년 11월 19일, p. 32.

_____. 학교 NO! 130만 명 집에서 교육 받아. 2003년 11월 11일.

_____. 신문 뉴스 열심히 읽은 학생 공부도 잘 한다. 2007년 7월 26일.

_____. 신문 많이 읽는 대학생, 학점도 높아. 2007년 10월 6일.

중앙일보. 서강대 신입생 조사. 1995년 3월 24일.

_____. 박석태 전 제일은행 상무 자살. 1995년 4월 29일, pp. 1, 3, 21.

_____. 1천만 명이 전과자였다니. 1995년, 8월 14일.

_____. 반드시 결혼할 필요 없다. 1995년 11월 14일. 미주판.

_____. 20대 흑인 40%가 전과자. 1996년 2월 13일. 미주판.

_____. 미국의 정직도 이젠 옛말. 1996년 2월 24일. 미주판.

_____. 대학 캠퍼스 범죄 온상화. 1996년 4월 23일. 미주판.

_____. '한 유대인 어머니'. 전서영 칼럼. 1996년 4월 29일. 미주판.

_____. 여성 46%, 남성 28% 종교 집회 참석. 1996년 5월 9일.

_____. 美서 '한국 자료' 찾는 현실 안타까워. 1996년 5월 15일. 미주판.

_____. 세대차 세계 최고. 1996년 10월 4일.

_____. 먼저 용서하니 기쁨이 충만. 1998년 2월 13일. 미주판

_____. 나이들수록 남자 뇌 여자보다 더 축소. 1998년 2월 13일. 미주판.

_____. 술집 댄서 춤에 천주교 신부 심장마비. 1998년 2월 14일.

_____. 68%가 성씨와 본관을 모른다. 2000년 8월 17일. 미주판.

_____. 한국문화 홍보는 한국인들의 몫. 2001년 10월 29일. 미주판.

_____. 실력보다 외모 집착해서야…. 2002년 9월 9일.

_____. 백인 교수에게 배운 '한국 풍습'. 2002년 9월 18일.

_____. 화이트데이 알지만 개천절은 몰라요. 2003년 3월 14일, p. B-8.

_____. '돈이 최고 아니다' USC, 1500명 조사… 수입 늘수록 욕망도 커져. 2003년 8월 25일.

_____. TV 어린이 독해력 방해. 2003년 9월 29일. 미주판.

_____. "학벌 때문에…" 국민 10명중 7명 '심리적 박탈감'. 2003년 11월 25일, B-10.

_____. 최인성, 혜택은 '찾아내야' 주어진다. 2003년 12월 4일.

_____. 감기 치료만큼 쉬운 낙태. 2005년 4월 24일.

_____. 클래식 들은 식물 열매도 잘 맺어. 2006년 2월 23일. 미주판.

_____. 아미쉬 인구 2배 증가…28개 주로 교세 확장. 2008년 8월 27일.

_____. 美 명문대 한인 학생 10명 중 4.4명 중퇴. 2008년 10월 3일. 매주판.

최찬영. 이민 목회와 21세기 기독교 선교의 방향. 크리스천 헤럴드, 1995년 9월 29일. USA.

통계청. '2005년 인구주택총조사' 2006년 5월 25일 발표. http://www.nso.go.kr

캐롤라인 오. TV 없이 사는 맛. 중앙일보, 2005년 8월 8일. 미주판.

KBS 뉴스. 윤덕홍 교육 부총리와 공교육 해결 방안 모색 공청회. 2003년 11월 17일.

코리안 크리스천 저널. 기독복음 전파율 급격 감소. 2005년 9월 4일.

크리스천 뉴스위크. 미 동성 결혼 합법화 세대 따라 큰 차이. 2003년 7월 29일. USA.

크리스천 뉴스위크. 교회가 정직해지면 사회도 정직해진다. 2001년 4월 5일.

크리스천 저널. 미국인 80%, 사후 생명 존재 믿어. 2003년 11월 2일.

_____. 미국인들 도덕 수준 하락 지속. 2003년 11월 23일.

크리스천 투데이. 인본주의 교육의 특징. 1998년 2월 20일.

_____. 교인 53% 예배시간만 성경 읽는다. 2005년 4월 20일.

_____. 일본 총인구의 0.25%만이 매주 교회 출석. 2005년 5월 4일.

크리스천 포스트. *Single Mother*의 문제들. 헨리 홍. 1993년 2월 16일.

크리스천 헤럴드. USA. 장로 교단이 집계한 교세 현황. 1995년 9월 29일, p. 11.

_____. 엄마 옛날 얘기해 주세요. 수잔 정. 2001년 9월 23일.

_____. 신앙심 깊을수록 삶의 만족도 높아. 2002년 8월 28일.

피종진. 한국 교회의 미래. 나성영락교회 대예배 설교에서 발췌. 1995년 2월 26일.

한국일보. 흑인 *20대 초반 절반이 갱*. 1992년 5월 22일. 미주판.

_____. '돈-행복' 상관지수론. 1992년 6월 14일. 미주판.

_____. 섹스 미디어 범람 가장 큰 요인. 1993년 3월 23일. 미주판.

_____. 남녀 성격 유전적으로 다르다. 1993년 5월 11일. 미주판.

_____. 친부모와 사는 미성년자, 백인 *56.4*, 흑인 *25.9%*. 1994년 8월 30일. 미주판.

_____. 장교 *40% 사명감 없이 입대*. 1995년 1월 11일.

_____. 자신감 잃으면 뇌 작아진다. 2003년 11월 21일.

_____. 나는 왜 개신교에서 가톨릭으로 갔나. 2006년 11월 23일.

한숭홍. (1991). 한국신학 사상의 흐름. 서울: 한국신학사상연구원.

현용수. (1993, 2007). 문화와 종교교육. 서울: 쉐마.

_____. (2007). 문화와 종교교육. 서울: 쉐마.

_____. (1996, 1999, 2005). *IQ*는 아버지 *EQ*는 어머니 몫이다. 제1권, 서울: 쉐마.

_____. (1996, 1999, 2005). *IQ*는 아버지 *EQ*는 어머니 몫이다. 제2권, 서울: 쉐마.

_____. (1996, 1999, 2005). *IQ*는 아버지 *EQ*는 어머니 몫이다. 제3권, 서울: 쉐마.

_____. (2002, 2005). 부모여 자녀를 제자 삼아라. 제1권, 서울: 쉐마.

_____. (2002, 2005). 부모여 자녀를 제자 삼아라. 제2권, 서울: 쉐마.

_____. (2006). 잃어버린 지상명령 쉐마. 제1권, 서울: 쉐마.

_____. (2006). 잃어버린 지상명령 쉐마. 제2권, 서울: 쉐마.

_____. (2006). 유대인 아버지의 4차원 영재교육(아버지 신학). 제1권, 서울: 동아일보.

_____. (2007). 자녀들아, 돈은 이렇게 벌고 이렇게 써라: 유대인 아버지의 경제교육(아버지 신학). 제2권, 서울: 동아일보.

_____. (2007). *쉐마교육을 아십니까?* 서울: 쉐마.

혼비 영영한 사전(Oxford Advanced Learner's Dictionary of Current English as Hornby). (1987). 서울: 범문사.

이 책에 사용한 사진의 출처

Canon Institute 조한용 선생 제공 ⓒ, 미국 Los Angeles, CA. Tel. (213) 382-9229 USA(각 사진에 출처가 표기돼 있음).

Shema Christian Education Institute, ⓒ Yong-Soo Hyun, 3446 Barry Ave Los Angeles, CA 90066 USA. (각 사진에 출처가 표기 안 된 모든 사진들)

Solomon, Victor M. ⓒ (1992). Secret of Jewish Survival. Translated into Korean by Myung-ja Kim, Seoul: Jong-ro Books(각 사진에 출처가 표기돼 있음).

Wiesenthal Center Museum of Tolerance, ⓒ Jim Mendenhall, 9786 West Pico Blvd. , Los Angeles, CA USA. 90035-4792 Tel. (310)553-8403 제공 (각 사진에 출처가 표기돼 있음)

Yad Vashem, P.O. Box 3477, Jerusalem, Israel. Tel. 751611 (각 사진에 출처가 표기돼 있음)

교육학 교과서(고등학교, 서울시 교육감 인정): 교학사(1998).

참고 사항

1. 이 책에 사용된 사진의 불법 복사 및 사용을 금합니다.
2. 만약 독자가 이 책에 포함된 사진을 사용하기를 원할 때에는 반드시 사진작가의 허가를 받아야 합니다.
3. 이 책의 저자 이외의 사진은 저자가 권한을 갖고 있지 않으므로 위의 주소로 직접 연락하시기 바랍니다.

교육 혁명이 시작되었습니다!
- 가정교육 · 교회교육 · 교회성장 위기의 대안 -

자녀교육 + 교회성장 고민하지요?

Q1: 왜 현대 교육은 점점 발달하는 데 인성은 점점 더 파괴되는가?
Q2: 왜 자녀들이 부모와 코드가 맞지 않아 갈등을 빚는가?
Q3: 왜 대학을 졸업하면 10%만 교회에 남는가? 교회학교의 90% 실패 원인은?
Q4: 왜 해외 교포 자녀들이 남은 10%라도 부모교회를 섬기지 않는가?
Q5: 왜 현대인에게 전도하기가 힘든가?

근본 대안은 유대인의 인성교육과 쉐마교육에 있습니다

– 어떻게 유대인은 위의 문제를 4,000년간 지혜롭게 해결하고 세계를 지배하고 있는가?
– 어떻게 유대인은 아브라함 때부터 현재까지 세대차이 없이 자손 대대로 말씀을 전수하는데 성공했는가?

■ 쉐마교육연구원은 무슨 일을 하나?

1. 2세 종교교육 방향제시
혼돈 속에 있는 2세 종교교육의 방향을 성경적이고 과학적인 연구에 의해 옳은 방향으로 제시해 준다.

2. 성경적 기독교교육 재정립
유대인의 자녀교육과 기존 기독교교육 자료를 중심으로 백년대계를 세울 수 있도록 한국인에 맞는 기독교교육 방법을 재정립한다.

3. 한국인에 맞는 기독교교육 자료(내용) 개발
현 한국 및 전 세계 한국인 디아스포라를 위해 한국인의 자녀교육에 맞는 기독교교육 내용을 개발한다.

4. 해외 및 기독교교육 문제 연구
시대와 각 지역 문화의 변화에 대처하기 위해 계속 연구하고 대안을 제시한다.

5. 교회교육 지도자 연수교육
각 지교회에 새로운 교회교육 지도자를 양성 보충하며 기존 지도자의 필요를 충족시켜준다.

6. 청소년 선도 교육 실시
효과적인 청소년 교육 프로그램을 개발하여 선도교육을 실시한다.

7. 효과적 성경 연구 및 보급
성경을 교육학적으로 보다 깊이 연구하고 효과적인 전달 방법을 개발하여 이를 보급한다.

8. 세계 선교 교육
본 연구원의 교육 이념과 자료가 세계 선교로 이어지게 한다.

■ '쉐마지도자클리닉'이란 무엇인가?

쉐마교육연구원은 세계 최초로 현용수 교수에 의해 설립된, 인간의 인성과 성경적 쉐마교육을 가르치는 인성교육 전문 교육기관이다. 본 연구원에서 가르치는 핵심 교육의 내용 역시 현 교수가 하나님이 주신 지혜로 계발한 것들이며, 거의 모두가 세계 최초로 소개된 인성교육의 원리와 실제를 함께 가르치는 성경적 지혜교육이다. 본 연구원은 바른 인성교육 원리와 쉐마교육신학으로 가정교육·교회교육·교회성장 위기의 대안을 제시해 준다.

쉐마교육연구원에서 주관하는 '쉐마지도자클리닉'은 전체 3학기로 구성되어 있다. 1주 집중 강의로 3차에 걸쳐 제1학기는 '유대인을 모델로 한 인성교육 노하우', 제2학기는 '유대인의 쉐마교육'이 국내에서 진행된다. 제3학기는 '유대인의 인성 및 쉐마교육 미국 Field Trip'으로 미국에서 진행되며 현용수 교수의 강의는 물론 L.A.에 소재한 유대인 박물관, 정통파 유대인 회당 및 안식일 가정 절기 견학 등 그들의 성경적 삶의 현장을 견학하고, 정통파 유대인 랍비의 강의, 서기관 랍비의 양피지 토라 필사 현장 체험을 한 후 현지에서 졸업식으로 마친다.

3학기를 모두 마친 이수자에게는 졸업 후 쉐마를 가르칠 수 있는 'Teacher's Certificate'를 수여하여 자신이 섬기는 곳에서 쉐마교육을 가르칠 수 있도록 도와준다.

■ 누가 참석해야 하는가?

- 기존 교육에 한계를 느끼고 자녀교육과 교회학교 문제로 고민하시는 분.
- 한국 민족의 후대 교육을 고민하며 그 대안을 간절히 찾고자 하시는 분.
- 하나님의 말씀을 자손에게 물려줄 수 있는 비밀을 알고자 하시는 분.
- 유대인의 효도교육의 비밀과 천재교육+EQ교육의 방법을 알고자 하는 분.

미국 : 3446 Barry Ave. Los Angeles, California 90066 USA
쉐마교육연구원 (310) 397-0067
한국 : 02)3662-6567, 070-4216-6567, Fax. 02)2659-6567
www.shemaiqeq.org shemaiqeq@naver.com

IQ · EQ 박사 현용수의 유대인 교육 총서 〈전45권〉

총론	인성교육론 + 쉐마교육론의 총론 IQ는 아버지 EQ는 어머니 몫이다 〈전3권〉		쉐마교육의 파워 증언록 쉐마교육을 아십니까?	
인성교육 시리즈 〈10권〉	문화와 종교교육 〈저자의 박사 학위 논문〉	현용수의 인성교육 노하우 시리즈 〈전4권〉	IQ · EQ 박사 현용수의 쉐마교육 개척기 〈자서전〉	가정해체로 인한 인성교육 실종 대재 앙을 막는 길 〈논문〉
	유대인이라면 박근 혜의 위기 어떻게 극 복할까 〈대한민국 국가관〉	이스라엘을 모델로 좌파논리 쪼개기 〈기독교인의 바른 국가관과 정치관〉	제2의 이스라엘 민족 한국인 〈유대인과 한국인의 유사점 107 가지〉	
쉐마교육 시리즈 〈24권〉	**기독교에 유대인 교육이 필요한 이유 시리즈 〈전2권〉**			
	실패한 다음세대 교육, 왜 유대인 교육이 답인가 〈부모여 자녀를 제자 삼아라1〉		세계선교의 한계, 왜 유대인 교육이 답인가 〈부모여 자녀를 제자 삼아라2〉	
	구약의 지상명령 시리즈 〈전3권〉			
	잃어버린 구약의 지상명령 쉐마 제1권 〈교육신학의 본질〉	잃어버린 구약의 지상명령 쉐마 제2권 〈교육신학의 본질〉	잃어버린 구약의 지상명령 쉐마 제3권 〈교육신학의 본질〉	
	유대인 아버지 교육 시리즈 〈전4권〉			
	유대인 아버지의 4차원 영재교육 〈아버지 교육 종합편〉	하브루타, 유대인 아버지의 IQ 교육 〈아버지 신학 제1권〉	하브루타식 4차원 영재교육의 비밀 〈아버지 신학 제2권〉	자녀들아, 돈은 이렇게 벌고 이렇게 써라 〈경제 신학〉
	유대인 어머니 교육 시리즈 〈전3권〉			
	유대인의 성교육 〈부부 · 성 신학〉		성경이 말하는 어머니의 EQ 교육 〈전2권〉 〈어머니 신학〉	
	유대인 효도 교육 시리즈 〈전3권〉		**유대인 신앙명가 시리즈 〈가정신학, 전4권〉**	
	자녀의 효도교육 이렇게 시켜라 〈전3권〉 〈효 신학〉		신앙명가 이렇게 시켜라 〈전2권〉 〈가정 신학〉	한국형 주일가정식탁 예배 예식서 + 순서지
	유대인의 고난의 역사교육 시리즈 〈전5권〉			
	하나님의 독수리 자녀교육 〈고난교육신학 1〉	유대인의 고난의 역사교육 〈고난교육신학 2〉	승리보다 패배를 더 기억하는 유대인 〈고난교육신학 3〉	
	고난을 기억하는 유대인 절기 교육의 파워 〈고난교육신학 4〉	유대인의 고난의 역사현장교육 〈고난교육신학 5〉		
탈무드 시리즈 〈7권〉	탈무드 1 : 탈무드의 지혜 〈원저 마빈 토카아 어, 편저 현용수〉	탈무드 2 : 탈무드와 모세오경 〈원저 마빈 토 카아어, 편저 현용수〉	탈무드 3 : 탈무드의 처세술 〈원저 마빈 토카 아어, 편저 현용수〉	탈무드 4 : 탈무드의 생명력 〈원저 마빈 토카 아어, 편저 현용수〉
	탈무드 5 : 탈무드 잠언집 〈원저 마빈 토카 아어, 편저 현용수〉	탈무드 6 : 탈무드의 웃음 〈원저 마빈 토카아 어, 편저 현용수〉	옷을 팔아 책을 사라 〈원저 빅터 솔로몬, 편저 현용수〉	

이런 순서로 읽으세요 〈전40여권〉

- 인성교육론과 쉐마교육론 -

- 전체 유대인 자녀교육에 대한 총론을 알려면
  – 《IQ는 아버지 EQ는 어머니 몫이다》 (전3권)
- 유대인을 모델로 한 인성교육의 원리를 이해하려면
  – 《현용수의 인성교육 노하우》 (전4권)
- 인성교육론이 나오게 된 학문적 배경을 이해하려면
  – 《문화와 종교교육》 (현용수의 박사학위 논문)
  – 《IQ · EQ 박사 현용수의 쉐마교육 개척기》 (현용수의 자서전)
- 왜 기독교교육에 유대인 교육이 필요한지를 알려면
  – 《실패한 다음세대교육, 왜 유대인 교육이 답인가》
  – 《세계선교의 한계, 왜 유대인 교육이 답인가》
- 쉐마교육론(교육신학)이 나오게 된 성경의 기본 원리를 알려면
  – 《잃어버린 구약의 지상명령 쉐마》 (전3권)
- 가정 해체와 인성교육과의 관계를 알려면
  – 《가정 해체로 인한 인성교육 실종 대재앙을 막는 길》
- 대한민국 자녀의 이념교육 교재
  – 《이스라엘을 모델로 좌파 논리 쪼개기》 (기독교인의 바른 국가관과 정치관)
- 쉐마교육에 대하여 자세히 알고 싶으시면
  – 《쉐마교육을 아십니까》

각 쉐마교육론을 더 깊이 연구하려면 다음 책들을 읽으세요

- 아버지 신학 《하브루타, 유대인 아버지의 IQ교육》 (제1권)
- 아버지 신학 《하브루타식 4차원 영재교육의 비밀》 (제2권)
- 경제 신학 《자녀들아, 돈은 이렇게 벌고 이렇게 써라》
- 효 신학 《자녀의 효도교육 이렇게 시켜라》 (전3권)
- 가정 신학 《신앙명가 이렇게 세워라》 (전2권)
- 부부 · 성 신학 《유대인의 성교육》
- 어머니 신학 《성경이 말하는 어머니의 EQ 교육》 (전2권)
- 가정예배 《한국형 주일가정식탁예배 예식서》 (별책부록: 순서지)
- 고난교육신학 1 《하나님의 독수리 자녀교육》
- 고난교육신학 2 《유대인의 고난의 역사교육》
- 고난교육신학 3 《승리보다 패배를 더 기억하는 유대인》
- 고난교육신학 4 《고난을 기억하는 유대인 절기교육의 파워》
- 고난교육신학 5 《유대인의 고난의 역사현장교육》

앞으로 더 많은 교육 교재가 발간될 예정입니다. 계속 기도해 주세요.